本书为2021年江苏省“双创博士”项目资助成果
创新创业计划书《政府财政资助科研成果产业价值实现路径的创新研究》
项目编号：JSSCBS20211143

财政资助职务发明形成与转化的法律调整机制研究

梁艳　罗栋/著

法律出版社
LAW PRESS·CHINA
北京

图书在版编目(CIP)数据

财政资助职务发明形成与转化的法律调整机制研究 / 梁艳, 罗栋著. -- 北京 : 法律出版社, 2022
ISBN 978-7-5197-7362-5

Ⅰ. ①财… Ⅱ. ①梁… ②罗… Ⅲ. ①科学技术管理法规-研究-中国 Ⅳ. ①D922.174

中国版本图书馆 CIP 数据核字(2022)第 228374 号

财政资助职务发明形成与转化的法律调整机制研究
CAIZHENG ZIZHU ZHIWU FAMING XINGCHENG YU ZHUANHUA DE FALÜ TIAOZHENG JIZHI YANJIU

梁艳 罗栋 著

责任编辑 冯高琼
装帧设计 李 瞻

出版发行 法律出版社
编辑统筹 法规出版分社
责任校对 杨锦华 王语童
责任印制 耿润瑜
经 销 新华书店

开本 710毫米×1000毫米 1/16
印张 20.75 **字数** 277千
版本 2022年12月第1版
印次 2022年12月第1次印刷
印刷 北京建宏印刷有限公司

地址:北京市丰台区莲花池西里7号(100073)
网址:www.lawpress.com.cn
投稿邮箱:info@lawpress.com.cn
举报盗版邮箱:jbwq@lawpress.com.cn
销售电话:010-83938349
客服电话:010-83938350
咨询电话:010-63939796

书号:ISBN 978-7-5197-7362-5
定价:78.00元
凡购买本社图书,如有印装错误,我社负责退换。电话:010-83938349

前　言

本书以财政资助职务发明为对象，研究调整财政资助职务发明形成和转化全过程的法律机制。“利用财政性资金设立的科技计划项目”产生“财政资助职务发明”，诞生环境使其具有“科研范式”。《科学技术进步法》①(2021年12月修订)授权“项目承担者”取得专利等知识产权；提出项目承担者保护和实施的责任；并提出该项目在合理期限内无正当理由未实施，则国家可实施，或者许可他人实施。该法亦提出了对科技人员的赋权改革。在全国人大的我国《现行有效法律目录》中，《科学技术进步法》与《促进科技成果转化法》被列为“行政法”。②

本书以法律的初始授权和转化义务为起点，以该类技术发明形成和转化的多阶段法律制度和多重法律关系为研究对象，立足财政资助科研和高校科技成果转化现状，总结现有法律规范、扶持政策及其相互作用，形成了“财政资助职务发明形成和转化”的法学理论体系。同时，本书尝试运用法经济学理论探讨该过程的阻滞因素，分析该类成果转化低效率的制度原因。最终结合具体问题，探讨财政资助职务发明形成与转化的“行政法+民商法”机制，向克服市场失灵的宏观调控法和市场规制法的经济法调整机制变迁。

绪论部分以法学方法、法经济学分析方法对财政资助职务发明形成

---

① 为便于阅读，本书中的法律法规均省略“中华人民共和国”字样。——编者注

② 参见我国《现行有效法律目录》(截至2022年4月20日十三届全国人大常委会第三十四次会议闭幕　按法律部门分类)，载全国人大网，http://www.npc.gov.cn/npc/c30834/202204/d221d65 dc57f4c649886c15257cf8634.shtml，最后访问时间：2022年4月25日。

与转化的法律调整机制进行研究，将该复杂的法律过程理论化。研究目的一方面为总结经验、服务实践；另一方面亦探讨影响成果转化效率的因素，寻找克服制度障碍的法律调整机制。在此基础上，建立研究体系，进行学术史梳理，构建研究框架。

总论部分旨在建立财政资助职务发明形成与转化全过程的法律体系。首先对调整财政资助职务发明形成和转化全过程的规范和政策进行梳理，旨在以法学方法将研究对象系统化，建立"财政资助职务发明形成与转化法律机制"的法学研究体系，包括：(1)本体与价值：明确研究对象，建立研究体系，分析其法律特征和法律性质；根据目标确立宗旨和原则，统一研究对象的制度功能。(2)规范与范畴：通过系统化的法律渊源，研究从财政科研资助的投入到成果转化各环节的管理体制、法律关系、权利(力)、义务和责任；从其组织机制、实体和程序制度，明确该体系分论范畴及其制度构成。(3)运行论：研究多部门法构成的制度机制在法律实施过程中存在的制度冲突和问题；研究多主体在成果形成与转化法律关系中的博弈困境和交易费用。

分论部分根据研究对象的不同阶段、不同制度划分，分别对其法律制度和法律关系进行深入研究。研究目的是深入研究各阶段法律调整机制对成果转化的影响，包括：(1)诞生机制："财政资助职务发明成果"诞生于《科学技术进步法》"财政性资金设立的科学技术计划项目"，属于该类项目的科研成果。该制度由形式意义上的"科学技术进步法"部门法构成，涵盖为实施"国家科学技术计划"[①]而制定的行政法规、部门规章和地方性法规等法律渊源，属于科技行政法。科学技术进步法中的"财政性资金设立的科学技术计划项目"制度的具体规范和评价标准是该类"职务发明成果"形成的"指挥棒"，决定着研发导向和知识产权申请的价值取向，并会产生影响成果转化的外部效应。(2)收益创造机制：财政资助职务发明知识产权形成之后要产生产业化收益，需通过科技成果转化或者知识产权运营完成。该阶段受实质意义上的科技成果转化法、国有资产

① 参见《科学技术进步法》第32、33、34、88条。

管理法、知识产权法和合同法等法律规制。该过程受博弈困境、交易费用和“公地悲剧”影响严重。(3)社会资金支持机制(科技金融):上述成果转化过程中可能发生的投资、信托和证券化等,属于法律关系更复杂的金融法领域。[①] 知识产权资本的流动性和资产信用问题,加剧了博弈困境,增加了制度成本。

针对上述问题,本书探讨契合解决问题的理论工具:从技术应用需求出发,技术搜寻、技术匹配、交易谈判、技术应用、市场风险、资金成本等交易成本;新制度经济学的市场决定性、产权配置、博弈均衡理论致力于解决交易费用问题。

具体的改革方向为组织化的市场机制。由宏观调控和市场规制法消除行业间藩篱,构建资本与技术的流通机制,组织、引导该类成果转化为生产力。以法律对其各类权利重新配置,将不同功能对应的权利直接配置给需求方,通过组织化的科技信用中介、公共服务和标准化产品形成权利和未来收益创新链。包括:(1)市场机制:以改善“公地悲剧”、外部效应、博弈困境为目标进行权利配置,通过技术开发与实施的匹配,形成市场主体、经营规则、标准化产品和公共服务体系,构建共享未来收益的市场机制。科技信用中介承担国家创新资源市场配置功能,同银行等金融中介一样,初期可由国家投资经营,通过宏观调控法和市场规制法二元调整体系实现该功能。(2)宏观调控机制:综合科技创新驱动发展目标下的财政、金融和计划调控,组建调控主体,筛选调控工具。工具包括申请制度的市场导向、可实施性标准;工业和信息化部标准化工业大数据构建技术匹配和许可费结算基础设施;以科技证券分配未来收益,形成标准化服务和证券产品体系。(3)市场规制机制:“市场规制法”是对前述市场机制法律地位的确认,其建立市场准入、经营规则、监管体制并对参与主体提供法律保护。

---

① 参见《科学技术进步法》第85条。

目 录
Contents

第一编　财政资助职务发明形成与转化制度总论

第 一 编

财政资助职务发明形成与转化制度总论

第一章　绪　　论

利用财政性科学技术资金设立的国家科学技术计划，往往聚焦国家重大战略任务，属于对经济建设和社会发展具有战略性、基础性、前瞻性作用的前沿技术研究、社会公益性技术研究和重大共性关键技术研究。[①]但国家财政投入产生的职务科技成果转化却长期被称为“死亡之谷”。在《促进科技成果转化法》授权单位转化与科研人员奖励难以有效解决该问题的情况下，国家尝试职务科技成果的“赋权改革”政策。此举措是否有效解决该问题，仍需拭目以待。目前的研究仍是围绕单位与研发人员的“权利”和“收益”的分配问题。因而《科学技术进步法》提出以增加“知识价值”为导向的分配政策，探索推进“赋予科学技术人员职务科技成果所有权或者长期使用权制度”的知识产权归属和权益分配机制改革。该机制的实施路径需按照制度的逻辑进一步探讨，仅局限于权益分配进行讨论，则类似于“分蛋糕”问题。并且，如不能提供许可使用市场，仅依赖责任和收益分配，则蛋糕能否做成尚未可知。

本书以“财政资助职务发明”的形成和转化为中心，围绕科研链、产业链、资金链的循环，梳理“财政资助职务发明”的许可市场形成机制。将科研投入产生的职务科技成果转化为现实生产力，这一问题不是政府、科研、产业、金融某一领域的政策和努力可以有效解决的，而是有赖于各界共同努力形成创新链。此时，能够有效吸引各方投入，研究能满足各方

---

① 《科学技术进步法》第87、88条。

投入后收益需求以降低博弈成本的“财政资助职务发明形成与转化的法律机制”,具有现实意义。

一、研究背景

区别于早期关于“职务科技成果”的制度需求侧重于“转让收益分配”等研究,在2020年10月29日中国共产党第十九届中央委员会第五次全体会议通过的中共中央《关于制定国民经济和社会发展第十四个五年规划和二〇三五年远景目标的建议》中,关于“坚持创新驱动发展、全面塑造发展新优势”篇关于“激发人才创新活力”中,首次提出“健全创新激励和保障机制,构建充分体现知识、技术等创新要素价值的收益分配机制”“完善科研人员职务发明成果权益分享机制”,探索赋权改革。[①] 在2021年3月11日第十三届全国人民代表大会第四次会议批准的《国民经济和社会发展第十四个五年规划和2035年远景目标纲要》中,第二篇“坚持创新驱动发展、全面塑造发展新优势”第六章“激发人才创新活力”中,亦确认了“实行以增加知识价值为导向的分配政策,完善科研人员职务发明成果权益分享机制,探索赋予科研人员职务科技成果所有权或长期使用权,提高科研人员收益分享比例”。[②] 上述两个文件规划落实于2022年12月修订完成的《科学技术进步法》中。至2021年12月底完成的知识产权系列法规的修改(包括《专利法》《商标法》《著作权法》《反不正当竞争法》《科学技术进步法》等),形成了知识产权创新激励的发展模式。然而,财政资助职务发明成果转化的法律调整机制厚植于属于科技行政法、经济法、知识产权法、民商法,包含了诸多国家政治、经济和法律发展的长远目标。不同立法目的和立法机制形成的复杂法律制度,影响

① 参见中共中央《关于制定国民经济和社会发展第十四个五年规划和二〇三五年远景目标的建议》,载中国政府网,http://www.gov.cn/zhengce/2020-11/03/content_5556991.htm,最后访问时间:2020年12月10日。

② 参见《国民经济和社会发展第十四个五年规划和2035年远景目标纲要》,载中国政府网,http://www.gov.cn/xinwen/2021-03/13/content_5592681.htm,最后访问时间:2021年3月20日。

了科技成果转化的效率。

从知识产权法客体的角度看,尽管财政资助职务发明与企业职务发明均属于职务发明,并且适用职务发明成果归属和收益分配的各类相关规范。但财政资助职务发明成果与企业职务发明成果从资金投入、研究人员、研发导向、收益机制、成果价值、成果管理等各方面,均有分属不同法律制度导致的实质性区别。区别于企业职务发明的意思自治,对"财政资助职务发明",有必要关注其公法和社会法属性,从科技成果转化的体制机制改革、国家财政科技投入转化为生产力的视角进行研究。

党的十八大以来,党中央系统布局和推进科技体制改革,破除体制性障碍,打通机制性梗阻,推出政策性创新,不断增强创新主体动力,优化创新要素配置,提升国家创新体系效能。[①] 习近平总书记在谈治国理政时提出"要充分认识到创新是第一动力,提供高质量科技供给,着力支撑现代化经济体系建设""要以提高发展质量和效益为中心,以支撑供给侧结构性改革为主线,把提高供给体系质量作为主攻方面,推动经济发展质量变革、效率变革、动力变革,显著增强我国经济质量优势"。[②] 习近平总书记还强调"要强化知识产权全链条保护""要研究制定'十四五'时期国家知识产权保护和运用规划,明确目标、任务、举措和实施蓝图"。[③] 在这种意义上,提供高质量科技供给、实现国家科技投入的产业化价值、构建系统创新链、应对国际科技竞争,形成知识产权的全链条保护,是治国理政的重要任务。

提供高质量的科技供给,需要打造融通各种资源、衔接各个产业、激发各方力量的系统创新链。金融融合的创新链需要科研管理体制、研发人员管理机制、市场化机制和资本要素支撑机制的紧密融合和协同发展。

---

① 参见扈永顺、魏雨虹:《科技治理:瞄准高水平自立自强》,载《瞭望》2021年第25期。

② 参见《〈习近平谈治国理政〉第三卷关键词 | 经济高质量发展》,载共产党员网,http://www.12371.cn/2020/08/03/ARTI1596420734317399.shtml,最后访问时间:2020年9月6日。

③ 参见习近平:《全面加强知识产权保护工作 激发创新活力 推动构建新发展格局》,载《理论导报》2020年第12期。

上述机制涉及科技、教育、产业和金融等各领域的行政管理、宏观调控和市场规制关系(以下简称管理和调制关系)等不同范畴。目前相关因素的管理和调制体系在体制机制方面权限分明,调整各个领域的法律规范具体细致,各有其所针对的现实问题和明确目标。各自领域都形成了各自的管理体制,通过对调制主体、对象、手段、方法和责任的规制,形成了各自的制度体系。虽然“破除体制机制障碍”的改革疏通了科技成果产业化的渠道,但科技成果产业化价值实现所涉及的制度规范,依然形成了各自分明的体系。涉及经济法、知识产权法、民商法、金融法、行政法各部门法律规范时,所有的制度均按其各自具体规范有效运行。“体制机制改革”只是破除了教育部、科技部、财政部等多部门关于知识产权资产处置的审批、国有资产转化的限制等行政强制措施和经济法律责任,并给予科技成果转化衔接机制。这种改革对不同制度在科技成果产业化价值实现体系中的系统性关注度并不充分。习近平总书记指出:“创新是一个系统工程,创新链、产业链、资金链、政策链相互交织、相互支撑,改革只在一个环节或几个环节搞是不够的,必须全面部署,并坚定不移推进。”①故该创新系统的法律规制和治理体系,需以科技成果产业价值实现为目标和宗旨,以系统创新链为线索,来研究财政资助职务发明成果形成与转化的法律调整机制及其完善措施。

二、研究对象

(一)职务发明及其在不同部门法中的衍生称谓

职务发明,在不同部门法研究领域,或者是不同时期的研究,使用的衍生称谓都略有差异。分析不同的衍生称谓,则可以发现不同法学学科、不同经济发展阶段,对职务发明的不同特征的倾向。

在《专利法》的法学研究和立法中,职务发明,作为重要的制度设计

① 《习近平提出打造系统创新链》,载光明时政,https://politics.gmw.cn/2016-06/04/content_20421078.htm,最后访问时间:2020 年 9 月 6 日。

之一，通常使用“职务发明创造”。《专利法》第6条对“职务发明创造”的定义为“执行本单位的任务或者主要是利用本单位的物质技术条件所完成的发明创造为职务发明创造”①。该称谓倾向于强调职务发明的“新颖性”和“创造性”等作为发明创造的创新性特征。而对“职务发明创造”概念的界定，则突出了“执行本单位的任务”和“主要是利用本单位的物质技术条件”两种情形。

在《民法典》及已经被废止的《合同法》《技术合同法》等民事法律规范中，则更多地使用了“职务技术成果”的概念。在《民法典》第847条和第848条区分了“职务技术成果”和“非职务技术成果”的使用权和转让权，并确立了职务技术成果完成人的“同等条件优先受让权”，以明晰产权。《民法典》亦对“职务技术成果”进行了范畴的界定，同样明确了“执行法人或者非法人组织的工作任务”，或者“主要是利用法人或者非法人组织的物质技术条件”两种完成情况。该称谓更倾向于表达在民事法律关系中职务发明形成“技术成果”不被限定为“专利”这种知识产权形式，而是侧重成果产权所指示的“职务技术成果的使用权和转让权属于单位”。②

在《促进科技成果转化法》中则使用了“职务科技成果”。“科技成果”更加侧重与“科学研究”和“技术开发”相关。这一概念更符合以《科学技术进步法》和《促进科技成果转化法》为主的科学技术部门法所规制的科学研究活动。“成果”，则强调通过科研活动产生的“具有实用价值的成果”。《促进科技成果转化法》同样界定了“职务科技成果”的范畴，指“执行研究开发机构、高等院校和企业等单位的工作任务”，或者“主要是利用上述单位的物质技术条件”所完成的科技成果。③

在中共中央《关于制定国民经济和社会发展第十四个五年规划和二

---

① 《专利法》于2020年10月17日第十三届全国人民代表大会常务委员会第二十二次会议《关于修改〈中华人民共和国专利法〉的决定》第四次修正。

② 参见《民法典》(2020年5月28日第十三届全国人民代表大会第三次会议通过)。

③ 参见《促进科技成果转化法》(2015年修订)，发布时间为2015年8月29日，第2条。

〇三五年远景目标的建议》,《国民经济和社会发展第十四个五年规划和2035年远景目标纲要》,中共中央、国务院《关于深化体制机制改革加快实施创新驱动发展战略的若干意见》,《深化科技体制改革实施方案》,《国家中长期科学和技术发展规划纲要(2006—2020年)》及其若干配套政策等党和国家在国家科技管理、科技治理过程中的计划法中,在未明确科研成果知识产权形式时,采用了"职务发明成果"的提法。其主要针对科研人员的是"职务发明成果权益分享机制"。其语境为"全方位为科研人员松绑,拓展科研管理绿色通道""完善科研人员职务发明成果权益分享,探索赋予科研人员职务科技成果所有权或长期使用权,提高科研人员收益分享比例",以及健全创新激励和保障机制,构建充分体现知识、技术等创新要素价值的收益分配机制,完善科研人员职务发明成果权益分享机制。[①]

早在2006年2月国务院《关于印发实施〈国家中长期科学和技术发展规划纲要(2006—2020年)〉若干配套政策的通知》(国发〔2006〕6号)中已经提出了职务技术成果的问题,但为适应当时的知识产权法、国有资产管理规范、科学技术、科技成果转化相关法律规范的要求,是以报酬的方式实现的。该文件第三十五项"建立健全知识产权保护体系"中提出,"科研机构、高等学校和政府有关部门要加强从事知识产权保护和管理工作的力量。……切实保障科技人员的知识产权权益,职务技术成果完成单位应对职务技术成果完成人和在科技成果转化中作出突出贡献人员依法给予报酬"[②]。2012年4月,国家知识产权局为落实《国家知识产权战略纲要》部署,发布《2012年国家知识产权战略实施推进计划》,曾提出由

① 参见中共中央《关于制定国民经济和社会发展第十四个五年规划和二〇三五年远景目标的建议》,载中国政府网,http://www.gov.cn/zhengce/2020-11/03/content_5556991.htm,最后访问时间:2020年12月10日;《国民经济和社会发展第十四个五年规划和2035年远景目标纲要》,http://www.gov.cn/xinwen/2021-03/13/content_5592681.htm,最后访问时间:2021年3月20日。

② 国务院《关于印发实施〈国家中长期科学和技术发展规划纲要(2006—2020年)〉若干配套政策的通知》(国发〔2006〕6号),载中国政府网,http://www.gov.cn/zwgk/2006-02/26/content_211553.htm,最后访问时间:2021年3月20日。

国家知识产权局和科学技术部研究起草完成《职务发明条例(草案)》,推动职务发明成果的转化应用。[①] 2012 年 11 月,国家知识产权局起草了《职务发明条例草案(征求意见稿)》,公开征求社会各界意见。[②] 2015 年 4 月,国务院法制办公室就国家知识产权局、科学技术部报请国务院审议的《职务发明条例草案(送审稿)》公开征求意见。[③]

《职务发明条例草案(送审稿)》就职务发明的总则、发明的权利归属、发明的报告和申请知识产权、职务发明人的奖励和报酬、促进职务发明知识产权的运用实施,以及监督检查和法律责任等内容初步建立了制度构想。该草案就职务发明及其知识产权的创造、运用、保护和管理,将其立法宗旨从"手段"和"目标"两个层面进行定位。以"保护职务发明人和单位的合法权益""充分激发职务发明人和单位的创新积极性""提高单位知识产权管理水平"为基础,来实现"推动知识产权的运用实施,促进经济社会发展,建设创新型国家和人才强国"的宗旨,并在此基础上确立管理体制,构建职务发明的创造、运用、保护和管理制度。

(二)财政资助职务发明的界定

为了分别梳理国家财政科研投入所承担的社会功能、解决实际问题,本书将国家财政科研投入对象分为二类。第一类是"基础研究",其成果为知识产权中的著作权,具有知识传播和理论指导的功能。第二类是成果归属为企业的技术应用研究,由高校、科研单位与企业合作申请,或者企业申请,资助部门有使用权的职务发明成果。该类成果属于《科学技术进步法》的"企业科技创新",其特征是以企业为主体,以市场为导向。第

① 参见《2012 年国家知识产权战略实施推进计划》(全文),载中国政府网,http://www.gov.cn/gzdt/2012-05/04/content_2129681.htm,最后访问时间:2021 年 3 月 20 日。

② 参见《〈职务发明条例草案〉(征求意见稿 2012 年 8 月稿)及意见汇总》,载国家知识产权局网,https://www.cnipa.gov.cn/art/2014/3/31/art_403_47440.html,最后访问时间:2021 年 3 月 20 日。

③ 参见《〈职务发明条例草案〉(国务院法制办公开征求意见稿)(2015 年送审稿)及说明》,载国家知识产权局网,http://www.cnipa.gov.cn/art/2015/4/13/art_403_47437.html,最后访问时间:2021 年 3 月 20 日。

三类是高校、科研单位科研人员申请国家科学技术计划项目中的“应用研究”,其成果为“发明创造”类的“智力成果”;在知识产权法中为“专利权、植物新品种权和集成电路布图设计专有权”的智力创造成果。①

由于财政的“公共物品”属性,国家财政科研投入的成果亦具有一定的公共性。第一类知识成果本身为“公知技术”。第二类“职务发明成果”,虽然将“知识产权”授予项目承担单位,但在“使用权”方面,根据申报要求,亦可能有公共性。第三类由于申请主体主要为“利用财政性资金设立的科学技术研究开发机构和高等学校”,根据法律主体的性质,该类成果具有“国有资产”属性。本书所希望解决的问题是第三类的“财政资助职务发明”的成果转化问题。

基于前述分类,“财政资助职务发明”特指高校、科研院所等本身并不具有技术实施职能的单位,以各类国家科学技术计划的项目指南和申报要求为导向,受相关科研管理规范调整,以专家评议为依据,获得各类科学技术计划项目资助,在此基础上形成并用于结项的职务发明成果。其惯常所指为高校、科研院所的纵向科研项目产生的发明类成果。

“财政资助职务发明”主要区别于诞生时完整的知识产权(产权、使用权、管理权)归属技术应用企业的职务技术。后者主要由民商法和知识产权法等私法规范调整。“财政资助职务发明”亦区别高校、科研院所接受企业委托进行的科研开发。技术应用企业委托研发产生的职务发明,通常产生于横向科研项目。该类科研成果的研发导向为企业应用。

基于科技治理、应用型政府财政科研投入转化为生产力的需求,为解决由“公地悲剧”、信息偏在、外部效应引发的“财政资助职务发明”转化市场失灵和政策激励绩效不高问题,本书将高校、科研院所“财政资助职务发明形成与转化机制”全链条,及对该过程的法律规制作为研究对象。在区分“科技成果转化”“技术转移”等概念的基础上,为追诉上述问题的

---

① 参见《〈职务发明条例草案〉(国务院法制办公开征求意见稿)(2015 年送审稿)及说明》,载国家知识产权局网,http://www.cnipa.gov.cn/art/2015/4/13/art_403_47437.html,最后访问时间:2021 年 3 月 20 日。

原因和解决方法，对科技成果转化制度进行时间和空间延伸，来界定科技成果产业化价值实现的链条和过程，构建法学研究体系，并研究讨论完善财政资助职务发明成果转化的法律机制。

（三）财政资助职务发明形成与转化的法律调整机制

从实证研究视角，财政支持职务发明转化为现实生产力是一个复杂的过程。财政资助的国家科学技术计划项目是其发生机制。科技成果转化制度则是规制其从科研和国有资产双重管理体系到产业领域的规范体系。其知识产权法理论上的产业化价值，是基于该技术产品的市场能力体现的。观察该类成果的转化难题，则需从其发生、形成、转移、价值实现、市场反馈多个阶段协调解决。为解决其成果转化难题，需将“财政资助职务发明成果转化”过程做时间和空间上的延伸。前端延伸到财政资助的国家科学技术计划，以观察“财政资助职务发明”的形成过程和价值导向。后端延伸到转化为生产力之后的产品销售市场，并将市场对产品的反馈，以“销售提成”收益的方式，与“研发”发生互动。该过程包括研发投入、科研和资产管理、转化过程、转化收益回报科研开发和投资、反馈研发需求，直至下一个循环开始。

1. 财政资助职务发明形成与转化的全过程

从创新链的视角，该链条至少包括“财政资助科学技术计划项目管理—高校、科研单位对该类项目的科研管理—项目承担者完成技术开发并申请知识产权—以知识产权形式转化至企业生产（含第二次成果转化资金投入、转化企业投入、社会资本投入）—企业生产知识产权产品—销售利润回馈研发和科技成果转化投入”的整体过程。

从《科学技术进步法》规制视角，以财政资助职务发明形成与转化过程的管理制度和产权转移所伴随的法律关系为依据，可进行制度细分。依据上述路径，可将财政资助职务发明形成和转化机制分为：“国家科学技术计划制度”、“科技成果从高校向产业领域输出的法律机制”（科技成果转化和知识产权运营）、“社会资本支持机制”（科技成果转化中的金融支持机制，即科技金融）。

从法学研究的视角，高校、科研院所的研发成果要输入到产业应用，需要法律载体，即知识产权。知识产权是科技成果财产权、使用权和管理权分离的法律设计。高校、科研院所的科研工作者依托国家财政资金和企业资金资助，形成职务科技成果，知识产权是科技成果财产权的法律形式。其向产业输出的法律机制，是代表科技成果的知识产权进入产业应用领域并获得收益回馈研发投入的过程。科技成果转化收益与其产品市场之间的法律关系能够建立研发导向与市场选择的客观联系。但这种模式的收益具有后置性。知识产权证券化的法律设计正是将后置收益变现的法律工具。该工具不仅具有变现未来收益的职能，同时能够通过金融资本市场吸引社会资金支持科技研发、科技成果转化。

按照上述分解，“财政资助职务发明形成与转化”的法律规范体系包括财政资助科学技术计划制度、科技成果转化制度和知识产权运营制度、科技金融制度。同时，该过程不可忽视国有资产管理等经济法制度对成果转化的影响。

2. 国家科学技术计划制度

“财政性资金设立的科学技术计划项目”是《科学技术进步法》“应用研究和成果转化”部分所规制的“国家完善共性基础技术供给体系”的重要方式，是“国家完善关键核心技术攻关举国体制”。①

应用研究是基础研究与科技成果转化融通发展的中间过程。以财政性资金设立科学技术计划项目进行科研资助，是完善共性基础技术供给体系的重要环节。其在国家创新体系中起到“促进创新链产业链深度融合”“保障产业链供应链安全”“推动关键核心技术自主可控”的重要职能作用。通过“关键核心技术攻关”体系，国家组织实施体现国家战略需求的科学技术重大任务，系统布局具有前瞻性、战略性的科学技术重大项目，超前部署关键核心技术研发。《科学技术进步法》同时规制了“财政性资金设立的科学技术计划项目”的成果归属、转化责任、转化机制、服务

---

① 参见《科学技术进步法》第26、28条。

体系、相关扶持政策等。[①]

尽管修订后的《科学技术进步法》进一步明确了成果归属、转化责任和改革途径，但并未从制度上根本改变原法律制度中的外部效应和信息偏在。该制度的实施路径和法律调整机制，在该问题得以解决之前，仍需是研究的重点。

3. 科技成果转化和知识产权运营制度

科技成果转化主要由《促进科技成果转化法》规制。该法的立法目的是促进科技成果转化为现实生产力，规范科技成果转化活动，从而加速科学技术进步。该法将科技成果转化定义为“为提高生产力水平而对科技成果所进行的后续试验、开发、应用、推广直至形成新技术、新工艺、新材料、新产品，发展新产业等活动”。国家要对科技成果转化合理安排财政资金投入，引导社会资金投入，推动科技成果转化资金投入的多元化；该法要求政府加强科技、财政、投资、税收、人才、产业、金融等政策协同。

在本书的概念体系中，与《促进科技成果转化法》一致，针对已经形成的职务科技成果设计价值实现的成果转化法律机制，称为“科技成果转化”。本书区分了“科技成果转化”和“技术转移”，将其作为“职务发明成果形成与转化”的成果价值实现法律制度两种范畴。具体概念的选择依据表达的不同范畴确定。

根据《促进科技成果转化法》对“科技成果转化”概念的解释，“科技成果转化”和“科技成果的价值实现”概念包含了将“科技成果转化为生产力”的过程，这两者有重合。“科技成果转化”在技术层面给出了定义，该术语主要用于法律制度建设、法学研究层面，亦指科技成果转化的整个过程。在制度层面，根据《促进科技成果转化法》的规定可知，科技成果转化的范围是：依据《科学技术进步法》财政科研资助完成职务发明后，对财政资助形成的科技成果进行生产力转化的组织实施、保障措施、技术权益、法律责任所作的法律层面的规定。具体制度体现在财政资助职务

---

① 参见《科学技术进步法》第32、55、101条。

发明的归属、转化责任、转化路径、利益分配、制度保障等方面。

“技术转移”过程主要规制的对象是“高校、科研院所”等本身“不具有技术实施法律功能”的国家事业单位主体,及其研发成果向“具有技术实施功能”的企业主体进行“转移”的主体变更过程。“技术转移”在本书中强调职务科研成果从科研单位的研发主体,通过法定的法律关系(如投资、转让、许可等),发生权属变更(如所有权、使用权等),向技术应用企业转移。本书在对该环节进行论述时,为了更清晰地区分其法律功能,采用“技术转移”一词。“技术转移”是比“科技成果转化”更能清晰地表述发生的法律关系和权属变更的术语,而“科技成果转化”则区分了从科技成果到转化为生产力的过程。

知识产权运营则是集产业、技术、金融、服务等一体的科技成果转化服务平台,该模式是目前国家知识产权局、财政部建设的政策扶持的重点转化方式。其前身则是专利非实施主体进行的职业化知识产权运营。

4. 财政资助职务发明成果转化的金融制度

科研开发和科技成果转化,需要资金支持。国家财政科研投入是一种方式。但这种投入并不一定构成对银行金融资本、资本市场金融资本的排斥。国家引导“银行金融资本”和“资本市场的社会资本”支持科学研究开发和成果转化的制度设计,本书称为“科技金融”制度。

5. 财政资助职务发明成果的国有资产管理制度

财政资助职务发明,依照相关管理规范和项目合同,已经由法律确认归属项目承担单位。绝大多数项目承担单位为“国家设立的高校、研究开发机构”。为防止国有资产的流失,对国有资产保值增值,高校、科研单位均十分重视对科技成果,尤其是纵向财政资助职务发明成果的集体决策、评估等转让的管理程序性工作。然而,国有资产管理规范对于财政资助职务发明成果转化而言一直是“双刃剑”。国有资产管理规范一直亦是高校、科研单位科技成果转化效率的体制机制限制之一。一方面,国有资产管理和转让的程序性限制,使得成果转化的效率相对较低。另一方面,在知识产权作为出资成立公司时,越高的评估价格,其后期对该“资本”

的保值增值越困难,国有资产管理责任也更加严重。随着学术界科技成果转化中的刑事案件,以及漫长的决策程序和审批程序对转化效率的影响,对财政资助职务发明成果的管理,越来越引起重视。为加大科技成果转化形成的国有股权管理授权力度,政府提出向"简化国家设立的研究开发机构、高校持有科技成果评估和管理程序"的方向改革,以落实创新驱动发展战略,推动科技创新。该部分属于科技成果管理制度的范畴,但直接影响到科技成果转化,故将在后续的"科技成果转化"与知识产权运营的内容中,探讨国有资产管理制度对财政资助职务发明形成与转化机制的影响。

三、国内外发展与研究现状综述

现有关于"职务发明"研究者的讨论基本上是围绕"发明人"与"雇主"之间的"权利""收益"两者的均衡和分配展开的。这种讨论难以顾及国家科学技术计划项目中财政性资金设立的高校、科研单位的职务发明成果。该类成果的转化过程需要更多介入因素,尤其是产业链和资金链上更多投入的收益分配均衡需求。故而根据创新链的划分,本书以创新链上的法律关系为基础,分为"财政资助职务发明产生制度"(《科学技术进步法》)、"科技成果转化制度"(《促进科技成果转化法》)、"科研和科技成果转化中的金融制度"(科技金融的扶持政策和法律机制)三个方面分别综述。

(一)财政资助职务发明形成制度的研究现状综述

关于财政资助职务发明的诞生机制,其起源为财政资助大学的科研活动。财政资助职务发明表达的是大学科研活动的社会价值及其实现方式。制度内容为财政资助后的成果归属。美国和欧洲有不同的发展历程。

"二战"之前,大学和企业的研究各自处于独立发展状态。政府并不资助大学的研究,政府和企业的技术需求由国家技术机构和国立科研机构得以满足。[①] 对于大学的科学研究,大部分技术转移是通过科研论文的发表,以及开拓性教育和服务活动实现的。

“二战”中,基于政府对科技发展的紧迫感,庞大科研需求超出了国立科研机构的科研能力上限。政府开始重视大学的科研力量,并开始投入政府资金资助。战争时期,为了国家军事利益,避免国家投资的敏感技术外流,各国政府均要求由此产生的科技成果统一归属政府。当时作为非战争国家的瑞典,为了备战,政府向大学投入了大量的科研经费。瑞典科研经费投入的成果有相当部分体现在非军事产业中。故而瑞典更早发现科学研究与经济发展的关系。1944 年,瑞典国会提案提出“如果没有稳定独立的基础科学研究支撑,最终会导致工业技术进步能力的衰竭”,并于 1946 年成立自然科学研究委员会,从国家层面资助基础研究。美国对基础研究的重要性认识虽晚于瑞典,但思路和做法基本相同。在五年战争期间,美国联邦政府投入已经成为大学科研经费的主要来源。1945 年,范内瓦尔·布什在 1945 年向总统呈送的《科学——永无止境的前沿》报告中强调了美国政府在战后继续资助大学研究的合法性和必要性。该报告提出大学基础研究是工业经济发展的源头。政府对大学基础研究的投资会对工业发展产生巨大的推动作用。报告提议建立以大学为中心的国家研究体系,成立专门的联邦资助机构对大学研究进行资助。[②] 1950 年,美国成立国家自然科学基金会。同时,美国国防部、能源部亦加大了对大学科学研究的支持力度。

美国在研发投入方面,科技经费预算一般是在法律和计划的指导下编制完成的。如美国的《国家科学技术政策、组织、重点法》,既包括总的投资原则,同时对实现该法若干目标的拨款金额都作了具体规定。它有严格的研发经费管理体系。美国联邦政府设有专管科技的行政部门,有

---

① See Mercelis J., Galvez-Behar G., Guagnini A., *Commercializing Science: Nineteenth and Twentieth-century Academic Scientists as Consultants, Patentees and Entrepreneurs*, History and technology, Vol. 31:1, p. 4-22(2017).

② See Vannevar Bush, *Science: The Endless Frontier*, Transactions of the Kansas Academy of Science, Dec., Vol. 48:3, p. 231-264(1945).

严格的研发经费的监督体系,并分领域制定科技投入的具体领域。① 它是美国实施国家创新战略、推动科研改革、打造创新生态体系的重要环节。美国联邦财政对各类研发机构(企业研发机构、联邦研发机构、大学研发机构以及非营利研发机构)进行研发项目支持,并对联邦所属研发机构提供稳定支持。它还改革科研资助与管理模式,以促进联邦政府资助的研发中心、能源部的新型研发创新和管理机构、制造业创新研究院等一批重点和新型研发机构的发展。②

为了加强美国技术和研究,2007 年布什总统授权《美国竞争力法案》,2010 年奥巴马总统签署了《美国竞争力再授权法案 2010》,但 2013 年《美国竞争力再授权法案 2010》到期后,多个版本的重授权草案都难以获得国会两党支持。③ 2021 年 6 月,美国参议院表决通过了《2021 美国创新与竞争法》(US Innovation and Competition Act 2021)。该法规定拨款资金总金额约 2500 亿美元,授权拨款 1900 亿美元用于加强美国技术和研究。④

2016 年,国会参议院吸取了之前众议院多次重授权草案立法失败的教训,在上半年召集学术界领导进行了 3 次圆桌会议听取各方意见,6 月参议院提出了包含两党最大共识的《美国创新与竞争力法案》,12 月 10 日参议院表决通过,12 月 16 日众议院全票通过了该法案。

(二)科技成果转化制度发展与研究现状综述

"二战"后世界各国政府对大学科学研究的投入逐步制度化、常态

---

① 参见[美]霍华德·W. 雷默:《大学技术移转:发展与革命》,载《科技与法律》1999 年第 1 期。

② 参见丁明磊、陈宝明:《美国联邦财政支持新型研发机构的创新举措及启示》,载《科学管理研究》2015 年第 2 期。

③ 参见中国科学院科技战略咨询研究院:《〈美国创新与竞争力法案〉解读》,载中国科学院科技战略咨询研究院,http://www. casisd. cn/zkcg/ydkb/kjzcyzxkb/2017/201704/201706/t20170630_4820602. html,最后访问时间:2020 年 5 月 20 日。

④ US Innovation and Competition Act 2021, https://www. democrats. senate. gov/imo/media/doc/DAV21A48. pdf, last visited at 2022, Oct. 14th.

化。在政府持续地资助下,大学研究产生的职务科研成果数量迅速增长。由于战后产出成果不限于军事范畴,而是有很多应用于民用经济领域的科研成果,其经济价值的增加赋予了更多财产属性。此时,科技成果财产权的分配引起广泛关注。①

1. 美国的发展历程与《拜杜法案》

范内瓦尔·布什在《科学——永无止境的前沿》报告中最早使用了"技术转移",筹划通过联邦政府对基础科学的支持来加强大学研究科学在工业中的应用。② 技术转移的概念即是把大学研究成果转移到商业部门的行为。在美国,大学最初的技术转移,大部分表现为美国联邦政府对基础研究的实质性资助持续增长,并将其作为一项重要职能。③

"二战"后,美国联邦政府各个资助部门与大学签订研究合同,作为出资方以协议方式获得大学职务科技成果,之后以免费、非独家的方式对专利成果开放许可。这种模式避免了发明人或者大学利用国家资助的成果谋取个人或者部门利益,并保证纳税人资助的成果能够为全社会各个主体公平、开放、免费地使用。④ 这种职务科技成果"谁出资,谁拥有"的管理方式被称作"国家主义"。此时,财政支持的科研成果如果取得进展,则不仅政府要把所有相关的权益(包括专利权)收回,并且一切的后续性研发都只能以非独占许可方式来进行。⑤

从行政管理过程中获得的科研成果需要能够有效地进入市场应用,解决这一关键问题并具有里程碑意义的方式是《拜杜法案》。在《拜杜法案》之前,那些由政府资助的科研项目产生的专利权,一直由政府拥有。

---

① 参见沈健:《"教授特权"政策适用性研究》,载《科学学研究》2022 年第 1 期。

② See Vannevar Bush, *Science: The Endless Frontier*, Transactions of the Kansas Academy of Science, Vol. 48:3, p. 231-264(1945).

③ 参见[美]霍华德·W. 布雷默:《大学技术移转:发展与革命》,载《科技与法律》1999 年第 1 期。

④ See Sampat B. N., *Patenting and US Academic Research in the 20th Century: The World before and after Bayh-Dole*, Research Policy, Vol. 35:6, p. 772-789(2006).

⑤ 参见孙远钊:《论科技成果转化与产学研合作——美国〈拜杜法〉35 周年的回顾与展望》,载《科技与法律》2015 年第 5 期。

一旦这些研发产生了任何的成果，不仅政府要把所有相关的权益（包括专利权）悉数收回，而且一切的后续性研发都只能以非独占许可的方式来进行。这导致研发人员的努力成果事实上必须拱手让与他人分享，而且无利可图。许多的研发项目便因此搁置下来，欠缺继续从事成果转化的积极性。① 关于《拜杜法案》的辩论十分激烈，经历了许多幕后的波折才获得通过。②《拜杜法案》的宗旨和精神是希望能通过产学研协作，以专利权所产生的诱因或积极性来激励美国对科技的研发与国际竞争力，用科技带动经济的复苏。同时希望避免研发机构人员的流失和专利权的闲置和浪费，以产学研合作来实现产业升级。③

2. 欧洲的发展历程：从"教授特权"到拜杜规则

瑞典 1949 年《专利法》中规定，雇主有权获得雇员创造的知识成果产权，但该法特别规定，属于教育系统的大学、学院或其他机构的教师，不应当被视作雇员。因为大学教师身份而被豁免法律规定职务科技成果权利归属，使大学教师保留职务科技成果的所有权，被称作"教授特权"。④

"二战"后"教授特权"在欧洲国家推广，其原因是受特定历史条件的限制和各种因素的影响所做出的限制性选择。"二战"后欧洲各国政府对大学的持续投入使大学职务科技成果数量迅速增长，且战后大学科技成果的领域更加宽泛，与工业生产多有交叉。此时，大学职务科技成果归属问题成为政策关注点。在政府、大学、教师三个可以选择的权利人中。欧洲国家的法律条款限制国家持有并运营专利，故而各国的"专利法"或"雇员发明法"则只能规定职务科技成果在雇主和雇员双方之间进行分配。但缺少办学自主权的欧洲大学作为名义上的"雇主"，不可能承担起

---

① 参见孙远钊：《论科技成果转化与产学研合作——美国〈拜杜法〉35 周年的回顾与展望》，载《科技与法律》2015 年第 5 期。

② See Joseph Allen, *The Enactment of Bayh-Dole, An Inside Perspective*, http://www.ipwatchdog.com/2010/11/28/the-enactment-of-bayh-dole-an-inside-perspective/id=13442/.

③ See 35 U. S. C. § 200(2012).

④ Petterssoni, *The Nomos of the University: Introducing the Professor's Privilege in 1940s Sweden*, Minerva, Vol. 56:3, p. 381-403(2018).

知识产权管理的职责。面对强势的教授和相对弱势的大学,将大学职务科技成果分配给教师成为唯一选项。

随着世界进入知识经济时代,大学被赋予了服务经济发展的重要职责。大学研究能力成为国家发展和赢得全球竞争的重要因素。“国家主义”和“教授特权”由于没有明确的政策导向,也没有设定具体的政策目标和绩效要求,故而执行效果难以保障。“二战”后几十年,欧美对大学的财政经费投入不能转化为国家竞争力、科学研究与经济发展脱节等问题进行反思。

3. 中国的发展历程与职务科技成果的赋权改革

对于知识产权创新驱动发展战略,在管理学领域主要是以知识产权强国驱动战略的政策为主要研究对象的。一些研究者从公共政策基础理论出发,研究梳理知识产权政策体系。其结构基本上围绕知识产权的创造、运用、保护、管理和服务,梳理政策中的研发、权利获取、激励政策、知识产权的价值评估、知识产权运营、税收优惠、政府采购、投融资、产业发展,以及该过程中的知识产权服务,形成政策体系。[①] 中国早在 20 世纪 90 年代就有研究者提出在大学设立科技法学的主张[②]。

在法律规范层面,中国财政支持科研项目成果归属,基于不同的制度内容和规范层级,可分为七个演进阶段。①1984 年,原国家科委颁布《关于科学技术研究成果管理的规定(试行)》,第 7 条以行政规章的方式规定“知识产权归国家所有”,不允许封锁和垄断。[③] ②1994 年,原国家科委颁布《国家高技术研究发展计划知识产权管理办法(试行)》,规定八六三计划科技成果,由项目承担单位与委托单位约定知识产权的归属和分享

---

① 参见宋河发:《面向创新驱动发展与知识产权强国建设的知识产权政策研究》,知识产权出版社 2018 年版,第 17~18 页。

② 何敏:《理工高校“科技法学”学科建议刍议》,载《科技法学》1990 年第 3 期;《科技法体系与大学科技法律教育》,载《科技与法律》1991 年第 4 期。

③ 原国家科委《关于科学技术研究成果管理的规定(试行)》,1984 年 2 月 22 日由国家科委颁布,被《科技成果登记办法》(实施日期:2001 年 1 月 1 日)废止,第 7 条。

办法。[①] ③2000 年，为激励科技人员技术创新活动的积极性，科学技术部《关于印发〈关于加强与科技有关的知识产权保护和管理工作的若干意见〉的通知》，规定知识产权"可以由承担单位所有"。[②] ④2002 年，科技部联合财政部发布《关于国家科研计划项目研究成果知识产权管理的若干规定》，科研项目研究成果及其形成的知识产权，授予科研项目承担单位。承担单位可自主决定实施、许可、转让、入股等。[③] ⑤2007 年 12 月，修订《科学技术进步法》，由"法律"规定利用财政性资金的科技项目形成的知识产权授权项目承担者依法取得。[④] 此时，项目承担单位是国有企事业单位的情况下，科技成果知识产权处置依然受"国有资产"管理的审批、评估等各种限制。⑥2015 年，修订《促进科技成果转化法》进一步解放财政支持科研项目成果的产学研合作模式，允许出资入股、协议定价等成果转化模式。[⑤] ⑦2021 年 12 月，《科学技术进步法》修订，将"赋予科学技术人员职务科技成果所有权或者长期使用权制度"写入法律，进一步明确财政资助职务发明的知识产权归属和权益分配机制。

针对在《促进科技成果转化法》中使用的"科技成果"一词，有研究者提出应该作为整个国家专利与科技政策核心环节的《促进科技成果转化法》，却不知何故没有提到"专利"二字。[⑥] 的确，对比《拜杜法案》对作为成果的专利的强调，此处不仅没有用专利，而且直接定义"通过科学研究与技术开发所产生的具有实用价值的成果"为科技成果。甚至到与科研成果链接的下一环节"科技成果转化"，直接给出"本法所称科技成果转

---

① 参见《国家高技术研究发展计划知识产权管理办法（试行）》，1994 年 2 月 8 日由国家科委颁布，第 5 条。

② 参见科学技术部《关于印发〈关于加强与科技有关的知识产权保护和管理工作的若干意见〉的通知》，颁布时间为 2000 年 12 月 13 日，第二部分。

③ 参见国务院办公厅《转发科技部财政部关于国家科研计划项目研究成果知识产权管理若干规定的通知》（国办发〔2002〕30 号），发布时间为 2002 年 4 月 14 日，第 1 条。

④ 参见《科学技术进步法》（2007 年修订），发布时间为 2007 年 12 月 29 日，第 20 条。

⑤ 参见《促进科技成果转化法》（2015 年修订），发布时间为 2015 年 8 月 29 日，第 2、3 条。

⑥ 参见孙远钊：《论科技成果转化与产学研合作——美国〈拜杜法〉35 周年的回顾与展望》，载《科技与法律》2015 年第 5 期。

化,是指为提高生产力水平而对科技成果所进行的后续试验、开发、应用、推广直至形成新技术、新工艺、新材料、新产品,发展新产业等活动”。这两处的表述均回避了专利或者“知识产权”的使用。继而提到“科技成果转化活动中的知识产权受法律保护”,然后才涉及知识产权的管理、创造、运营等。①

随着创新驱动发展战略的推动,政府开始重视知识产权、金融等创新驱动工具在财政资助职务发明成果转化中的作用。2016 年 11 月,中共中央办公厅、国务院办公厅印发《关于实行以增加知识价值为导向分配政策的若干意见》,提出就“企业、其他社会组织委托的横向委托项目”,在“合同约定知识产权使用权和转化收益”的基础上,“探索赋予科研人员科技成果所有权或长期使用权”;并将“扩大科研机构、高校收入分配自主权”作为一项具体政策。② 2018 年 7 月 24 日,国务院发布《关于优化科研管理提升科研绩效若干措施的通知》(国发〔2018〕25 号),提出“开展赋予科研人员职务科技成果所有权或长期使用权试点”。该文件明确,对企业、其他社会组织委托项目形成的职务科技成果,合同未约定成果归属和使用、收益分配事项,职务科技成果由项目承担单位自主处置的,允许赋予科研人员所有权或长期使用权;对利用财政资金形成的职务科技成果,由单位按照权利与责任对等、贡献与回报匹配的原则,在不影响国家安全、国家利益、社会公共利益的前提下,探索赋予科研人员所有权或长期使用权。③ 2018 年 9 月 26 日,国务院发布《关于推动创新创业高质量发展打造“双创”升级版的意见》(国发〔2018〕32 号),将其作为“健全科技成果转化的体制机制”,试点开展赋予科研人员职务科技成果所有权或

① 参见《促进科技成果转化法》(2015 年修订),发布时间为 2015 年 8 月 29 日,第 16、17、18 条。

② 参见中共中央办公厅、国务院办公厅印发《关于实行以增加知识价值为导向分配政策的若干意见》,载中国政府网,http://www.gov.cn/zhengce/2016-11/07/content_5129805.htm,最后访问时间:2020 年 10 月 20 日。

③ 参见国务院《关于优化科研管理提升科研绩效若干措施的通知》,载中国政府网,http://www.gov.cn/zhengce/content/2018-07/24/content_5308787.htm,最后访问时间:2020 年 10 月 20 日。

长期使用权。[①] 此外,科学技术部在2019年重点工作任务中曾提出“通过事前产权激励方式探索赋予科研人员一定比例的科技成果所有权”。2020年5月,科技部等9部门印发的《赋予科研人员职务科技成果所有权或长期使用权试点实施方案》,是专门为深化科技成果使用权、处置权和收益权改革,促进科技成果转化,开展赋予科研人员职务科技成果所有权或长期使用权试点工作制定的实施方案。[②]

4. 职务发明成果权益分配的问题

在法学的学科领域,“拜杜规则”和“赋权改革”的核心问题为“财政资助职务发明的产权和使用权在项目承担单位和科研人员之间如何分配”。对于该问题,何敏的“激励创新与转化之职务发明专利制度研究”受到国家社科基金的资助。其对于职务发明制度完善提出了相应主张,即根据“任务发明、职责发明、岗位发明和自由发明”四类,提出了前三类职务发明的“权益分配体制”,具体来说,其提出的观点分别为:“专利申请权的由雇主和职员共享”“赋予职务发明成果利益相关人‘闲置成果实施权’”“职员的优先购买权”等。[③] 此后,何敏对该课题的研究转向法哲学的方向,从“知识产权客体范畴与‘质构’认识观”“知识产权客体的无体物性征”来认知知识产权客体。该文章亦是其2011年社科基金资助成果。[④]

对于职务发明相关问题,国家社科基金在2016年作为重大项目支持了何敏“驱动知识产权强国战略的职务发明制度研究”。其题目的核心研究依然指向“如何破解职务发明成果向现实生产力转化不力、不顺、不

---

① 参见国务院《关于推动创新创业高质量发展打造“双创”升级版的意见》(国发〔2018〕32号),载中国政府网,http://www.gov.cn/zhengce/content/2018-09/26/content_5325472.htm,最后访问时间:2020年10月20日。

② 参见《赋予科研人员职务科技成果所有权或长期使用权试点实施方案》,载中国政府网,http://www.gov.cn/zhengce/zhengceku/2020-05/19/content_5512908.htm,最后访问时间:2020年10月20日。

③ 参见何敏:《新“人本理念”与职务发明专利制度的完善》,载《法学》2012年第9期。

④ 参见何敏:《知识产权客体新论》,载《中国法学》2014年第6期。

畅的难题”。其研究路径是通过探讨“智力成果资产管理”和“智力成果资本运营”两种途径来提高职务发明成果转化的效率和效益。其解决问题的方法是“通过建立专家评估模型来考量职务发明成果转化的效用”,在此基础上完善职务发明成果转化模式和转化途径。[①] 在该课题的成果中,针对“职务发明成果转化难”,何敏提出了我国职务发明权属制度倾向于“厚雇主主义”,提出了以“贡献程度”或“贡献率”划分发明创造权益,实现生产要素按贡献决定分配的“按份共有规则”。[②] 针对“职务发明”内部利益的冲突,提出了以“社会公平为价值目标”“兼顾经济效率”的“内部利益平衡”价值追求。[③] 关于内部利益的平衡,则是通过“职务发明奖酬立法优化”实施。其进一步提出了“利益平衡理念”“促进职务发明奖酬立法体系化”“体现奖酬意思自治原则”的宏观思路,意在避免职务发明奖酬立法成为职务发明奖酬实现的阻碍。[④] 另外,亦有《价值视阈下专利资产界定研究》《论展览权穷竭制度的完善——从“部分穷竭”到“完全穷竭”》两篇文章表明为该课题资助成果。

(三)科技金融制度发展与研究现状综述

科技金融的创新发展以知识产权质押融资和知识产权资产证券化为内容。知识产权质押融资是民事法律关系中的担保法律关系,不再综述。作为重要金融创新的资产证券化和知识产权资产证券化,对财政资助职务发明形成与转化机制有重要的工具性基础作用。

1997 年,美国 Pullman Group 公司以英国超级摇滚歌星大卫·鲍伊所出版唱片的许可费收益权为支撑发行证券,成功地从资本市场融资

---

① 参见《驱动知识产权强国战略的职务发明制度研究——2016 年度国家社会科学基金重大项目开题报告会在上海举行》,载中国社会科学网,http://www.cssn.cn/gd/gd_rwhd/xslt/201701/t20170105_3712901.shtml,最后访问时间:2020 年 10 月 20 日。

② 参见何敏、张浩泽:《论按份共有规则在职务发明制度中的确立》,载《科技与法律》2018 年第 5 期。

③ 参见何敏、叶龙荣:《论职务发明制度内部利益的平衡》,载《科技与法律》2021 年第 2 期。

④ 参见何敏、刘胜红:《论职务发明奖酬立法的优化思路及具体措施》,载《科技与法律》2021 年第 4 期。

5500 万美元。之后,随着欧美日等知识产权制度发达、证券市场繁荣的发达国家的发展,债权变现的需求都持续引导着对知识产权证券化理论和实践的研究。①

知识产权证券化的研究议题非常广泛。有关于著作权、商标权、专利权、特许经营权等各种对象的证券化研究。无论是已有相关成功案例和实践经验的国家,还是积极探索资产证券化模式以期为本国或地区所用的尚无成功案例的国家,都在进行知识产权证券化的研究和探索。

尽管最初的研究者认为以鲍伊债券(Bowie Bond)为代表的知识产权证券化的规模并未达到发起人和投资者所期待的兴奋点,研究者们依然从发起人和投资者的动机和收益、市场的参与主体、知识产权资产证券化模式结构、知识产权基础资产的组合、信用增强,SPV 的发行选项、产权问题、知识产权证券化的障碍、对证券化技术的修改等各种角度对各种知识产权的证券化进行讨论和研究。

国内关于知识产权基础资产与证券化制度嫁接方面的理论研究并不少。该领域被金融证券、民法、知识产权、国际法领域的老师和学生们广泛关注。其关注的视角多是知识产权资产证券化中知识产权作为基础资产的适格性、知识产权证券化的风险控制、风险隔离等方面,其中不少是硕博士论文。自 2015 年政府创新驱动发展战略中提出探索知识产权证券化业务以来,关于该领域的研究逐步增加。自 2018 年 12 月有公开发行实务以来,该领域逐步成为研究的热点。研究的专著有三种情况。第一种在资产证券化的体系中研究。第二种在知识产权资本化的体系中研究。第三种为研究知识产权或者专利等证券化的专著。

在资产证券化的研究中,将"知识产权"视为证券化资产的一种,更侧重资产证券化的共性。比如武汉大学韩德培老师的博士生甘勇在可证

---

① See Dov Solomon, Miriam Bitton, *Intellectual Property Securitization*, Cardozo Arts & Entertainment L. J., Vol. 33, p. 125 - 179 (2015); Tahir M. Nisar, *Intellectual Property Securitization and Growth Capital in Retail Franchising*, Journal of Retailing, Vol. 3, p. 393-405 (2011); Jay C. Klear, *Applicability of Private Equity Fund Structure in the Furtherance of Intellectual Property Securitizations*, Columbia Business Law Review, Vol. 3, p. 796-822(2002).

券化的财产中关注到知识产权。[①]

知识产权的资本化也是知识产权领域的研究者们关注的议题。在诸多知识产权资本化体系研究的书籍中,通常将知识产权证券化作为资本化的一种方式进行介绍。在关于知识产权资本化的著作中,刘春霖更关注知识产权的出资过程,未提及知识产权的证券化;[②]胡震远亦是如此;[③]杨延超在其《知识产权资本化》一书中第5章涉及知识产权证券化的理论和实务分析,并对中国发展知识产权证券化进行了设想;[④]王吉法在《知识产权资本化研究》一书中第4章涉及知识产权证券化,包括理论概述、运作方式、资产池的构建,提出了中国知识产权证券化的必要性和可行性,并提出了建议和设想。[⑤] 这些研究都是以美国模式知识产权未来许可使用费为支撑进行资产证券化的研究,对中国的探索集中在观察中国科技创新集中地产生许可现金流的可能性并建立试点的方案上。

对知识产权证券化制度研究较为系统的研究著作是2009年董涛的《知识产权证券化制度研究》,该书研究的重点是立足国外经验,对国外发展态势、"风险隔离"问题、资产池的构造、支撑体系、制度建设等进行了全面而详细的介绍和分析。其研究的方法基本上是总结国外现有的实践模式和理论研究。该书主要针对国外现有的知识产权证券化模式中的具体问题进行了讨论,关注到知识产权证券化过程中的关键问题,如对知识产权基础资产的适格性、知识产权价值评估、资产池构建中的反垄断问题、许可协议的破产隔离问题、知识产权资产池中担保权益的登记、信用增级、知识产权证券信用评级、知识产权证券发行中的税收待遇以及知识产权证券中的投资者保护等问题,进行知识产权证券化模式的研究。该书的结论提出了中国知识产权证券化试点活动的四种可能性:中关村模

① 参见甘勇:《资产证券化的法律问题比较研究》,武汉大学出版社2008年版,第15页。

② 参见刘春霖:《知识产权资本化研究》,法律出版社2010年版,"前言"第1~8页。

③ 参见胡震远:《知识产权资本化研究》,中国法制出版社2013年版,第1~8页。

④ 参见杨延超:《知识产权资本化》,法律出版社2008年版,第207~260页。

⑤ 参见王吉法等:《知识产权资本化研究》,山东大学出版社2010年版,第153~177页。

式、银监会模式、证监会模式、科技部模式。该书的不足之处在于考虑可行性的时候没有考虑美国模式下知识产权证券化的背景与中国现有背景的差异,这种单一制度的嫁接想法由于没有市场的支撑,难以具有可行性。其中江平老师在作序中提到,五年前,他的一位博士研究生打算以知识产权证券化为题撰写博士论文,希望将我国台湾地区的一些做法介绍到大陆来。江平老师当时觉得这些做法在大陆推行缺乏可操作性,建议作为理论前沿进行探讨。五年后,其学生董涛博士对这一问题展开研究。董涛的研究主要集中在知识产权证券化制度框架建设的研究,但江平老师希望今后将更多的研究重点放在知识产权证券化的结构设计、销售价格、利率安排、资产的价值评估上。这说明在知识产权证券化方面,需要更切合实际需求的模式研究和探索。①

国内关于知识产权资产证券化的应用研究主要侧重在专利和版权的资产证券化方面,以靳晓东的《专利资产证券化研究》、钟基立的《文创与高新产业融资:知识产权价值挖掘的交易设计与风险管理》等为代表,这些研究并不侧重法学的研究视角。②

实务领域虽无知识产权的实务操作,但一些法官、证券业从业人员也在非 CSSCI 学术期刊上发表了一些文章。具有代表性的是最高人民法院主管、国家法官学院主办的应用法学理论刊物《法律适用》中发表的《知识产权证券化之基础资产探析》。③ 这些著作和文章,多从应用研究的角度,对知识产权证券化的基础资产、发起人资格、风险控制、信用增强等方面进行了研究。

(四)综合评述

上述"财政资助职务发明""科技成果转化""以知识产权证券化为代

---

① 参见董涛:《知识产权证券化制度研究》,清华大学出版社 2009 年版,第 1~5 页。

② 参见靳晓东:《专利资产证券化研究》,知识产权出版社 2012 年版,第 1~26 页;钟基立:《文创与高新产业融资:知识产权价值挖掘的交易设计与风险管理》,北京大学出版社 2015 年版,第 3~16 页。

③ 参见张华松、黎明:《知识产权证券化之基础资产探析》,载《法律适用》2016 年第 9 期。

表的科技金融”的研究和成果,为中国在制定《科学技术进步法》《促进科技成果转化法》,以及发展科技金融的过程中,都起到了重要的参考或者决定性的作用。

中国在各时期制定相关法规和政策时,必然以当时科技、经济和社会发展状况为依据。《中国科学技术进步法》和《促进科技成果转化法》的科技成果转化路径设计,亦是中国在技术引进和创新能力建设阶段,在知识产权的低价值无法发挥市场功能时,中国以科技行政法的调整手段,采用公共投入,产出为公共物品或国有资产准公共物品的法律属性所形成的创新体系。巨大和强有力的科研投入,使中国的知识产权工作取得了历史性的成就。中国成为知识产权大国,2020 年 9 月 2 日世界知识产权组织(WIPO)发布的《2020 年全球创新指数》显示,中国创新能力位居世界第十四位,形成了一条中国特色的创新引领发展之路。

中国进入新发展阶段,国家对知识产权提出了新的制度需求。国家将创新作为引领发展的第一动力,将知识产权制度作为“激发社会创新活动、推动构建新发展格局”的重要制度基础,并提出“加快完善相关法律法规,统筹推进《专利法》《商标法》《著作权法》《反垄断法》《科学技术进步法》等修订工作,增强法律之间的一致性”。针对知识产权的价值实现,提出“便民利民的知识产权公共服务体系”“构建国家知识产权大数据中心和公共服务平台”“加强知识产权信息化、智能化基础设施建设”等实施途径。

中国所面临的时代需求、发展状况,加上发展过程中的问题、障碍和短板,是新时代治理机制和政策选择的依据。一方面,在科技创新领域,中国与美国等其他发达国家的竞争中,虽然知识产权系列法律的修改提高了知识产权价值,但中国知识产权许可市场的服务链条完善程度和效率并不能与欧美媲美。另一方面,财政科研投入的行政法律调整机制,本身是完整的链条和体系,对研发成果的要求和对研发成果形成知识产权的要求具有其自身制度基础。学科特色和科研范式等专家评议标准,在成果知识产权形成过程中产生外部性。即最初“高校、科研院所的财政资助职务发明”成果，是产业化价值实现的起点，影响了整个价值实现的过程。在“公知技术”和“国有资产”知识产权的准公共性中，都有“公地悲剧”原理的作用效果。加上成果完成人和知识产权权利人法律上二分，“柠檬原理”的作用后果非常明显，信息偏在为常态。具有知识产权的权利人并不掌握技术，仅掌握技术文献和知识产权。而掌握技术的成果完成人，则无充分的处分权。多方主体常常导致博弈困境。上述外部效应、公地悲剧、信息不对称、博弈困境的影响，是中国科技成果转化市场失灵的重要原因，也是中国政府大力财政投入科技成果转化，但杠杆效果并不明显，没有达到相匹配绩效的原因。

四、研究的框架与结构

本书主要研究国家科研投入的科研创新链、产业链、资金链所形成的循环流转机制，以“财政资助职务发明形成与转化制度”为依托，总体结构分为六部分。结合研究目的、研究对象、研究价值，将研究对象的法律规制机制分为“财政资助科学技术计划制度”“科技成果转化和知识产权运营制度”“成果转化的金融支持制度”三个环节的制度规范和法律关系。研究结构分为三编，第一编为总论，包括绪论和理论体系；第二编为三章分论；第三编为针对具体问题的完善建议。

（一）财政资助职务发明形成与转化制度总论

1. 绪论

就上述研究，在明确选题意义的基础上，分为：①研究背景；②研究对象；③研究综述；④研究框架；⑤研究方法；⑥研究意义。

2. 财政资助职务发明形成与转化制度的法学理论体系

本章旨在系统化地梳理研究对象，形成理论基础，建立“财政资助职务发明形成与转化法律机制”的法学研究体系。包括：

①本体论：明确研究对象，建立研究体系，分析其法律特征和法律性质。

②价值论：研究的宗旨和原则、地位、作用。

③规范论：明确该机制的法律规制体系，梳理其法律渊源，将作为系

统的研究对象分解为具体的环节，针对具体环节的法律组织机制、法律主体、法律关系、法律问题、法律责任进行研究。

④范畴论：研究该体系的范畴，包括组织机制、实体法律制度和程序法律制度。

⑤运行论：研究多部门法构成的制度机制在法律实施过程中存在的冲突和问题；明确系统中影响转化效率的环节。明确各分论制度功能的价值对标。

（二）财政资助职务发明形成与转化制度分论

按照前述范畴论，将分论分别设置为成果诞生机制、收益创造机制、金融支持机制。三种机制分别对应财政资助科学技术计划制度、科技成果转化与知识产权运营制度、科技金融制度。

1. 发生机制：财政资助科学技术计划制度

“财政资助职务发明成果”诞生于《科学技术进步法》中的“利用财政性资金设立的科学技术计划项目”，该制度决定了成果的“基因”。形式意义上的科学技术进步法包括了该部门法中的宪法、法律、行政法规、部门规章和地方性法规所形成的法律规范体系。其中关于“利用财政性资金设立的科学技术计划”制度，包括申请、评价和管理的制度规范和评价标准是该类“职务发明成果”形成的指挥棒，决定着研发导向和知识产权申请的价值取向，会产生影响成果转化的外部效应。本章以国家科学技术计划项目为研究对象，从财政科研资金投入的起源发展及其性质、知识产权的功能入手，厘清财政资助职务发明从申请到形成知识产权的法律机制。以自然科学基金的管理为角度深入观察财政资助职务发明的制度规则。规则体系直接决定了科研人员、科研单位形成知识产权的形态和价值取向。

①国家科学技术计划概述

从国际科技竞争的角度，研究财政科研投入与国家创新能力建设的关系；分析国家科学技术计划制度的法律属性；梳理国家科学技术计划项目成果转化路径的制度选择。

②科学技术计划制度及其对成果转化的外部性——以国家自然科学基金为例

从落实《科学技术进步法》的行政法规、政府规章对财政资助职务发明规制的管理体制和管理制度出发,观察政府财政资助职务发明的法律规范对国家科学技术计划项目形成的决定性作用。并分析以"学科体系"和"学术规范"等专家评审标准对成果产业化价值实现的影响。

③科学技术计划项目成果转化载体——知识产权

区别于"公知技术",本节在区分"实施"层面知识产权与科技成果的区别的基础上,通过知识产权的经济结构、产权理论,论述了科技成果在"实施"层面进行知识产权化的全过程。而《科学技术进步法》中的财政资助职务发明产生制度决定了该类"职务科技成果"的价值追求和技术特征。"死亡之谷"的问题在此环节产生。本章将着重探讨法律对产权维度的权利配置机制及其对成果转化的影响。

2. 收益创造机制:科技成果转化与知识产权运营

财政资助职务发明成果产生财产权,需分别申请专利权、植物新品种权或者基础电路布局设计专有权等知识产权。各种知识产权是财政资助职务发明成果不同价值对象的不同表现形式。但知识产权是防御性权利,如果没有实施或许可收益,则无法产生收益。高校、科研单位、政府、科研人员作为法律主体,自身均无产业技术应用的职能和需求。其价值实现,需要通过知识产权的许可、转让、投资、信托、证券化等第二重法律关系进行技术转移。博弈困境加上信息偏在的影响,导致了财政资助职务发明成果存在"死亡之谷"。

本章研究第二重法律关系中更多法律关系主体的介入,形成产业链,在产业链中创造收益的问题。其形式包括两种:一种是高校、科研单位财政资助职务发明成果的转让、许可和投资等形式的转化;另一种是以"专利开放许可"①为法律制度工具的知识产权运营。本章从高校科研创新

① 国家知识产权局办公室《关于印发专利开放许可试点工作方案的通知》(国知办函运字〔2022〕448 号),载中国政府网,http://www.gov.cn/zhengce/zhengceku/2022-05/18/content_5690954.htm,最后访问时间:2022 年 5 月 18 日。

体系的构成、现状、规则、制度演进入手,分析单位转化加转化奖励、赋权改革、知识产权运营等不同转化模式中的合作与博弈。知识产权信托运营虽能集中研发力量,高效率实现成果的价值,但需成果具有“流动性”和“资产信用”。

从科技成果转化的现状、法律规制及其之间的互动关系,可以分析科技成果转化的规制和改革对“财政资助职务发明形成与转化机制”的影响。目前的解决方案局限于“利益分配”“权利分配”来探讨,一为“奖励”,二为“赋权改革”。这种方式均铺垫了“知识产权集中运营”的“职务科技成果权益分享”机制,但该机制仍需为更多参与者设置“权益分享机制”,设计不同主体进入、收益分享和流动的法律机制。

①科学技术计划项目成果转化中的创新要素

作为研究对象的“财政资助职务发明形成与转化机制”需要落实到高校、科研院所从科研投入、研发、产生科技成果形成知识产权、投入生产领域等各个环节。本节研究了关于科研单位与科研人员、科研项目、资金来源、研发模式、知识产权管理、科技成果与知识产权、知识产权服务、知识产权运营等各种构成要素的政府统计数据,从结构、投入、产出、服务各环节的数据,观察高校、科研院所科技成果转化的状况。

②科学技术计划项目成果转化的法律机制

本节研究中国高校、科研院所财政资助职务发明成果转化规制逻辑,包括其历史、现状及赋权改革和知识产权运营两种发展方向。并根据制度改革所借鉴的制度原型,分析所面临环境的异同,探讨其所面临的问题。

③财政资助职务发明成果转化机制的法经济学分析

本节根据第一节的现状和第二节的法律规制,进行因果关系的法律经济分析。并基于知识产权系列法规的修改,“知识产权”价值的变化,研究制度的变迁。制度改革目标均衡态则构成了高校、科研院所的科研与产业、金融关系的目标维度。即从现行制度的维度发现问题、追寻原因;从目标的维度,构建改革的方向。

3. 金融支持机制：知识产权流动性和资产信用

本章研究第二重法律关系中由于更多资本和金融公共服务的介入，形成了金融链，为财政资助职务发明成果创造了流动性和资产信用。借助金融的基本原理、功能、工具、法律调整机制，研究财政资助职务发明知识产权信托运营金融中介体系的模型。金融工具有宏观调控、创造信用和流动性、集中管理风险等功能。金融机构是货币中介和信用中介。知识产权资产信用源于知识产权产品销售收益提成，其安全性和效率，决定基础资产质量。建立监控知识产权许可收益的金融基础设施有可能创造知识产权资产信用和流动性。

本章从广义上金融的基本原理、功能、法律调整机制入手，研究中国科技金融的发展，深入资产证券化的金融工具探讨中国科技金融的模式、发展和问题，研究其对高校、科研院所的金融工具价值，并进行科技金融与财政资助职务发明形成与转化机制的法经济学分析。

①高校、科研单位科技成果转化的金融概况

政府对科技金融的激励政策是多元化的。由于法律转化路径的设置，此时财政资助职务发明已经成为企业知识产权。对其概况进行研究，只能依据其出身，观察高校、科研单位的科技成果转化基地的科技金融概况。概况的体系，可以从国家层面和高校层面窥视。国家层面为国家知识产权局主持的知识产权运营平台。高校层面则集中在高校科技成果转化区域，如大学科技园、大学科技成果转化基地、大学双创基地等。两者均是国家科技金融政策扶持的重要领域。政策扶持形成了其特有的信用和风险模型。

②金融的经济原理、功能和法律调整机制

金融具有功能性和系统性。从金融的基本原理及其经济功能入手，可以观察到金融法体系工具原理和法律调整机制。形成调整科技金融关系的法律体系，能够将整体和融合的金融关系条理化、具体化、清晰化。通过金融法调整金融产品在金融市场中的交易机制，可以为科技金融选择符合价值目标且安全的工具。

③财政资助职务发明与金融关系的法经济学分析

高校、科研单位积极参与科技金融,提出了"金融为科技发展赋能"的需求。一方面,财政政策支持的科技金融的激励绩效并不理想;另一方面,政策激励中风险控制的监管规则让位给了科技金融发展的政策目标。故财政资助职务发明对科技金融的需求,一方面为高效率的工具价值,另一方面为金融风险治理的经济安全价值。

(三)完善财政资助职务发明成果转化机制的研究

本章旨在整合财政资助职务发明形成与转化机制。目标是按照科研链、产业链、金融链三链融合的方向构建各领域、各种资源的投入、收益创造和分享的法律机制。通过知识产权信托运营公共服务体系的建设,探讨减少谈判、服务和制度成本的管理体制、市场机制、公共服务基础设施、标准化运营、宏观调控和治理监管制度。

①财政资助职务发明成果转化的交易费用

本章的法律经济分析是建立在新制度经济学的分析框架中的。新制度经济学也假设"零交易成本""完全理性"的古典经济学有不同的理论基础。对"财政资助职务发明形成与转化机制"治理与规制的研究,需考察根据具体法律制度,或者根据合同形成法律关系时,其交易成本、交易费用的影响。

②知识产权运营服务体系的完善建议

从有技术需求的企业家出发,搜寻技术、技术匹配、交易谈判、技术应用、市场风险、资金成本等,都构成了其在购买技术时所考虑的交易成本问题。根据分论的分析,可完善国家层面的"财政资助职务发明知识产权运营"体系,形成中心化的知识产权运营成果转化市场。市场机制包括中心化主体"知识产权信托运营金融中介"体系、创造流动性和资产信用的标准化知识产权运营服务体系、补充市场机制许可收益结算缺陷的金融基础设施,这一市场机制通过标准化证券产品分配收益。

③财政资助职务发明知识产权运营

市场机制的设计需要在经济法的治理体系中实现。经济法的调整路径包括市场调节资源配置的市场决定性机制；引导创新资源配置形成市场机制的宏观调控法；形成市场准入、交易规则、交易秩序并保证交易安全、解决交易纠纷且保护各方参与的消费者保护机制。

五、指导思想与研究方法

（一）指导思想

本书以马克思主义科学理论、习近平新时代中国特色社会主义思想为指导。习近平同志在2020年11月中央全面依法治国工作会议上指出："法治是国家治理体系和治理能力的重要依托。只有全面依法治国才能有效保障国家治理体系的系统性、规范性、协调性，才能最大限度凝聚社会共识。"[①]其中，科技创新领域是全面依法治国所需推动的重要领域之一。健全科技创新领域国家治理所需的法律制度，以良法善治保障新业态、新模式健康发展，是社会主义法律体系建设的重要任务。

（二）研究方法

研究构建"财政资助职务发明形成与转化机制"的主要依据为实际发展状况、法学理论和法律体系，以及两者之间相互作用的经济原理。对财政资助职务发明形成与成果转化体制机制的解析，采用法学研究关于主体—客体—权利—义务—行为—责任的研究范式。对具体法律问题的研究，要建立在客观事实的基础上，并对具体问题进行调研，对客观事实进行归纳，进行法律问题的实证研究。"财政资助职务发明形成与转化机制"涉及复杂的法律关系，权利—义务—责任的规制关系对当事人的理性选择有重大影响，故而以新制度经济学、微观经济学为基础的法经济学分析方法尤为重要。鉴于政府、科研单位、科研人员自身并没有主体同一的技术应用基础，且知识产权是防御性权利，当将技术成果的产业化应用上升到国家战略的高度，"以政府财政资金为杠杆，吸引社会公众资本投资

① 《习近平在中央全面依法治国工作会议上发表重要讲话》，载中国政府网，http://www.gov.cn/xinwen/2020-11/17/content_5562085.htm。

科研创新领域,并将成果以知识产权形式向产业应用领域输出,形成知识产权产品收益提成,驱动创新经济的发展,并回馈研发投入"这一过程的法律机制,需要结合财政、科研、产业、金融各领域,进行系统性分析。因此,本书将综合采用法学研究方法、法律实证分析方法、法经济学分析方法、系统论研究方法。

1. 法学研究方法

关于法学研究方法,在学理上有多重理解。从广义上,有学者将应用在法学学科的研究方法都包含在法学研究方法中,认为其不应墨守成规,而是要有创新、有发展。[①] 各种部门法学的研究方法,包括法律实证研究、法律经济分析等都可以被涵盖在法学研究方法内。此处并无意争论法学研究方法的范畴,仅指狭义的法学的分类方法和分析范式。对制度的研究,采用管理体制、实体法和程序法的分类。对实体制度的研究,将调整财政资助职务发明形成与转化过程的法律体系,以法学研究范式,从法律规范中解析主体—对象—价值—客体—权利—义务—行为—责任,分析问题的成因和解决问题的改革路径。

2. 法学实证研究法

法学的研究需要关注现实问题,有"问题意识"。实证研究是研究真实的世界,理解法律现象,并在现实中发现问题。在分析的过程中,实证研究需要提出解决问题的办法。[②] 法学实证研究是通过观察、访谈等定量和定性的方法,将作为客观事实的法律现象进行归纳、描述,进而分析各种关联事实之间的因果关系、阐释发生机制并观察行为的后果。[③] 从方法论的角度,实证主义法学主要有"逻辑"和"经验"两种研究进路。以经验为基础的法学研究,常被称为"实证研究"。回顾国家科学技术计划及财政资助职务发明形成和转化的发展过程,可以看到每种模式的创新

---

① 参见蒋晓伟:《论法学研究方法的基本法则》,载《东方法学》2012 年第 2 期。

② 参见苏力:《好的研究与实证研究》,载《法学》2013 年第 4 期。

③ 参见程金华:《当代中国的法律实证研究》,载《中国法学》2015 年第 6 期。

对整个系统最基本的作用。[①] 如果能够了解制度演进过程中所有起过支配作用的特定情势，就有可能对各种问题进行解释。[②]

当然，也正如哈耶克对实证分析的局限性所提出的，所有的思想活动都受着我们没有认识到的规则指导或支配。我们有意识的理性分析，始终只能考虑到决定着我们行动的某些情势。因此，理性也只是一种工具。[③]

3. 法经济学分析方法

法经济学分析方法需要用来考察、构建并检验科技成果产业化及其金融关系中法律机制的有效性，冷静地对其建立分析要素，构建并检验模型，进行创新，分析、研究财政支持科研创新、其成果转化及其与金融等融合的路径，以及完善创新的路径是否具有可行性，以及其经济绩效。[④]

在法律的分析中，如果没有其背后经济关系的分析，则会被认为意见和建议不得要领或者令人费解。[⑤] 英国经济学家阿尔弗莱德·马歇尔认为，过去一百多年中，经济学的重点放在供求原则上。经济学的研究包括做出一系列假设，允许我们去预测某种变量被操纵时的结果。这种变量可能提供金钱、金融因素的变化。这种分析方法允许我们基于稀缺性和合理性，进行法律性的争论。[⑥]

法律经济分析是关于法律制度下理性选择的科学，是关于资源使用的学问，也是分析法律问题的有力工具。[⑦] 稀缺资源如何在竞争性的用

---

① 参见眭纪刚、郭京京：《创新发展研究中的历史分析方法》，载《科学学研究》2017 年第 10 期。

② 参见［英］冯·哈耶克：《构建主义的谬误》，邓正来译，载［英］冯·哈耶克：《知识的僭妄——哈耶克哲学、社会科学论文集》，首都经济贸易大学出版社 2014 年版，第 42 页。

③ 参见［英］冯·哈耶克：《理性主义的种类》，邓正来译，载［英］冯·哈耶克：《知识的僭妄——哈耶克哲学、社会科学论文集》，首都经济贸易大学出版社 2014 年版，第 12 页。

④ 参见［美］曼昆：《经济学基础》（第 7 版），梁小民、梁砾译，机械工业出版社 2017 年版，第 18 页。

⑤ 参见［美］保罗·萨缪尔森、威廉·诺德豪斯：《微观经济学》（第 19 版），萧琛译，人民邮电出版社 2012 年版，第 3 页。

⑥ 参见［美］罗宾·保罗·麦乐怡：《法与经济学》，孙潮译，浙江人民出版社 1999 年版，第 11 页。

⑦ 参见［美］理查德·A. 波斯纳：《法律的经济分析》，蒋兆康译，中国大百科全书出版社 1997 年版，第 3~13 页。

途之间进行配置,是微观经济学的研究方法。它通过效用的最大化、均衡、效率等工具,为人们提供如何做出选择的通用理论。① 法经济学分析方法试图回答法律规则的两个基本问题。一是法律规则对行为的影响和后果。二是法律规则的社会欲求性。② 它是基于政府管理的需求,通过干预、规制构建的。因此其可行性的关键问题需以经济需求关系为根本动因,法经济学分析是必要的手段。在给定经济生活中考察知识产权在经济中的循环流转,创新科技成果转化机制的金融模型并进行回归分析,是创新经济研究的重要方式。③

4. 系统论研究方法

多数广义系统的共同点是一群相互联系的要素明确形成的整体。④季卫东研究"应用系统论"的方法时提出,应用系统论方法研究法律是一项难度极高的工作。法的系统分析,是对法律现象进行发育的、整体的、结构的、功能的考察。⑤ 高校、科研院所财政资助职务发明的成果转化并不仅是高校、科研院所本身所能够完成的问题。其需要以知识产权为媒介向产业输出,也需要财政和金融的支持。因此它是一个具有流动性的系统,可视为一个复杂网络。政府在经济管理活动中负有促进科技发展的职责,表现为政府财政支持科研活动。故这一问题至少涉及这三个法律领域,是典型的交叉研究视角。针对多元化的社会问题,系统论的法学研究需要从治理的角度通过法律的资源配置来实现有效的引导和治理。⑥

---

① 参见[美]罗伯特·考特、托马斯·尤伦:《法和经济学》(第6版),史晋川、董雪兵等译,格致出版社、上海三联书店、上海人民出版社2012年版,第12~14页。

② 参见[美]斯蒂文·萨维尔:《法律的经济分析》,柯华庆译,中国政法大学出版社2009年版,第1页。

③ 参见[美]约瑟夫·熊彼特:《经济发展理论——对于利润、资本、信贷、利息和经济周期的考察》,何畏、易家详等译,商务印书馆1990年版,第5~64页。

④ See Alexander Backlund, *The Definition of System*, Kybernetes, Vol. 29:4, p. 444-451 (2000).

⑤ 参见季卫东、齐海滨:《系统论方法在法学研究中的应用及其局限——兼论法学方法论问题》,载《中国社会科学》1987年第1期。

⑥ 参见沈伟、侯利阳主编:《多元化社会的风险治理:交叉研究视角》,上海三联书店2018年版,"序"第2页。

这意味着这一研究不仅依赖于个别要素的特征及其出现的相对频率，还取决于这些要素彼此之间的联系，以此来做出“模式预测”（Pattern predictions）。①

六、研究的意义

站在实现国家财政投入的科技创新资助转化为现实生产力的视角，从科技成果转化、知识产权和科技金融的法律工具视角，为财政资助职务发明成果创造资本信用，设置产业化输出循环路径，带动更多创新主体、创新资本投入创新领域，以创新体制改革完善“财政资助职务发明成果转化机制”，减少制度成本和交易费用，具有重要的政治意义、经济意义、社会意义和法治意义。

（一）政治意义

从全面依法治国的角度，完善“财政资助职务发明形成与转化的法律机制”是科技治理的重要内容。财政资助职务发明形成与转化机制研究的政治意义包括提供高质量科技供给、构建知识产权全链条保护的系统创新链、应对国际科技竞争三个方面。

根据习近平总书记关于创新的论述，“提供高质量的科技供给”“提高发展质量和效益为中心”“打造系统创新链”“让创新链与产业链、信息链、金融链、政策链等各条链融合衔接，互相交织、相互支撑，形成立体创新体系”成为了新的治理需求。创新体系的效率尤为重要，“提供高质量的科技供给”“提高发展质量和效益为中心”“打造系统创新链”“让创新链与产业链、信息链、金融链、政策链等各条链融合衔接，互相交织、相互支撑，形成立体创新体系”均是治国理政之要务。

在提供高质量的科技供给之后，还需实现能够保障政府财政资助职务发明成果知识产权价值惠及国内产业的目标。但在技术、人才、资本全

---

① 参见［英］冯·哈耶克：《知识的僭妄》，邓正来译，载［英］冯·哈耶克：《知识的僭妄——哈耶克哲学、社会科学论文集》，首都经济贸易大学出版社 2014 年版，第 194 页。

球化流动的背景下,科技竞争和科技竞争对经济的驱动效果已经不能完全从国内法的角度进行地域性地解读。经济活动具有逐利的本质,知识产权及其商品、服务也会基于投资者流动。研发投入的经济产出机制,已从国内法律制度的背景发展为竞争性的国家间知识产权、金融、政府财政科研法律制度的交错影响。

在国际科技竞争领域,降低美国等国家的知识产权阻击的影响,保证本国科研投入的本国受益,亦是重要的政治问题。如美国2021年6月通过《2021年美国创新与竞争法》时所阐述的政策,将自身发展计划与遏制中国联系起来。应对这种非善意、和平的竞争,自主创新是关键。[①] 此时,生产要素的国际流动是科研必须考虑的问题之一。经济规律决定了国际资本的流动远远超过国际贸易,生产要素通常从低报酬的地区向高报酬的地区流动。[②] 这意味着我们要对此保持警醒,尤其是在国内研发投入,经济产出却发生在知识产权服务机制完善并且收益高的国家的情况。知识产权代表科技成果,是综合性生产要素,能够脱离发明人、权利人而独立全面融入全球化的商品、服务和生产要素中去。因此,对科技成果以知识产权形式的价值实现,包括资本化、证券化和盈利能力的研究,不能局限于知识产权地域性的国内视野。对于法律调整机制的博弈分析,需照顾到不同国家、地区法律制度对个人选择的影响,如研发人员的科研交叉、知识产权的多国申请、许可使用费的跨国界流动等。[③]

(二)经济意义

财政资助职务发明形成与转化机制研究的经济意义在于改善长链条法律制度对成果转化效率的影响。财政资助职务发明成果的价值实现制

---

① 参见《商务部:反对将自身发展计划与遏制他国联系起来》,载央视新闻网,http://m.news.cctv.com/2021/06/10/ARTI6YhqZW7ZXWevYz8EjVW9210610.shtml,最后访问时间:2021年6月10日。

② 参见[美]莫迪查·E.克雷林:《国际经济学:一种政策方法》,方齐云、费剑平等译校,北京大学出版社2004年版,第1~10、155~170页。

③ 参见[美]约翰·麦克米伦:《国际经济学中的博弈论》,高明译,北京大学出版社2004年版,第4页。

度体系中,长链条的法律机制反映出"公地悲剧"、信息偏在、外部效应、交易费用,在程序性规范之外,亦对科技成果产业化价值实现的效率有决定性影响。本项研究的经济意义在于通过制度改革消除或者降低上述经济规律的影响。在聚焦国家重大战略任务的领域中通过技术创新引领经济发展,提高国家创新能力。

从2018年至2021年12月,中国完成了《反不正当竞争法》《商标法》《著作权法》《专利法》《科学技术进步法》等知识产权、科学技术系列法律的修改,形成了知识产权市场价值激励创新的立法定位。这同时意味着中国在知识产权价值定位方面,通过了司法解释试水阶段,进入了立法保障阶段。中国正式开始参与以知识产权价值激励为基础的科技创新国际竞争。知识产权系列基础法律关于法定赔偿、惩罚性赔偿、举证责任倒置、开放许可等规则的修订,奠定了知识产权的市场价值,为创新激励提供了高质量的制度保障。但其受益者,究竟是本国创新产业,还是成全"欧美产业及其国家利益",①仍取决于国家"创新能力"和"创新成果转化应用绩效"两个重要因素。

高校、科研院所的财政资助职务发明是国家财政重点支持的创新领域,涉及国家重大战略需求,是知识产权高质量发展的重要领域。② 该领域是中国国际科研竞争的战略高地。2020年全球创新指数(The Global Innovation Index,GII)报告中指出,高校在现代创新体系中发挥着重要作用。它是未来劳动力的教育者,是开展研究的场所,也是产学研技术转移的重要载体。为反映高校在创新中的作用,GII使用QS世界高校排名的数据评估其所涵盖的经济体中高校的质量,中国排名第三。③ 但该领域

---

① 《2021年〈法学研究〉论坛征稿启事》,载微信公众号"法学研究",https://mp.weixin.qq.com/s/Nun4U-tKFS_SWGUu_ixq4A,最后访问时间:2021年1月20日。

② 本书所指"高校、科研院所"特指《促进科技成果转化法》、国务院《关于印发实施〈中华人民共和国促进科技成果转化法〉若干规定的通知》(国发〔2016〕16号)等法律规范中的"国家设立的研究开发机构、高等院校"。

③ 参见苏米特拉·杜塔、布吕诺·朗万、萨沙·温施-樊尚:《2020年全球创新指数:谁为创新出资?》,载世界知识产权组织网,https://www.wipo.int/edocs/pubdocs/zh/wipo_pub_gii_2020.pdf,最后访问时间:2020年12月20日。

所形成的科技成果,亦要在生产中通过应用产生价值,并通过产品的销售,来实现驱动创新经济效益。其调整机制在科学技术部门法的法律体系中,以《科学技术进步法》和《促进科技成果转化法》规制为主。法定路径中后续涉及复杂的市场过程和法律机制,与应用的效率直接相关。研究"财政资助职务发明形成与转化机制"对科学技术计划项目资助成果及其转化的影响,旨在探讨全球化、新时代、高质量发展、数字经济、知识产权驱动创新产业的经济发展背景下,在科研创新治理体系内,提高科技成果转化绩效的市场机制。

(三)社会意义

财政资助职务发明形成与转化机制研究的社会意义为提高政府财政支撑科研创新的社会整体福利。"财政资助职务发明形成与转化机制"的意义在于惠及整个社会。这意味着利益并非只在科研单位和科研人员之间分配,而是形成政府、科研单位和科研人员、产业界、金融界、投资者、消费者的共同惠益机制。

在高校、科研院所财政资助职务发明成果不能转化为生产力时,政府财政科研投入的受益者会局限在受资助领域。就市场机制来说,于高校、科研院所而言,要将财政资助职务发明成果转化为产品,并驱动创新经济的发展,才能提高社会整体福利,使财政科研投入惠及科研、产业、金融等各领域,成就社会利益本位。高校、科研院所受财政资助的科研,与企业、个人的科研创新,以及由企业委托的横向科研项目有重要区别。源于科学技术计划项目指南的研究项目,权利人或者发明人本身都没有单位内部的应用需求和应用产业支撑。其在研发资金来源、研发导向、成果管理、科研奖励、科研成果的输出应用、知识产权保护方面,单位内部利益分配和执行主体是分离的。其外部法律关系更是复杂,甚至囊括了教育、科研、财政、产业、知识产权、金融等各行政管理关系。其后续的科技成果转化,需要通过与企业的横向合同法律关系、投资成立或者合作成立科技成果转化企业、融资等民商事法律关系才能实现。复杂的法律机制影响着高校科技成果技术转移时的技术匹配、谈判、行政许可、缔约、保护、金融等制度成本和交易费用,决定了该领域科研成果产业化的绩效。

(四)法律意义

将财政资助职务发明形成与转化机制作为独立研究对象,有两方面法律意义。其一,知识产权系列法规的修改确立了新发展阶段以知识产权市场化驱动创新经济的立法模式;财政资助职务发明成果形成和转化机制改革需与知识产权系列法规的修订相契合。其二,被列为行政法立法目录且以行政法调整模式为主的财政资助职务发明形成与转化制度,迫切需要经济法的调整机制解决其市场失灵和财政激励低绩效问题。

知识产权法以自由市场主体为中心进行制度设计。知识产权法学研究聚焦在新的知识产权权利形式,以法定权利的权利对象、取得与归属、权利内容、权利限制、权利的利用保护和法律责任为体系。尤其是技术成果应用、知识产权权利利用和保护的设计,在权利人对自己技术的掌控和对自己权利的处置方面具有相对较高的一致性,并体现在职务发明等的制度设计方面。知识产权系列法规的修改意味着法律对知识产权市场激励机制的确认。《科学技术进步法》修改后的实施机制,需与知识产权法的激励机制同步。

财政资助职务发明的成果转化问题,通过《促进科技成果转化法》《科学技术进步法》,与国家发展科技的政策、规划和计划及组织管理整个科学技术活动中行政法律体系,纳入了科技成果管理、促进科技成果转化的科技行政法调整领域,在科技行政法中作为科技管理的问题进行研究。政府财政性资金的投入也使其成果具有“准公共产品”性质。其市场化时,两种法律机制的冲突在审批的制度阻滞机制之外,还会产生导致市场失灵的经济问题。原制度中财政科研投入代替知识产权激励,承担着国家创新能力建设、科研投入等职能。当知识产权系列法规修改后,知识产权价值改变,亟须为高校、科研单位知识产权的科技成果转化探讨解决市场失灵、降低交易成本和交易费用市场化成果转化机制的完善路径。

第二章　财政资助职务发明形成与转化制度的法学理论体系

尽管调整财政资助职务发明形成的基本法为《科学技术进步法》,调整财政资助职务发明成果转化的基本法为《促进科技成果转化法》,但两者均是调整更广泛的科技进步和成果转化领域,并不专门针对财政资助职务发明。故“财政资助职务发明形成与转化的法律机制”并无独立的形式立法或者专门的特殊立法。即使在其客体所归属的“职务发明”中,亦并未完全将其作为一类独立的研究对象。立法关注到其主体隶属的“国家设立的研究开发机构、高等院校”职务发明。其作为职务发明的另一个特征“利用财政性资金设立的科学技术计划项目所形成的科技成果”,隶属于上位法《科学技术进步法》。关于其转化问题,则由《促进科技成果转化法》调整,并未将其与其他资金来源和归属主体的科技成果,包括企业职务发明做有针对性的区别调整。

本书将其作为独立的研究对象,源自《科学技术进步法》赋予“国家科学技术计划”的战略意义;源自其所属主体的特殊性所导致的该类职务发明成果转化的低绩效问题;亦源自不同部门法规制普遍问题时缺少对该类职务发明特殊关注时产生的成果转化低绩效问题。

第一节　财政资助职务发明形成与转化法律机制的概述

以各类科学技术计划项目的“项目指南”为主要项目来源,由高校、科研单位的科研人员申请,依据专家评审结果,获得国家、地方政府财政科研资金资助,所形成的结题成果"财政资助职务发明",既体现了高校、科研院所科研人员的研究特长,又体现了国家科技战略的重大需求。其诞生的制度环境是以学科体系和科研范式为特征,以同行评议为决策依据的学术体系,并存在于科研成果管理和国有资产管理的双重管理制度中,而非以市场需求为导向的技术应用环境。加上教育行政管理体系对高校、科研院所举办企业的限制,绝大多数财政资助职务发明并无技术应用环境。

本节从实证研究的视角来明确研究对象。在此基础上,从不同部门法的调整体系,根据特殊对象梳理"财政资助职务发明"成果产生、管理、产业化及其权益分享激励的法律制度体系。用法学研究方法,观察其法律特征、性质,构建研究该制度的学术研究体系。

一、研究对象:财政资助职务发明

财政资助职务发明形成与转化的法律机制是以"财政资助职务发明"为研究对象的。"财政资助职务发明"的发生、管理、转化及其自身的法律属性,分属多个部门法领域,并需通过多种法律关系实现。财政资助职务发明的高财政投入和难以与之匹配的实施率,表现为高校、科研单位职务发明科技成果转化的"死亡之谷"。同时,在制度改革中,仅通过某一方面法律的调整,不仅涉及本部门法中法益和规则的完整性,亦难以有效解决生成和转化系统中的问题。故本书将其作为独立研究对象,来构建系统化"财政资助职务发明形成与转化制度的法学理论体系"。

(一)财政资助职务发明的概念

1. 职务发明

作为《专利法》按照主体进行分类形成的职务发明,其权利归属问题由来已久。在技术并不发达时期,人们通常凭借个人的能力和条件进行创造。到工业革命后期,大机器、大工业时代的到来,个人发明的时代逐渐不能满足技术进步的需求。一些大型的课题仅凭个人已不可能完成,需要一个团体,将更多的人组织在一起,为一个共同的研发目标努力。并且由于技术复杂、耗资巨大,为了筹集经费,科研人员不得不寻求来自某些单位的资助。此时的研发成果,显然已经超出了完全自己支配的范畴,开发集体或者资助单位也会要求享有权利,因此诞生了"职务发明"制度设计的需求。

职务发明在西方国家又被称为"雇员发明"。根据各不同部门法对职务发明的定义,职务发明可以被认为是"执行本单位的任务"或者"主要是利用本单位的物质技术条件"所完成的发明创造。不同的研究者、不同的国家对"职务发明"的概念会有不同的定义。不少研究者采用《专利法》的定义。① 有研究者将其定义为"职工在履行职务过程中所完成的新发明、新设计,或者在执行所在单位指令过程中所完成的发明创造"。②

《专利法实施细则》(2010 年修订)第 12 条对《专利法》第 6 条"执行本单位的任务所完成的职务发明创造"明确了三种情况,包括"在本职工作中作出的发明创造""履行本单位交付的本职工作之外的任务所作出的发明创造""退休、调离原单位后或者劳动、人事关系终止后 1 年内作出的,与其在原单位承担的本职工作或者原单位分配的任务有关的发明创造"。该条文从法律解释的角度扩大了"执行本单位任务"的范围。"本单位"亦包括临时工作单位。"本单位的物质技术条件"则是指本单位的资金、设备、零部件、原材料或者不对外公开的技术资料等。③ 尽管条文并未明示,两者之间必然存在竞合部分,即执行本单位任务亦需利用本单位物质技术条件。"或"则表明只需符合一种条件即可构成。

有研究者将这些不同情况区分为"任务发明"、"职责发明"、"岗位发明"和"自由发明"。"任务发明"指"雇主按照研发计划交付给职员一项

---

① 参见王迁:《知识产权法教程》(第 6 版),中国人民大学出版社 2019 年版,第 293 页;《知识产权法学》编写组:《知识产权法学》(第 2 版),高等教育出版社 2019 年版,第 126 页。

② 参见刘春田:《知识产权法》(第 5 版),人民大学出版社 2014 年版,第 215 页。

③ 参见《专利法实施细则》(2010 年修订)第 12 条。

具体的研发任务，该项任务中应当包括明确的具有创新性技术特征的技术方案”，此种情况为“执行本单位任务”。“职责发明”指“雇主与职员之间劳动合同载明的职员职务范围、业务领域和工作职责”进行的发明。“岗位发明”被界定为职员在劳动合同所载明的职务范围、业务领域和工作职责之外，主要利用所在岗位的物质技术条件或尚未公开的技术资料完成的发明创造。三种情况之外则属于“自由发明”。其区分的意义在于构建新的职务发明分类体系，以确定不同的权益分配关系，以此来改善“厚雇主主义”带来的职务发明成果转化困境。

已有“职务发明”研究讨论的问题通常是“职务发明的权利归属”①，以及在此基础上对“厚雇主主义”②的批判，并提出“职务发明的内部利益平衡”③、“职务发明的按份共有制度”④和“职务发明奖酬立法”⑤等激励的制度和措施。

2. 财政资助职务发明

财政资助职务发明并非某部门法中的概念。该概念为借助知识产权法和科学技术进步法创造的概念。作为聚焦国家重大战略任务的“国家科学技术计划”所产生的成果，“财政资助职务发明”特指《科学技术进步法》(2021 年 12 月修订)第 32 条所指“利用财政性资金设立的科学技术计划项目所形成的科技成果”⑥。

根据财政资助职务发明形成和转化的过程，“财政资助职务发明”需具备相应特征。第一，此种职务发明成果以国家或者地方政府的“科学技术计划”申报要求(包括研究规划和项目指南)为导向，整个申请、评审、立项、管理、结题均受到国家或者地方政府的科研管理规范的制约。第

① 何敏、肇旭：《职务发明类分之中外比较与研究》，载《科技与法律》2009 年第 3 期。

② 何敏：《职员发明财产权利归属正义》，载《法学研究》2007 年第 5 期。

③ 何敏、叶龙荣：《论职务发明制度内部利益的平衡》，载《科技与法律》2021 年第 2 期。

④ 何敏、张浩泽：《论按份共有规则在职务发明制度中的确立》，载《科技与法律》2018 年第 5 期。

⑤ 何敏、刘胜红：《论职务发明奖酬立法的优化思路及具体措施》，载《科技与法律》2021 年第 4 期。

⑥ 《科学技术进步法》第 32 条。

二,此类职务发明需是获得财政科研资助,并以专家评审结果为立项依据的。第三,此类职务发明成果需是作为财政资助职务发明项目结题成果的职务发明。从程序性标准看,目前该类职务发明成果至少包括“获得财政科研项目资助”“专家评审评价标准”“项目结题成果”三项要件。

需要明确的问题是,“财政资助职务发明”为在财政资助科研项目完成时,按照立项时项目计划书完成的成果。除科技成果产业化的资助项目之外,多数的科研项目并不以“技术应用”为结题条件。

(二)财政资助职务发明的形成与转化机制

本书对“财政资助职务发明形成与转化机制”采用了三分法的方式。现有的研究和实践试点通常分为“国家科学技术计划”和“高校、科研单位的科技成果转化”两阶段。《科学技术进步法》在保障措施的第 85 条提出,不仅要加大国家财政性资金投入,同时需通过产业、金融、税收、政府采购等政策,鼓励、引导社会资金投入。该条规定形成了以“财政资助职务发明”知识产权引导社会资金的投入机制,即以“知识产权资产”进行“金融资本化”,容纳产业、社会资本共同发展的“科技金融机制”。

财政资助职务发明成果产生于学术评价体系,并不以技术应用为标准。财政资助职务发明成果的后续的科技成果转化,在法律所设置的成果产业输出路径中,存在“转让、许可、作价投资、信托运营”四种法律关系。如果科技成果完成人或者科研单位选择以转让方式一次性交易完成权属变更和对价支付,则成果产业化实施完全交由企业。此时,项目承担者认为科技成果转化完成。此时的职务发明成果权益分配,无论是奖励还是分配,已经由现阶段的在先研究解决了,并在科技成果转化法、赋权改革、高校科研管理规范中形成了具体方案。

但一次性转让的交易,对于受让人来说,风险大,其受本身资金能力的限制,交易会更加谨慎,并且交易价值受主体能力、成本投入和市场预期等多种因素限制。而对于科研人员和科研单位,所得收益以受让方的支付能力为限,同时失去技术产品的市场销售收益。且对于科研人员和科研单位而言,其研发更加缺乏市场导向。研发人员对产品市场需求的关注，需要研发与市场通过销售收益提成进行互动。市场需求提供研发的市场导向，亦是本书建立研究体系时所关注的问题。故通过“知识产权许可”或者“知识产权信托运营”法律关系，产生后续对技术成果产业化的收益分配的机制，是本书所研究“财政资助职务发明转化机制”的中心，并将其作为该制度完善的重要环节。

由于研发导向，“财政资助职务发明”在产业化过程中需要更多的主体和资金的进入。更多主体和资金的介入，亦会衍生出更多的技术成果，并分别对应于多种产业链、资金链和技术创新链的不同需求，其中包括多链条的交叉和循环。由此形成了目标一致，同时存在对立、博弈、竞争等多种关系的复杂情势。

从法律规制的角度来看，整个过程包括了规制财政资助职务发明及其成果转化的科学技术法或科技行政法、科技成果知识产权化的知识产权法、科技成果以知识产权向企业生产领域输出的合同法（个体范式）或知识产权信托运营（集群范式）法律规范、科技成果产业化中解决资金问题的知识产权质押融资（个体范式）或金融（集群范式）法。

以“财政资助职务发明形成与转化制度”的法学研究体系这一命题作为研究主体，对发生法律关系的各个环节进行解析，可以观察到所涉法律制度的外部效应，亦可以发现其中引发“公地悲剧”、信息偏在和博弈困境等市场失灵原因的根源。通过分析法律问题产生与法律规制之间的因果关系，还可以发现其交易费用产生的过程，还可以研究其影响成果转化绩效的因素。其中在高校、科研院所知识产权向企业转移的过程中，可能包括第二次成果转化资金的政府投入、转化企业投入、社会资本投入，因而涉及金融法。企业生产产品销售的过程，不仅是产品投放到市场的过程，亦是能够观察研发成果市场价值是否能够回馈研发投入，并反馈市场对产品研发需求的重要环节。

根据上述情况，按照发生的法律关系，“财政资助职务发明形成与转化制度”需考虑六个环节的资源（主体、资金和技术）投入、收益分配和退出机制。①过程的起点为“财政资金资助的国家科学技术计划项目”；通过获得国家科学技术计划项目资助,完成科学技术的开发,形成结题成果,即“财政资助职务发明诞生”制度。②“职务发明成果的知识产权化”;该环节依据知识产权部门法规范形成,该过程属于财政资助职务发明的诞生,是财政资助职务发明成果转化的法律载体。③“高校、科研单位的科技成果转化”,由科学技术部门法以行政法范式规制。④成果转化的实现路径为知识产权许可、转让或者知识产权信托运营,即由民商法调整的“知识产权收益机制”。⑤解决支撑成果转化的资金问题,则构成“引导社会资金投入科学技术研究开发的金融机制”。⑥归属于公立高校、科研单位的职务发明成果具有国有资产属性,管理程序和法律责任受“国有资产管理制度”制约。该六类制度规范,共同构成“财政资助职务发明形成与转化的法律调整机制”。本书将分别研究各环节的制度内容,并观察其互动关系。

(三)财政资助职务发明形成与转化机制的法律结构

1. 国家科学技术计划项目制度

财政资助职务发明是为“利用财政性资金设立的科学技术计划项目所形成的科技成果”所进行的概念创造。其诞生于国家科学技术计划项目。从形式意义科学技术进步法的部门法角度来看,其范围包括整个“国家科学技术计划项目”的行政管理制度。管理体系包括国家科研项目计划、科研项目的申请、管理、成果评价、科研课题结项等全过程。其法律渊源包括《宪法》、《科学技术进步法》以及《国家自然科学基金条例》、国务院《关于改进加强中央财政科研项目和资金管理的若干意见》(国发〔2014〕11 号)、国务院印发《关于深化中央财政科技计划(专项、基金等)管理改革方案的通知》(国发〔2014〕64 号)等各项规范各种政府财政基金项目投入的行政法规、部门规章以及相关规范性文件。在法学研究的视角,由于其具有行政法规范特征,侧重行政法的部门法律属性,常被认为是科技行政法。在非法学研究者视角,由于其更侧重规制的对象,亦被作为科学技术部门法。

2. 财政资助职务发明成果的知识产权化

“职务发明成果的知识产权化”是将作为研发成果的应用技术，转化为知识产权的过程。之所以对该过程特殊关注，在于其有多重的视角。第一，从科技行政法管理的角度，对该过程本身的要求，即形成何种知识产权，是依据申请书、研究计划等政府财政科研资助项目管理规范的要求的。该项要求根据研究项目的不同，分别落实在科研课题合同之中。第二，从该过程来看，其适用的法律规范是专利法、著作权法、计算机软件著作权、集成电路布图、微生物、植物新品种等各种知识产权相关法律规范。第三，从科研单位和科研人员的角度，其关注的首要问题是完成科研课题合同的结题任务，然后才是该单位和科研人员所承担的科技成果转化的责任。此时，科研人员在申请相关知识产权时所考虑的首要问题是知识产权申请的成功率，而非其商业价值。第四，科技成果知识产权化过程中体现了研发导向对财政科研资助的直接影响，其所面临的评价，是依据科技行政法，而非企业和市场的需求。因此，基于科研管理、科研评价、知识产权法、高校及其科研人员的理性选择，该过程是法律经济分析中博弈分析的基础，是科技成果转化低效率的重要因素。

科技成果的知识产权之所以独立分类，不仅是基于科研成果要形成知识产权，需要申请专利、植物新品种等知识产权，更是因为该过程发生在财政科研投入环节。财政科研投入的法律规范和价值判断标准，直接决定了知识产权申请时的价值选择，并会产生财政科研投入制度影响科技成果转化的“外部效应”。该外部效应直接向后续的制度延伸。如果完全依照制度规则披露技术方案，作为公知技术或者国有资产，则很容易会引发“公地悲剧”效应。如果成果完成人基于个人主义个人利益的最大化，希望潜在技术需求者向其购买技术，保留技术诀窍，做初步的技术公布和部分技术的专利申请，则“信息偏在”亦会影响科技成果转化的效率。这种情况会将成果转化限制为成果完成人参与的单项技术服务转化模式。

3. 高校、科研单位的科技成果转化

"高校职务科技成果产业化输出"指高校、科研院所受财政资助的科研成果,向企业转让使用权或者所有权的过程。除了直接通过技术转让合同,高校通常亦会举办校办大学科技园、技术转移中心、产业技术研究院、科技开发中心、科创服务中心、知识产权持股公司、地方产学研合作平台、双创基地等各类产业化平台,以拓宽高校、科研院所职务发明成果产业化输出路径,并设置权益分享机制。《促进科技成果转化法》将科技成果转化定义为以提高生产力水平为目的,对科技成果所进行后续试验、开发、应用、推广直至形成新技术、新工艺、新材料、新产品,发展新产业等活动。由于研究目的是通过对法律规制和法律关系的分析,来发现影响科技成果产业化价值实现绩效的制度规则,故本书以主体、客体和对象的法律关系为其重新定义,并以此为基础进行分解。财政资助职务发明成果转化法是指规制国家科学技术计划项目产生的职务发明成果,以知识产权形式,将其知识产权的使用权或者所有权转移到公司、企业等市场化主体,进行实施的过程。

《促进科技成果转化法》对高校、科研院所财政资助职务发明成果转化所采取的管理和政策激励措施,均与经济法宏观调控与市场规制的经济法治理模式相契合。而高校与企业之间,无论是通过直接的许可、转让,还是通过成立公司进行科技成果转化,则均属于民商事法律关系范畴。该过程又可以分为两种模式。其一,高校及其科研人员与企业单项磋商、谈判并达成转让协议,受科技成果转化、国有资产管理、合同法等相关法规的规制,此种形式为个体形式。其二,高校、科研院所或者其他独立受委托(以信托法律关系为基础)的知识产权运营机构,通过技术集成转化的模式,为知识产权运营,此种形式是知识产权集合转化的范式。

4. 知识产权许可收益机制

知识产权产品收益提成回馈研发,此前未受重视,但其对于解决科技成果转化、科技金融难题具有重要意义。第一,企业生产、销售知识产权产品可以获得销售利润,该销售利润是否有知识产权的收益,理论上属于成果转化合同中的约定内容,并没有独立的法律调整。从法律部门的归属来看,其属于合同法的一部分,属于私法领域。但由于其私法属性,收益提成的实现成为难题。第二,由于实现困难,当事人在缔约时便会理性选择。某种程度上迫使科研人员在进行成果转化谈判时需以入门费标准判断转让收益,从而提高技术许可的成本和资金门槛,影响谈判的绩效。第三,由于许可方无法关注到知识产权产品收益,因此也无法从市场得到有效的反馈。这导致研发导向无法与市场需求发生关系。第四,知识产权产品收益提成是知识产权未来收益,是其融资能力的评价标准,亦是知识产权无追索权担保的偿债来源。故知识产权产品收益提成回馈研发,不仅是成果转让合同中未来收益的执行,还需要探讨其价值实现社会服务配套机制,探讨其作为知识产权未来收益的市场性,探讨其与研发导向的互动关系。它的法律工具功能是构建知识产权信托、证券化金融的基础资产。

5. 引导社会资金投入科研的金融机制

以产业、金融、税收和政府采购为基础,引导包括企业、社会资本投入科研,不仅是《科学技术进步法》的保障措施,亦是科技成果产业化中需解决的技术与产业融合的问题,以及后续研发资金和各类资源投入的问题。在实践中,从财政资助职务发明到技术应用的过程,为科技成果转化的"死亡之谷",存在学科标准和学术规范的成果"科研范式",与"可实施性"标准中同行业普通技术人员实施的差距。从《促进科技成果转化法》看,"知识产权"形式的科研成果,到产业化生产,亦是一个"对科技成果所进行后续试验、开发、应用、推广直至形成新技术、新工艺、新材料、新产品,发展新产业"的过程。该过程资金需求,需受商业银行法等银行体系、证券、证券投资基金、资产证券化等金融证券法的规制。以单个主体与银行发生融资法律关系为知识产权质押融资的个体融资。以知识产权信托关系为工具,以科研成果知识产权未来收益为基础资产发行知识产权证券化产品,从公共金融、证券资本市场融资,则是金融的集群范式。

6. 财政资助职务发明形成与转化过程中的国有资产管理

财政资助职务发明产生于“利用财政性资金设立的科学技术计划项目”;归属于项目承担者的“利用财政性资金设立的科学技术研究开发机构和高等学校”。该类职务科技成果,属于国有资产管理规范的财产范畴。在财政资助职务发明形成和转化过程中,财政资金为以货币形式国有资产起点,在多个节点处于不断的从量变到质变的变化形态。从科研经费,到知识产权,再到股权或许可收益等,其均受到相关管理规范的调整。

将国有资产管理作为独立的制度环节进行研究有三方面原因。其一,在财政资金形成的国家科学技术计划项目执行过程、后续科技成果转化过程中,科研人员侵占国有资产类型的犯罪越来越被重视。且能够获得重大专项类的国家科学技术计划项目的科研人员,通常在学术领域极具影响力。在已经判决的案件中,引发关注的便有院士、名校副校长等学术界颇有影响力的科研人员。其二,在国有资产管理过程中,管理单位承担国有资产保值增值的法律责任。其管理规程所设定的处置程序,影响到了科技成果转化的效率。其三,根据财政性资金的使用规范,能够观察到在资产形成与转化过程中的价值分配。法律对分配过程的制度安排,是法经济学分析中博弈均衡分析的重要因素。对其研究,需与整个“财政资助职务发明”成果后续转化所形成的市场收益价值共同考量,形成分配的博弈均衡。

二、财政资助职务发明形成与转化制度的法学研究体系

根据前述分类和制度分解,以法律关系的发生和变更来观察法律规制对当事人理性选择的影响,对影响财政资助职务发明形成与转化绩效的环节进行分类。上述环节有承前启后者,如财政资助职务发明的知识产权化,知识产权许可收益机制等;有贯穿始终者,如国有资产管理。将上述过程的环节按照法律规制的制度体系,则可形成“财政资助职务发明形成与转化制度”体系,以此可构建其法学学术研究体系。

(一)研究体系划分的依据

将实证中的法律关系还原为法律制度,是为了观察立法形成的制度体系对该类成果转化的影响。将六类法律关系结构,“财政资助国家科学技术计划项目制度”“财政资助职务发明成果的知识产权化”“高校、科研单位的科技成果转化”“知识产权许可收益机制”“引导社会资金投入科学技术研究开发的金融机制”“财政资助职务发明形成与转化过程中的国有资产管理”还原为立法体系,需根据其不同类型还原为“财政资助职务发明形成与转化机制”的三个阶段。

1. 主体阶段制度体系

六类制度中,“财政资助国家科学技术计划项目制度”“高校、科研单位的科技成果转化”“引导社会资金投入科学技术研究开发的金融机制”三个阶段,基于不同的部门法规范,分属“财政资助职务发明的形成制度”“财政资助职务发明的转化制度”“科技金融制度”。“财政资助职务发明形成与转化过程中的国有资产管理”则基于不同的资产形式,贯穿始终。

2. “桥梁型”制度及其阶段归属

其中的“财政资助职务发明成果的知识产权化”在“财政资助国家科学技术计划项目制度”和“高校、科研单位的科技成果转化”中处于隐性阶段。其作为“桥梁型”法律结构,可作为分节依据,独立研究影响和价值。“财政资助职务发明成果的知识产权化”为国家科学技术计划项目结题的成果,故它形成于“财政资助国家科学技术计划项目制度”。该成果形成的知识产权为转化对象,是成果在流转时的法律表征,“财政资助职务发明成果的知识产权化”对整个阶段中产生的影响,构成了“财政资助职务发明形成制度”的外部效应。它由项目承担者和科研人员依据知识产权法相关规范自主完成。其外部效应、信息偏在对后续整个财政资助职务发明成果转化的影响深远。在实际转让过程中,它们通常代表财政资助职务发明成果向产业化输出。该环节中可以观察到研发导向对当事人选择知识产权的形式和价值的决定作用,故其在财政资助职务发明形成制度中独立成节,本书在接下来的内容中,将继续观察其影响、决定因素。

3. 功能型制度及其阶段归属

"知识产权许可收益机制"仅为以许可为转化方式的法律关系中收益的一部分,且并非必须项。理论上,科研单位与技术应用企业依据知识产权法、合同法等相关规范自主约定。但这一内容虽多被高校、科研单位转化合同约定,但常常由于实现困难,成为被放弃项。

从法律制度功能的角度,"知识产权许可收益分享机制"是科技成果能够脱离以股东身份投资公司主体(不依赖于成为生产者以生产获得收益的途径)的方式,与金融发生法律关系的资产信用基础。故本书将其作为独立的博弈环节,进行研究。其功能性在于它链接知识产权与产业,形成知识产权的未来收益,构成知识产权的资本信用,这一功能对于科技金融尤为重要。知识产权证券化的主要目的是将该未来收益变现。知识产权的信托关系、金融关系都依赖其发生。故本书将其作为科技金融知识产权基础资产问题讨论。

(二)研究体系

对"财政资助职务发明",按照立法制度体系构建,可形成"财政资助职务发明形成与转化法律机制"的法学研究体系。按照法学研究方法,本书首先对研究对象的体系、特征、性质、宗旨和原则、法律渊源、法律规则和制度运行进行系统性地研究,形成"财政资助职务发明形成与转化法律机制"的总论。其次按照制度体系,分为"财政资助国家科学技术计划项目制度""高校、科研单位的科技成果转化和知识产权运营制度""引导社会资金投入科学技术研究开发的金融机制"三个阶段的分论研究。最后针对其市场失灵,提出完善建议和改革路径。

总论是对研究对象从宏观角度的解析。从法学研究的层面,可以概括为财政资助职务发明形成与转化机制法律规制体系的本体论、价值论、规范论和运行论。本体论为财政资助职务发明的概念、特征、制度构成、研究体系和法律属性。价值论为其制度价值,可以明确该制度体系的宗旨和原则。规范论研究该制度的法律渊源,可以明确其规范体系和效力层级。运行论研究其制定和实施,按照法学的方法分析管理体制、实体制度、程序规范和法律调整方式对实践的影响。

分论为范畴论。分论从微观的角度,对各具体目的性环节的现实发展状况、发展模式和存在问题,主体、客体和对象所构成的法律关系,政府为科技发展所出台的鼓励政策及其效果,法律规制和规制理论等不同层次,进行层层递进地研究。观察发展过程无法面面俱到,故分论以该过程中代表性的现象为例。具体来说,国家科学技术计划项目的科技行政法以自然科学基金为例;科技成果转化以知识产权运营为例;科技金融以知识产权运营服务平台和知识产权证券化为例。通过对具体现象和结果的研究,观察法律规范和政府政策激励对当事人理性选择的影响,并观察当事人理性选择对财政科研资助价值实现的反作用。法律规范影响科技成果转化绩效的相互作用关系,是法经济学分析的基础。

系统论研究的是问题、问题产生的根源和问题解决的完善建议。研究方法以法律的经济分析为主。目的是研究前述宏观和微观两个层面影响财政资助职务发明形成与转化机制的法律规范对研究对象成果转化绩效的影响,从而修补现有影响系统功能发挥的环节,并以此为依据提出规制建议。

三、财政资助职务发明形成与转化规范体系的特征

作为研究对象,“财政资助职务发明形成与转化机制”法律规制体系,存在多重法律关系,并分别受到不同部门法规制,但缺少关注该领域个性化的形式立法。该过程客观上表现为科学技术从研发领域走向市场应用领域的过程。从法律规范的角度,亦是作为“国有资产”的知识产权,进入产业应用的私法规制领域的过程。故而,该过程不仅存在技术开发的现实问题,亦存在如何优化法律规制的问题。体现在法律规制体系中,形成了“法律关系过程呈现长链条、多阶段”“规制体系的多元化”“多元规制体系下多利害关系方导致博弈困境”“法律运行效果的系统性影

响”等特征。

(一)法律关系过程长链条、多阶段

“财政资助职务发明形成与转化机制”是以国家科学技术计划“聚焦国家重大战略任务”为起点,将“对经济建设和社会发展具有战略性、基础性、前瞻性作用的前沿技术研究、社会公益性技术研究和重大共性关键技术研究”落实于“国家科学技术计划项目”,并投入“政策性财政资金”的过程。[①] 该机制以所开发技术在企业应用并转化为产品、投放市场,并有收益回馈为终点。该过程中的资金和资产关系,包括:①财政资金和科学技术开发计划项目从政府到高校;②高校和科研单位形成研发成果并申请知识产权,进行科研项目结题;③知识产权从高校通过技术许可到企业,亦可能是一次性转让;④企业融资组织生产;⑤企业将技术落实为产品并投放市场;⑥知识产权产品销售提成回馈研发收益。上述划分只是按照不同法律体系进行外部法律关系的划分,但其实在每一个阶段中又掺杂了诸多内部的管理和决策过程。

该过程中的长链条的法律关系前后既有可能相连,又有可能在中间某一阶段完成。财政资助职务发明成果转化的“死亡之谷”,意味着大部分成果只有前两个或者前三个阶段。除了在高校科技成果产业化阶段将科技成果以转让形式将权属完全转让给无关联关系的企业之外,并无后续开发服务的情况,整个过程基本上由高校、科研院所及其科研人员参与完成。此时,由于涉及国有资产管理,还有可能是高校、科研院所和科研人员、企业等多方联合成立成果转化公司,以项目企业进行的融资等更复杂的法律关系。

(二)法律适用的跨部门

财政资助职务发明形成与转化所关涉的法律制度并不属于一个单独部门法领域,也无独立关注其特殊性的形式立法。其整个环节和流程中,涉及多类不同部门法。其所涉及的每一种法律规范,都有该规范自身所

---

① 参见《科学技术进步法》第 87、88 条。

规制的领域,并且是普遍性和宏观性的规范。科技行政法、国有资产管理法等经济法、知识产权法、技术合同法、公司法、金融法等各有其所适用前提、领域和对象特征。仅有《促进科技成果转化法》中一条款对其进行科技成果处置权的授权,附条件允许高校、科研院所向企业转化知识产权。其他部门法并不关注高校、科研院所这一具有特殊性主体的财政资助职务发明形成与转化的需求。故现法律规制的高校、科研院所财政资助职务发明形成与转化路径,与高校、科研院所的成果转化需求,存在一定程度的差距。

知识产权法以知识产权为规制对象,规范知识产权的权利主体、客体、取得、归属、权利内容、利用、保护和法律责任。其前提是对知识内容的掌握和对知识产权形成、实施、保护和处置的财产权、处置权在法律主体上的统一。即便是涉及职务科技成果的规范,亦是以企业主体对技术的掌握和处置权的统一为基础的。国有资产管理法本身用来规范经营性国有资产。作为无形性、技术性的知识产权与国有资产保值增值的特征本身就有冲突。重大专项等财政资金的投入,意味着其项目成果的成本对外转化时保有高转化价值,可能导致转化谈判的困难。在无法保证知识产权产品销售提成收益时,低入门费转让,基于担忧国有资产管理保值增值的法律责任,结果便极易是科技成果转化的消极懈怠。金融法以自由经营的市场主体和充分的法律责任能力为基础。高校、科研院所的科技成果转化,由于科研单位、科研人员利益的共同捆绑,并基于法律责任的问题,则基本上需通过知识产权受让公司或投资新建转化公司作为责任主体来完成。

由于信息偏在,即掌握技术的科研人员并无“处置权”,但承担转化责任的“科研单位”或者“国家相关部门”并不真实掌握技术,因而事实上的成果转化必须有科研人员的参与。基于此,立法通过《科学技术进步法》弥补,在授权成果权属归为高校、科研院所等依托单位时,向科研人员授予“所有权或者长期用权”,以进一步弥补这种技术掌握者与财产权和处置权人在法理结构上的差距,克服信息偏在。只是弥补的效果尚待研究和统计观察。毕竟,在财政对大学科研投入的科技成果转化历史上,教授特权并没有展现出比《拜杜法案》更突出的制度优势。借鉴《拜杜法案》模式的《科学技术进步法》,将财政资助职务发明授权高校等依托单位,不仅因为国有资产属性,更重要的是因为高校、科研单位在科技成果转化为生产力中的集合效应。只是其还需依赖知识产权许可的市场环境和公共服务体系。单独科技成果权利归属改革能在多大程度上改变博弈效果,尚需理性的法经济学分析。

(三)多重因素影响缔约博弈

复杂的程序和法律关系,客观上带来多头管理和决策、多部门或多层级审批和多利益主体博弈。在“反公地悲剧”的影响下,决策、缔约谈判和执行存在困境。这亦是多年来财政资助职务发明知识产权处置改革的重点。在该过程中,“权利分割”和“信息偏在”客观存在,但要达成合作,最终需要“参与者之间的互相依赖性”。并且,一个参与者的效用不仅与他自己的行为有关,还依赖于其他所有参与者的行为。参与者知道他们之间存在相互影响。此时,策略是某个参与者计划行动的全部描述。作为分析工具的“博弈论”将其总结为“个人主义”、“理性”和“相互依赖”。[①] 加之行政法的调整模式意味着法定的权限、法定的程序和法定的责任,以程序公正保障实体公正,这也导致中国高校科技成果转化,长期以来主流模式是作为高校科研人员的横向科研项目。即科研人员主导,通过知识产权的许可、转让等技术开发、技术转让、技术咨询和技术服务等“四技”合同法律关系,获得横向科研经费。高校职务发明成果转化亦有资本化模式。高校、科研院所与科研人员,与其他社会投资主体共同投资设立企业进行转化。其发展基于2015年《促进科技成果转化法》修改,在国有资产管理进一步解放基础上,逐步试点实施。

中国高校职务发明资本化的博弈过程,主要体现为行政管理的影响

① 参见[美]格若赫姆·罗珀:《博弈论导引及其应用》,柯华庆、闫静怡译,中国政法大学出版社2005年版,第3页。

和多方参与的法律关系的影响。作为国有资产,高校职务发明成果行政管理对财政资助职务发明成果资本化影响深远。2016年国务院《关于印发实施〈中华人民共和国促进科技成果转化法〉若干规定的通知》,进一步鼓励高校、科研院所通过转让、许可或者作价投资等方式进行技术转移;并明确高校、科研院所可自主决定转让、许可或者作价投资,不需审批或者备案,但涉及国家秘密、国家安全的例外。科技成果转化所得收益,全部留归单位,纳入单位预算,不上缴国库。所得收入在按规定扣除对完成和转化职务科技成果作出重要贡献人员的奖励和报酬后,用于科研开发和成果转化,并对技术转移机构的运行和发展给予保障。

一方面,即使是修改后的《科技成果转化法》,依然保留了国有资产管理的痕迹。虽然无须经过高校、科研院所上级主管部门或财政部门的审批,但其依然面临价格和程序的规制,必须遵守本单位内部的行政管理。根据上述规定,高校、科研院所对其持有的科技成果,通过协议定价、技术交易市场挂牌、拍卖等方式定价;协议定价时,应当在本单位公示科技成果名称和拟交易价格,公示期间不少于15日。[①] 一些单位内部有国有资产管理和处置的内部决策程序,校长办公会等集体决策程序、资产评估等国有资产管理责任依然作为内部规范实施。

另一方面,多利害关系参与者影响缔约决策博弈的效率。科技成果转化的博弈是典型的合作博弈。法律政策为人们的经济选择提供了路径依据。在法经济学中,博弈论和微观经济学均论证了每个"经济人"都是在约束条件下追求自身偏好的最大化。[②] 对于设立公司形式进行科技成果转化的,高校、科研院所可将其科技成果作价入股,确认股权和出资比例,通过发起人协议、投资协议或者公司章程等形式明晰产权,对科技成果的权属、作价、折股数量或者出资比例等事项明确约定。实际上,股权的国有资产管理保值增值责任、科技成果转化部门的管理以及其与科研

① 参见国务院《关于印发实施〈中华人民共和国促进科技成果转化法〉若干规定的通知》(国发〔2016〕16号),载中国政府网,http://www.gov.cn/zhengce/content/2016-03/02/content_5048192.htm,最后访问时间:2020年12月30日。

② 参见柯华庆:《法律经济学的思维方式》,载《制度经济学研究》2005年第3期。

人员之间存在复杂的内部协调和程序。

(四)运行效果的传递性和系统性

从法律规制的社会效果看,高校、科研单位财政资助职务发明成果转化的结果并不有赖于单一的环节或者某一单一主体或参与者的意愿和能力,其结果是合作产生的共同的效果。这种效果在运行中表现出传递性和系统性两种特征。

当"国家科学技术计划项目"的行政管理和科研范式成为财政资助职务发明"知识产权"形成的指挥棒时,其影响贯穿于财政资助职务发明的行程和转化的全过程。其科研范式,直接传递到"职务发明"知识产权申请的价值选择。如果形成论文、专著等技术公布的著作权,则表明了公知技术的价值定位。如果申请专利,则专利申请的直接需求为授权,而不是知识产权的市场竞争工具价值。这意味着,"国家科学技术计划项目成果"作为科研范式下专利的代表,其所追求的目标是专利的授权和结题的需求。企业研发的专利申请,作为应用型的代表,则以市场竞争价值最大化为目标,即能够争取更广泛的权利要求,以排除竞争对手。

财政资助职务发明成果在形成和转化过程中,前一系统亦具有整体系统性的效果。后续的法律关系或者财产价值在某种程度上依赖之前过程中所形成的结果。知识产权的形式、内容和价值,都依赖于国家科学技术计划项目管理体制中确立的研发导向和评价标准。这种影响可作为成果的外部效应,影响后续转化。这亦是在目前高校、科研单位职务发明成果转化中,虽然其所拥有的专利数量具有很强的吸引力,但知识产权运营主体却难以有效对其转化的原因之一。

四、财政资助职务发明形成与转化制度的法律属性

区分法律性质的原因在于,理论和实践中的法律,其逻辑体系都发端于对实际存在的结构方式的分析。① 不同法律属性,决定了调整对象的

---

① 参见[美]博西格诺等:《法律之门》(第8版),邓子斌译,华夏出版社2017年版,第13页。

不同法律理念、法律关系和法律调整的方式。公法支配领域和私法支配领域中的法律原则和法律规范截然不同。法律规范对法律关系的调整，有三种可能出现的情况。其一，有明文规范进行调整。其二，不仅有明文规范，且该规范能够体现法律关系的属性。其三，没有明文规定调整相关行为的情形。在第三种情况下，实证性的判决依据会成为主要问题。故区分法律性质的意义在于非规则性法律规范的适用，即是适用具有私法属性的意思自治原则解决具体问题，还是适用公法权力（权利）义务法定的基本原则来解决问题。

“财政资助职务发明形成与转化机制”中至少有五种部门法分类的法律关系存在。科技成果产生的依据是被全国人大列入行政法的《科学技术进步法》的公法规范。其成果转化，形式上表现为高校、科研单位与企业之间的技术合同民事法律关系的私法调整过程，但实际调整成果转化过程的依据亦是被全国人大列行政法目录的《促进科技成果转化法》的公法规范。其实施的过程被经济治理工具财政法、计划法、金融法等经济法引导、调整和规范。财政、税收、金融和计划的宏观调控政策激励贯穿其中。知识产权法决定知识产权资产功能和价值状况。证券法和金融法的市场经营法和市场规制法，决定了为科技成果转化筹集资金是否有资本市场基础，或是否有财政投入和国有银行资本投入作为资金支撑体系。

在以民商事法律关系为主的私法领域，主要体现为契约自由、意思自治以及对有效契约的保护。在以行政法为基础的公法调整领域，以行政行为为调整对象；以判断行政程序的正当性为目的，以行政法治、法定权限、法定程序和法定责任为判断依据，是对行政过程的法动态分析。关于与行政相对人的关系，在公法关系中区分为支配关系和管理关系。在行政法领域，日本学者盐野宏提出了行政法领域公法、私法的二元论，[①]为分析“财政资助职务发明形成与转化机制”中《科学技术进步法》《促进科技成果转化法》等科技法规制的国家科学技术计划项目的公法属性和公

① 参见［日］盐野宏：《行政法总论》，杨建顺译，北京大学出版社2008年版，第18页。

私法的混合关系提供了独特的视角。另外,政府通过“宏观调控”和“市场规制”关系,调整财政资助职务发明成果转化的各类经济关系的经济法,其社会法的属性更为突出。经济法的社会公共利益本位,突出综合效益和实质公正。经济法以市场决定性和政府宏观调控、市场规制的法律结构,来保护产权、维护契约,维护公平竞争,是经济法治的基础。[①]

上述分析可以得出结论,《促进科技成果转化法》并不是唯一决定或影响科技成果转化结果的规制体系。“财政资助职务发明”诞生于财政资助的“国家科学技术计划项目”,依据科研单位的财政资金和科研项目管理规范,按照科研范式完成于科研和学术评价体系之中。该过程中的研发导向、研发评价、科研管理对其成果的价值实现有决定性作用。为完成科研任务形成的知识产权与为占有市场形成的知识产权,其价值导向有本质区别。《科学技术进步法》及其行政法规、政府规章属于科技行政法领域。高校科技成果转化,虽然通过转让、许可、成立公司等主要以民事法律关系实现,由于前述管理规范的存在,亦难完全以私法价值标准将其纳入私法范畴。该领域中,《促进科技成果转化法》是《科学技术进步法》立法模式为政府科技管理的行政法规,规制的内容多为经济法的调整范畴。故对于“财政资助职务发明形成与转化机制”法律属性对法律适用的影响,需要根据具体环节、规制对象和法律关系进行区分。

第二节 财政资助职务发明形成与转化制度的宗旨和原则

法律的宗旨通常是该法的立法目的和意图。长链条、跨法律部门、跨行政管理部门、具有多元属性、系统性的“财政资助职务发明形成与转化法律机制”,迫切需统一宗旨和原则,来维护多阶段法律规制目标的统一。

研究该过程法律规制的宗旨,目的是维系和保障该规制链条中法律规范的统一、协调与稳定。具体来说,明确宗旨,是为了保障整个规制体

---

① 参见张守文主编:《经济法学》(第2版),高等教育出版社2018年版,第53~58页。

系成为一个有机联系的整体,避免各个环节的法律规范与整体的目标发生矛盾或冲突,避免各部门法律的简单拼凑和杂乱无章。毕竟,如果每个阶段都仅受其自身普遍性规范的决定性影响和限制,则难以顾及后续阶段的需求,进而会影响整个系统性目标的实现。对该系统宗旨的厘定,有助于阐释该实现体系所需实现的社会目的和制度追求。对基本原则的探讨,亦是判断相关规范是否符合整体价值目标的依据,进而具体到所涉及的法律规范是否适合整个规制体系。客观上不一致时,则需要通过协调或者特殊政策关照到该特殊领域。在必要的情况下,还需考虑通过特别法规范解决冲突,并将基本原则作为特别规则的依据。因此,对"财政资助职务发明形成与转化制度"的宗旨和原则进行研究具有必要性。

"财政资助职务发明形成与转化制度"宗旨和基本原则的确定,需要符合规制和研究本身的目的。因为其源于对不同对象和阶段进行规制的不同部门法规范,有其各自领域的法律规制体系、立法宗旨和基本原则。由于不同阶段规制的法律相差较大,且多个阶段并无专门针对高校、科研院所科技成果产业化价值实现目标的内容。故其宗旨和原则的选择,需照顾到特殊阶段个体价值与整体目标的关系。

一、财政资助职务发明形成与转化制度宗旨和原则的概述

如果仅从"产权和处置权的行政授权"视角出发,则现"财政资助职务发明形成与转化"法律规制体系已经为高校、科研院所承担国家科学技术计划项目所产生的职务发明科研成果提供了产权授权依据,并建立了法律上从国有资产到市场流通的处置权授权机制。从这一视角,现有基本法《科学技术进步法》《促进科技成果转化法》及其行政法规等规范已经满足了这种需求。

从财政资助职务发明实施与转化效果观察,"产权和处置权行政授权"模式形成的"财政资助职务发明形成与转化"制度,从转化周期、成果使用的范围、广度和深度、财政资助职务发明成果产品的市场占有率等结果观察,并没有充分释放财政资助职务发明成果在社会经济生产中应有

的创新驱动价值。因此,该规制模式尚不能满足作为基本法——《科学技术进步法》《促进科技成果转化法》系列法规的宗旨和目的。该法的宗旨和目的需要延伸到整个链条的结束,至整个开发、利用、收益回馈并反哺研发的循环过程。根据该基本法的立法宗旨,以"促进科学技术进步""促进科技成果转化为现实生产力"为方式推动"国家创新能力建设""推动科学技术为经济建设和社会发展服务"是本书研究"财政资助职务发明形成与转化机制"的宗旨、价值判断标准和政策目标。该政策目标,亦为调整"财政资助职务发明形成与转化"的基本法所确认。

《科学技术进步法》将其宗旨表述为"促进科学技术进步""发挥科学技术第一生产力、创新第一动力的作用""促进科技成果向现实生产力转化""推动科技创新支撑和引领经济社会发展"。[①]《促进科技成果转化法》将其宗旨表述为"促进科技成果转化为现实生产力""规范科技成果转化活动""加速科学技术进步""推动经济建设和社会发展"。[②] 两部基础立法都把立法宗旨定位为"促进科学技术进步""促进科技成果转化为现实生产力""推动科学技术为经济建设和社会发展服务"三方面。《促进科技成果转化法》还规定了秩序构建宗旨,即"规范科技成果转化活动"。[③] 调整财政资助职务发明"实施"行为的是《专利法》等知识产权法。《专利法》的宗旨除了保护专利权人的合法权益、鼓励发明创造之外,亦有"推动发明创造的应用""提高创新能力""促进科学技术进步和经济社会发展"三项目标。[④] 将三部基本法所确立的宗旨结合,并基于研究对象和研究目的,可得出"财政资助职务发明形成和转化制度"的宗旨为"促进科学技术成果向现实生产力转化""提高国家创新能力""推动科学技术为经济建设和社会发展服务"。

综上所述,"财政资助职务发明形成与转化制度"的宗旨可以归结为

---

① 参见《科学技术进步法》第 1 条。
② 参见《促进科技成果转化法》(2015 年修订)第 1 条。
③ 参见《促进科技成果转化法》(2015 年修订)第 1 条。
④ 参见《专利法》(2020 年 10 月第四次修订)第 1 条。

以“促进科学技术成果向现实生产力转化”的方式“推动科学技术为经济建设和社会发展服务”，从而达到“提高国家创新能力”的目的。财政资助职务发明形成和转化制度的研究，需在“国家创新能力”建设层面，研究“推动科学技术为经济建设和社会发展服务”的制度，并以此为目标完善“财政资助职务发明形成与转化”的规制体系。实现宗旨的过程——“促进科学技术成果向现实生产力转化”是贯穿整个研究体系的基本原则。

二、财政资助职务发明形成与转化法律机制的宗旨

作为财政资助职务发明形成与转化制度的宗旨，“提高国家创新能力”和“推动科学技术为经济建设和社会发展服务”包含了具体的制度目标，并具有权威的评价标准。

(一)提高国家创新能力

国家创新能力是指一个国家长期、连续推出创新性技术并促进新技术产业化的能力。它决定着国家的综合国力和长远发展潜力。创新能力监测评价是通过构建指标体系，对国家、区域和企业等主体的创新能力进行的综合分析、比较与判断。[①] 不同的创新指标体系评价的结果并不相同。一些针对国际创新竞争的研究机构的评价方法和结论得到各国的普遍认可，具有一定的权威性。著名的有瑞士洛桑国际管理学院(IMD)从1989年开始发布的《世界竞争力年报》(WCY)、世界经济论坛(WEF)从2004年开始发布的《全球竞争力报告》(GCR)、欧盟从2001年开始发布的《欧盟创新记分牌》(EIS)、世界知识产权组织与英士国际商学院(INSEAD)及康奈尔大学从2007年开始联合发布的全球创新指数报告等。[②] 以世界知识产权组织发布的《全球创新指数2017》和《全球创新指数2018》为例，它们为涉及不同领域的创新活动建立了复杂的评分体系，

---

① 参见中国科学技术发展战略研究院：《国家创新指数报告2013》，科学技术文献出版社2014年版。

② 参见许海云、张娴、张志强等：《从全球创新指数(GII)报告看中国创新崛起态势》，载《世界科技研究与发展》2017年第5期。

分别涉及农业和食品领域、能源领域。① 复杂的研究对象有利于评价的全面性和科学性,它表明了国家创新体系是多层次的体系。国家创新能力建设至少包括“促进科学技术进步”和“促进科学技术成果向现实生产力转化”两个方面。

“促进科学技术进步”包括制度体制建设和资金投入两方面。而制度体制的建设则是资金投入、管理、使用、评价的制度体系。故而其核心围绕创新要素中的资本要素开展。对应创新要素中的创新资源“研究与发展经费投入强度”,其首要的目标是为创新要素提供开发资本,那么理论上目前创新资本集中之处将会最有知识产权保护和实现金融多样化的内在需求。这一领域中,目前世界知识产权组织统计的对象包括“来源于企业资金”“来源于政府资金”“来源于其他资金”三类。② 对应现实,在企业的生产过程中,企业向市场提供的产品创新的商业研发资金(Business Support R &D),由公司、企业资本支撑,是企业生产要素之一。无论是自行开发还是以委托研发支付给研发机构,终究会回归到企业的生产要素。但对于政府扶持资金,尤其是以研发创新为核心的研发机构、企事业单位(特指并不自行利用其研发成果的单位),科研资金的支撑是重要问题。在没有形成完全的知识产权许可服务市场的情况下,其经济模式要么是有针对性的技术转移,要么有非市场的资金来源作为开发成本的支撑。第一种情况要形成规模化的盈利模式取决于一国的知识产权保护力度。第二种情况,政府关于科技文化创新的财政资金支持(Government

---

① See Soumitra Dutta, Bruno Lanvin and Sacha Wunsch-Vincent, *The Global Innovation Index* 2017 *Innovation Feeding the World*, Tenth Edition, http://www.wipo.int/edocs/pubdocs/en/wipo_pub_gii_2017.pdf; Soumitra Dutta, Bruno Lanvin and Sacha Wunsch-Vincent, *Global Innovation Index* 2018 *Energizing the World with Innovation*, 11th edition, http://www.wipo.int/edocs/pubdocs/en/wipo_pub_gii_2018.pdf.

② See Soumitra Dutta, Bruno Lanvin and Sacha Wunsch-Vincent, *The Global Innovation Index* 2017 *Innovation Feeding the World*, Tenth Edition, http://www.wipo.int/edocs/pubdocs/en/wipo_pub_gii_2017.pdf; Soumitra Dutta, Bruno Lanvin and Sacha Wunsch-Vincent, *Global Innovation Index* 2018 *Energizing the World with Innovation*, 11th edition, http://www.wipo.int/edocs/pubdocs/en/wipo_pub_gii_2018.pdf.

Support R & D)，远高于其他(如风险资本等)科技资金的投入，是创新指数中创新资源要素的基础。并且，政府公共研发资助对企业研发也有主导、引导的杠杆效应。[①] 在应用研究领域，两种研发资金通常是结合在一起的，并且也不宜有所区分。财政支持的应用研发，其成果最终理应流入市场，才能转化为国家创新能力和生产能力。

(二)推动科学技术为经济建设和社会发展服务

推动科学技术为经济建设和社会发展服务的宗旨是目的性宗旨，其实现的方式是在通过“促进科学技术进步”和“促进科学技术成果向现实生产力转化”进行国家创新能力建设，以推动科学技术为经济建设和社会发展服务。

“促进科学技术成果向现实生产力转化”要求财政科研投入最终需落实为科研成果的生产力水平。各国科技研发资金的投入基本上构成了科技竞争的基础。科学技术是第一生产力，文化创意产业是经济社会发展的重要动力源泉。所以，管理、促进科学技术、文化创意事业的发展是政府管理的重要责任和职能。当知识产权保护不能独立支撑新技术的开发，财政支持科研则成为替代市场激励的创新资本投入模式。科技和文化等虽然不是知识产权的对象，但却是知识产权的来源和出处。对于高校、科研院所这一自身没有或少有生产实体支撑的科研体系，财政资助具有重要意义。尽管有些资助科技成果转化和产学研结合的政府资金的投入要求结合生产要素，但开发成果是以何种法律关系流入企业，关系到经济效率的问题。这一过程必然要涉及从“政府支持的研发”，到生产产品、投放市场、形成利润反哺研发的循环路径。

总之，“国家科学技术计划”的财政科研经费的投入及其转化是科技、文化和经济发展的重要力量。加之经济学是一类关于人们将如何理

---

① 参见师萍、许治、张炳南:《政府公共 R & D 对企业 R & D 的效应分析》，载《中国科技论坛》2007 年第 4 期。

性选择的科学。[①] 国家创新能力建设不仅需要科研投入，不仅需要界定财政投入科研成果的产权，更需要根据清晰的循环流转法律关系在该领域形成统一的价值取向，即需财政资助职务发明成果的价值实现机制。各相关制度，既包括财政资金投入及其研发导向、国有资产管理、科技成果转化路径设计、高校科研单位的人事和科研管理、知识产权战略目标、知识产权市场服务水平、知识产权运营模式、科技金融等可视化、可评价的全流程，亦包括非体现在价值实现流程中的政府宏观调控的公共政策、政策支持力度、政策引导方案等外辅助法治环境，均需统一使其具有提高国家创新能力建设的能力。

三、"促进科学技术成果向现实生产力转化"的基本原则

在考察法的原则时，学者们仍将法律的基本原则定位为"体现着法律的本质和根本价值，是整个法律活动的指导思想和出发点，构成法律体系的灵魂，决定法的统一性和稳定性"。[②] 作为一种综合性和本源性的准则，为"财政资助职务发明形成与转化机制"的规制体系设定本源性或基础性的指导，由其集中体现对规制体系研究过程中的不同法律规范是否有助于整个系统活动的开展，提供一种过程性的价值判断标准。它能够承载整个规制体系的基本精神、价值和理念，指导对规制体系的研究评价，并贯穿运行的始终。该原则亦根据相关基本法所确立，即"促进科学技术成果向现实生产力转化"需为"财政资助职务发明形成与转化"法律调整机制的基本原则。

《科学技术进步法》是调整"利用财政性资金设立的科学技术计划项目"经费投入和成果归属的基本法，但不是专门法。财政科研资金投入国家科学技术计划项目是实现《科学技术进步法》宗旨的方式之一。《科学

① 参见[美]理查德·A. 波斯纳:《法律的经济分析》,蒋兆康译,中国大百科全书出版社 1997 年版,第 3 页。

② 参见[美]迈克尔·D. 贝勒斯:《法律的原则——一个规范的分析》,张文显、宋金娜、朱卫国等译,中国大百科全书出版社 1996 年版,第 469 页。

技术进步法》所调整的“财政性科学技术资金”投入了更广泛的科技进步领域，包括：科学技术基础条件与设施建设，基础研究和前沿交叉学科研究，科学技术人员的培养、吸引和使用，科学技术普及，设立科学技术研究开发机构等各个方面。① 故而《科学技术进步法》中关于“利用财政性资金设立的科学技术计划项目”的科研成果转化为现实生产力，构成“财政资助职务发明形成与转化制度”最直接且唯一的基本原则。

《科学技术进步法》关于“科学技术计划项目”的制度职能为“按照国家需求，聚焦国家重大战略任务，遵循科学研究、技术创新和成果转化规律”。该项规定关系两方面的基本要求。一方面为科学技术计划项目所涉及的投入领域；另一方面为以技术创新和成果转化为核心的转化机制。科学技术计划项目所投入的领域为技术应用领域，被该法第 7 条所明确，包括“有重大产业应用前景的前沿技术研究”、“社会公益性技术研究”、“原始创新”和“关键核心技术”。转化机制则体现为该法第 4 条，即“国家完善高效、协同、开放的国家创新体系，统筹科技创新与制度创新，健全社会主义市场经济条件下新型举国体制，充分发挥市场配置创新资源的决定性作用，更好发挥政府作用，优化科技资源配置，提高资源利用效率，促进各类创新主体紧密合作、创新要素有序流动、创新生态持续优化，提升体系化能力和重点突破能力，增强创新体系整体效能”。法律调整机制的核心为“社会主义市场经济条件下”“市场配置创新资源的决定性作用”“更好发挥政府作用”具体来说，就是通过该“市场决定，政府宏观调控”的资源配置体系，实现“高效、协同、开放的国家创新体系”。并且该“国家创新体系”通过“促进各类创新主体紧密合作、创新要素有序流动、创新生态持续优化”来“提升体系化能力和重点突破能力，增强创新体系整体效能”。②

《促进科技成果转化法》是规范科技成果转化活动的法律。其基本原则亦与“财政资助职务发明形成与转化机制”法律规制体系有更直接

① 参见《科学技术进步法》第 87 条。

② 参见《科学技术进步法》第 4、7 条。

的联系。《促进科技成果转化法》第 3 条体现了促进科技成果转化法的原则。从社会效果方面,《促进科技成果转化法》要求科技成果转化活动应当有利于加快实施创新驱动发展战略,促进科技与经济的结合,有利于提高经济效益、社会效益和保护环境、合理利用资源的能力,有利于促进经济建设、社会发展和维护国家安全。在实施机制方面,《促进科技成果转化法》要求科技成果转化活动尊重市场规律,发挥企业的主体作用,遵循自愿、互利、公平、诚实信用的原则,依照法律法规规定和合同约定,享有权益,承担风险。同时,该法提出科技成果转化活动中的知识产权受法律保护;科技成果转化活动应当遵守法律法规,维护国家利益,不得损害社会公共利益和他人合法权益。

由于研究对象的特殊性,《科学技术进步法》和《促进科技成果转化法》的原则并不适宜直接作为"财政资助职务发明形成与转化机制"法律规制体系的原则。而是需基于这种主体和过程的特殊性,从财政科研资金投入和促进科技成果转化的原则中甄别适用于该特殊对象和过程的原则。基于"科技成果向现实生产力转化"的基本原则,根据两部基本法律,该原则可分解为三方面内容。第一,在科研创新目的方面,需以"国家创新能力的提高"为目标,以"提供高质量的科技供给,构建国家创新体系,提高国家创新能力,建设创新型国家"为原则。该原则要求实施创新驱动发展战略,坚持科学发展观,实行自主创新、重点跨越、支撑发展、引领未来的科技方针。第二,实施方式需符合市场经济的客观规律。基于知识产权系列法律的修改和《科学技术进步法》的重新定位,该规律为社会主义市场经济体制中的"市场决定资源配置"原则和"更好发挥政府作用"的宏观调控原则。科技成果转化活动需尊重市场规律。现有机制中所存在的影响科技成果转化效率的问题,需通过市场机制、宏观调控机制克服市场失灵和政府调制失效的问题。科技成果转化活动应当有利于加快促进科技与经济(而非企业)的结合,以提高经济效益、社会效益。其理念为经济建设和社会发展应当依靠科学技术。科学技术进步工作应当为经济建设和社会发展服务。其内容包括鼓励科学技术研究开发与高等教育、产业发展相结合。通过鼓励科学技术研究开发，推动应用科学技术改造传统产业、发展高新技术产业和社会事业。第三，在从高校、科研单位到企业的流转过程中，基于博弈困境的影响，在利益平衡和利益保护方面，不仅要保护科技工作者，同时需要对各主体，包括科技金融的投资者提供平等保护。对私权的保护，也需从平衡发展的角度，遵循自愿、互利、公平、诚实信用的原则，对各参与主体进行平等的保护。在研究分析或完善建议的标准时，需保护各个参与主体的利益平衡，保护其在该体系内的合法权益和合理诉求。

第三节　财政资助职务发明形成与转化制度的法律渊源

法理学对"法的渊源"有更多来源层面的解释。在庞德的《法理学》中，将"法律渊源"作为形成法律规则内容的因素，立法将发展和制定法律规则的力量，通过立法和执法的形式，赋予国家权力的东西。庞德提出了六个方面的法律渊源，包括惯例、宗教信仰、道德和哲学的观点、判决、科学探讨和立法。[①] 国内法理学研究者将其分为若干层次，并形成了法学中"法的渊源"一词的专有含义。张文显、孙笑侠等研究者均认可法律渊源是关于"效力来源"之说，如文化渊源、理论渊源、社会渊源等。[②] 法理学的研究者同时认可，在部门法的法学研究中，法律渊源通常为"法律的表现形式"，指具有普遍性约束力的法律规范到底表现为哪些形式，如是否为成文法，法典抑或判例，或者宪法、法律、行政法规、地方性规章等。[③] 关于"形式渊源"更侧重说明法律出现在哪里，即说明一个行为规则通过什么方式产生、具有何种外部表现形式才被认为是法律规范，才能

---

① 参见[美]罗斯科·庞德：《法理学》（第3卷），廖德宇译，法律出版社2007年版，第287~315页。

② 参见张文显主编：《法理学》（第3版），高等教育出版社、北京大学出版社2007年版，第90~94页。

③ 参见孙笑侠主编：《法理学》，浙江大学出版社2011年版，第97页。

成为处理问题的规范性依据。①

对“财政资助职务发明形成与转化的法律机制”，明晰规制财政资助职务发明形成与转化过程的法律渊源，能够全面观察不同部门、不同层级的法律规制对财政资助职务发明形成和转化的影响，并预测相关行为的法律后果。该体系中的法律渊源，分属科学技术进步法、促进科技成果转化法、知识产权法，以及合同法、银行法、证券法和保险法等民商事领域的多部门法规范，形成了以宪法、法律、行政法规、部门规章、地方性法规和地方政府规章为形式的系列规范体系。中央和地方亦有以经济法为主的激励和扶持政策。上述整体规范构成了财政资助职务发明形成和转化法律规范的主要渊源。另外，不少科技成果转化平台、高校、科研单位均在相关法律规范和政策范围内制定了本单位内部管理规范。

一、财政资助职务发明形成与转化制度的宪法渊源

国家的根本大法宪法，从国家基本制度、公民及企业的基本权利等层面，为科研资金投入、发展推广科学技术提供保障。《宪法》第 20 条规定：“国家发展自然科学和社会科学事业，普及科学和技术知识，奖励科学研究成果和技术发明创造。”②这是《科学技术进步法》《促进科技成果转化法》的宪法依据。《宪法》第 14 条还明确了国家采取包括“推广先进的科学技术”等手段，发展社会生产力。

二、财政资助职务发明形成与转化制度的法律渊源

由于调整财政资助职务发明形成与转化的法律规制体系涉及国家基本经济制度，在科技管理、知识产权、科技金融等各所属部门法中都涉及法律保留原则，只能制定法律。所属基本制度的领域包括《科学技术进步法》《促进科技成果转化法》《专利法》等，后续转化涉及合同法、财政法、

① 参见孙国华、朱景文主编：《法理学》（第 3 版），中国人民大学出版社 2010 年版，第 228 页。

② 《宪法》第 20 条。

税法、银行法、证券法、保险法等广泛的民商法和经济法领域。尽管基本法的法律规范并不以规制财政资助职务发明形成与转化为目的,甚至不专门针对该领域,如《专利法》等,但作为上位法,在专门法缺位情况下,这些基本的部门法直接作用于财政资助职务发明形成与转化过程,调整该过程涉及其领域的法律关系。

在财政资助职务发明成果发生环节,调整"利用财政性资金设立的科学技术计划项目"及其成果归属的基本法为《科学技术进步法》。实施过程由财政法、计划法、金融法和税法等经济法规范调整。在"项目承担者"完成技术开发,并申请发明专利等知识产权时,申请知识产权的类型和程序则依赖于《专利法》等知识产权部门法规范。在科技成果转化领域,转化路径和转化财政资金的投入由《促进科技成果转化法》规制。在"成果以知识产权形式转移至企业实施"时,首先适用《科学技术进步法》《促进科技成果转化法》对高校、科研院所关于成果所有权、处置权、处置路径和程序等资源配置和权限分配进行规制;之后才依据《民法典》《公司法》以协议形成进行科技成果转化。关于"科技成果产业化中的融资问题",原本是依据《商业银行法》《证券法》《证券投资基金法》《保险法》等金融市场经营法、金融监管法进行融资;在国家财政支持科技金融的情况下,亦需根据调整金融调控的《中国人民银行法》引导金融资本流入成果转化领域。

三、财政资助职务发明形成与转化制度的行政法规、部门规章渊源

中华人民共和国国务院,即中央人民政府,是最高国家权力机关的执行机关,是最高国家行政机关。中央人民政府由总理、副总理、国务委员、各部部长、各委员会主任、审计长和秘书长组成。① 《立法法》第 65 条规定,国务院根据宪法和法律,制定行政法规。行政法规的立法事项包括"为执行法律的规定需要制定行政法规的事项"和"《宪法》第 89 条规定

① 参见《国务院组织法》第 2 条。

的国务院行政管理职权的事项”。另外,对于属于法律保留的事项,国务院可以根据全国人民代表大会及其常务委员会的授权,先制定行政法规进行实践检验,成熟后再制定法律。这意味着,国务院可根据宪法、法律,或者根据立法机关的授权,制定行政法规。国务院各部委、中国人民银行、审计署和具有行政管理职能的直属机构,可以根据法律和行政法规、决定、命令,在本部门的权限范围内,制定规章。①

实施国家创新战略,在科技、教育、产业、金融、知识产权等各类行政管理中落实科技成果转化政策,均以行政法规和部门规章形式的法律渊源为直接依据。涉及国家科学技术计划、科技成果转化的行政法规由国务院制定。特别是在授权立法没有限制,且需各部委的协同的情况下,几乎具有实施性和执行性的规范都由国务院制定指导性的行政法规,然后由各部委分别完成本部门的工作职能,联合制定执行法律、行政法规的部门规章和规范性文件。所以,除知识产权向产业流通和融资中的私法关系外,无论是调整行政管理关系还是科技成果转化的教育、科研、经济、产业和金融管理关系,“财政资助职务发明形成与转化机制”的法律规范和政策体系中,行政法规和部门规章为最重要和最直接的法律渊源。行政法规和部门规章直接决定相关权限、能否执行、执行路径和执行力度。

在财政资助职务发明发生的环节,关于“国家科学技术计划项目”的管理体系,整个财政资助科研创新体系都构建在行政法规和部门规章规制的基础上。以自然科学基金为例,国务院依据《科学技术进步法》制定《国家自然科学基金条例》,规范基金项目的管理、财政资金的使用;制定国务院《关于改进加强中央财政科研项目和资金管理的若干意见》(国发〔2014〕11 号)、国务院印发《关于深化中央财政科技计划(专项、基金等)管理改革方案的通知》(国发〔2014〕64 号)等;由国家自然科学基金委员会及各职能部门制定部门规章具体实施。如资金管理方面,根据《国家自然科学基金条例》、国务院《关于改进加强中央财政科研项目和资金管理

① 参见《立法法》第 65、80 条。

的若干意见》（国发〔2014〕11 号）、国务院印发《关于深化中央财政科技计划（专项、基金等）管理改革方案的通知》（国发〔2014〕64 号）以及国家财政法相关规范，与财政部共同制定《国家自然科学基金资助项目资金管理办法》。国家自然科学基金委员会根据法律、行政法规和部门规章负责国家自然科学基金的宏观管理、统筹协调和监督评估。

四、财政资助职务发明形成与转化制度的地方性法规及地方政府规章渊源

地方政府具有本地方科技发展、经济发展和科技成果转化的管理职责。虽然与高校、科研院所可能具有不同的上级主管部门，如部属高校、省属高校等不同级别的区分，但高校、科研院所科技成果产业化对地方经济发展具有重要作用。由于与成果转化的地点紧密相连，并无上级主管部门的限制。

一方面，为执行法律以及中央政府的行政法规和部门规章，地方政府会按照中央战略部署，制定适用于本地方的地方性法规和地方政府规章。如《促进科技成果转化法》的实施，多省、自治区、直辖市地方人大常委会都制定了本行政区域的地方性法规，即当地的"促进科技成果转化条例"，湖北省、湖南省、西藏自治区、辽宁省制定了本地实施《促进科技成果转化法》的办法或规定。云南省人民政府制定了《关于贯彻落实国务院实施〈中华人民共和国促进科技成果转化法〉若干规定的实施意见》。其他地方政府则根据其地方性法规，制定本区域促进科技成果转化的激励办法、引导基金和产业化基金管理办法等扶持政策的规范性文件。

另一方面，地方政府常常会出台地方的支持政策。地方政府通过项目合作、平台建设引入高校、科研院所的科技成果，这一方式是非常重要的科技成果转化模式。在政产学研合作中，地方政府投入了基础设施建设、项目孵化等扶持资金，通过高校技术转移中心、大学科技园、双创基地、大学的地方研究院等各种模式进行资金、土地、政策扶持。这些政策对引进高校、科研院所的科技成果，服务地方经济具有重要意义。多个科

技发达的地方政府制定了本地扶持科技成果转化、支持科技人才创新创业的政策规范。比较知名的科技政策有"京校十条"、《加快推进高等学校科技成果转化和科技协同创新若干意见(试行)》,"京科九条"、《加快推进科研机构科技成果转化和产业化的若干意见(试行)》,"武汉黄金十条"、《关于促进东湖国家自主创新示范区科技成果转化体制机制创新的若干意见》,"汉科技十条"、武汉市人民政府《关于深化武汉地区高校、科研机构职务科技成果使用、处置和收益管理改革意见》,"南京科技九条"、《深化南京国家科技体制综合改革试点城市建设、打造中国人才与创业创新名城的若干政策措施》,"鄂十条新政"、湖北省人民政府《促进高校、院所科技成果转化暂行办法》等。

五、财政资助职务发明形成与转化制度的其他渊源

高校、科研院所不仅是财政资助职务发明资助的承担单位,并且还是成果转化的责任单位。各个大学基本上都按照《科技成果转化法》及其系列行政法规的授权,如国务院印发的《实施〈中华人民共和国促进科技成果转化法〉若干规定》,以及地方政府的地方性法规和政府规章,制定本单位管理、实施和服务科研管理和科技成果转化的规范性文件。这些规范性文件是高校、科研院所的科研人员进行科研活动和科技成果转化所需遵守的具体规则。这些规范基本上包括各职能部门,如科技管理部门、财务管理部门、人事管理部门、技术转移管理部门、产业管理部门、资产管理部门等各部门所执行的实体性和程序性规范。

在上述武汉东湖"黄金十条"的政策激励下,武汉高校、科研院所制定了本单位促进科技成果转化具体办法。如武汉大学关于科技成果转化的《武汉大学关于推进科技成果转化工作的若干意见》(武大科理字〔2012〕47号),华中科技大学关于科技成果转化的《华中科技大学关于进一步促进科技成果转化的若干意见》(校发〔2013〕6号),武汉理工大学的《武汉理工大学促进科技成果转化的规定》(校科字〔2012〕2号),中南民族大学的《中南民族大学关于鼓励教师创新创业的若干意见》(民大发

〔2012〕63 号），江汉大学的《江汉大学科技成果转化实施办法（暂行）》（江校科〔2012〕22 号）等。①

第四节　财政资助职务发明形成与转化的法律规制体系

"财政资助职务发明形成与转化机制"分属于不同的法律部门，不同的法律部门具有不同的规制结构、研究范式、制度规范和调整方式。不同的部门法有其各自的管理体制、实体规范、程序规范和规制模式。为了整体的系统性，对财政资助职务发明形成与转化规制体系的研究，需建立研究的逻辑范式。对应于链条内部的不同阶段，按照具体的分析范式，做初步的归纳、概括和系统性研究，并为分论建立研究结构。对具体制度规范构成的研究，能够明确各阶段法律调整所产生的博弈关系、义务和责任，并预测行为主体的理性选择，观察选择结果与转化效率之间的因果关系，从而明确法律规范对财政资助职务发明成果转化的影响，发现问题产生的原因，并探索解决问题的各种方式。

一、财政资助职务发明形成与转化的"长链条"法律结构

根据前述的阶段划分和制度规范，可将财政资助职务发明形成与转化的法律机制分为由"科研链"、"产业链"和"金融链"组成的"长链条"法律结构。财政资助职务发明发生阶段，基于《科学技术进步法》之"国家科学技术计划项目"，科技计划的实施构成"科研链"。"科研链"的成果为"财政资助职务发明"。成果的转化阶段，即成果由高校、科研单位转移至企业实施转化，产品上市并回馈研发的整个阶段，构成"产业链"。在该过程中，吸引金融资本、社会资本投入科研创新领域的过程构成"金融链"。该"长链条"总结为发生阶段的"科研链"、转化阶段的"产业链"

① 武汉东湖新技术开发区管委会《促进东湖国家自主创新示范区科技成果转化体制机制创新的若干意见实施导则》，载 http://ovcstc.wehdz.gov.cn/index.php/index-view-aid-323.html，最后访问时间：2021 年 2 月 10 日。

和吸引社会资金投入的“金融链”。该多链条研究结构,虽存在交叉融合,但其所属基本法律规范清晰,法律功能明确,整体结构完整,适合作为法学研究和法经济学分析的基本结构。

(一)发生阶段的“科研链”

调整“国家科学技术计划项目”的基本法为《科学技术进步法》。具体实施和执行,则由国务院主管部门,依据行政法规和部门规章完成。该类规范所关注的焦点,有其行政法的部门法属性特征。相关行政法规和部门规章对“财政科研资金投入高校和科研单位”规制了政府财政科技资金的研发投入和管理的全流程。整个财政科研资助的全流程管理中,成果能否产业化实施,或者是否产业化,并非项目的评价标准,而是以“项目完成后的法律职责”的形式进行分配。成果的评价标准为专家评议、学术标准和科研范式。以自然科学基金为例,其范围包括国家自然科学基金工作的宏观管理、统筹协调和监督评估。“高校和科研单位完成技术开发并申请知识产权”必然属于财政资助职务发明管理体系的一环。此时,高校、科研院所科技成果转化环节中知识产权市场竞争能力问题,已经与政府财政科研资助的行政法规制体系融为一体。

(二)转化阶段的“产业链”

利用财政性资金设立的科学技术计划项目所形成的科技成果,其转化实施,需进入科技成果转化的“产业链”。规制该链条的规范,其功能是使“财政资助职务发明”,按照法定的处置权,经过法定程序,从公法调整的领域进入知识产权法、民商法等私法调整的领域。故该阶段涉及科技成果转化的行政管理规范和民商事法律规范。政府关于提高科技成果转化效率的关注,基本上寄希望于《促进科技成果转化法》并且其提高转化效率的政策措施基本上集中在授权、解放审批权限制、收益分配激励、赋权改革、财政资金投入和政策扶持等方面。

然而,知识产权的价值实现需要通过技术应用和收益回馈机制建立科研、技术和市场的联系。通过市场反应与知识产权的收益关系,可以影响研发导向。将研发向市场需求的方向引导,更需对后续的生产、销售过程的收益、市场反应、收益分配、融资变现等"长链条"法律机制的研究。

(三)吸引社会资金的"金融链"

在"财政资助职务发明成果形成与转化"的现行法律机制中,科技金融的"金融链"处于研究对象的尾部;亦处于财政资助职务发明成果从高校、科研单位到企业之"技术转移"过程的外部。从法律主体和法律关系的视域看,"金融链"的过程是"企业"主体为实施前述技术所进行的融资。故而所涉"科技成果"已经脱离了其原属的高校、科研单位,成功完成了"技术转移"。基于融资主体为"企业主体"身份,多数"科技成果转化"研究者认为在这之前,已经完成了"科技成果转化"。从研究对象的客体视域看,"财政资助职务发明成果形成与转化",涵盖了从"计划",到"孕育",到"诞生",到"转移至企业",到"发挥市场价值(形成新工艺、新产业、新产品)",到"回馈研发",甚至再到"新技术"的再循环过程。这一成长过程中,研究对象的形态(从财政资金到科研经费,再到研究成果,再到知识产权)、归属(财政、高校和科研单位、企业)无论如何变化,是符合《促进科技成果转化法》将"科技成果转化"界定为"为提高生产力水平而对科技成果所进行的后续试验、开发、应用、推广,直至形成新技术、新工艺、新材料、新产品,发展新产业"等活动的。[①] 这亦是"科技成果转化"与"技术权属转移"的实质性区别。因此,在《促进科技成果转化法》的范畴中,以"出生身份"界定的"财政资助职务发明",亦可有"金融链"的参与。

对于"财政资助职务发明形成与转化机制"这一研究对象的"长链条"特征而言,《科学技术进步法》和《促进科技成果转化法》的"保障措施"中均提出通过产业、金融、税收、财政等各项政策,鼓励、引导社会资金投入的综合支持机制。银行、保险、多层次的资本市场、创业投资及创业投资引导基金和科技成果转化基金或者风险基金等均被纳入财政资助职务发明成果转化"金融链"的研究范畴。转化过程涉及高校、科研院所向

① 参见《促进科技成果转化法》(2015 年修订)第 2 条。

企业许可、转让知识产权的横向合同关系,或者成立成果转化公司、知识产权作价投资的资本化。但无论是基于前期转化过程的资金需求(科技成果产业化中的融资问题),还是基于许可合同未来收益的变现需求(针对回馈研发的知识产权产品收益提成),均属“金融链”的功能范畴。

(四)系统性的法学研究范式

为明晰各阶段法律规范的影响,充分发挥法律所创造的制度功能,前述“长链条”的法律结构需以法学研究范式进行分析。从法学规范分析的角度,法律规范有其特定的调整范式,如实体法和程序法,以及不同部门法的制度功能等。实体法是实体性权利、义务、责任的分配。实体性法律规范通常包括主体、客体、权利(权力)、义务、行为、法律关系和责任等要素。法律规范对主体的行为产生影响。法律主体得通过法律行为,产生法律关系发生、变更、消灭的法律后果。程序性法律规范是行政法、经济法等公法和社会法领域中规范行政权力行使的法律规则。行政法和经济法的规范中,涉及不同权力(权利)的配置问题。在“长链条”财政资助职务发明形成与转化体系中,涉及了不同的行政权由不同的行政机关行使的问题,因而又存在管理体制相互协调的问题。具体到“财政资助职务发明形成与转化机制”,需根据对过程的划分,整体性地分析整个过程中所涉及的管理体制、实体性和程序性制度规范,进行概括式、系统性地研究。这种基于研究体系的分割只是一种学理上的探讨。其目的在于观察是否、何处或者何层级存在科技成果转化的“体制障碍”“束缚创新驱动发展的观念和体制机制障碍”。①

二、财政资助职务发明形成与转化的管理体制

“财政资助职务发明形成与转化机制”是政府财政、计划、科技、教育、知识产权、国有资产、产业、金融等各项管理职能在科技成果转化领域

---

① 参见习近平:《在中国科学院第十七次院士大会、中国工程院第十二次院士大会上的讲话》(2014年6月9日),人民出版社2014年版,第14~15页。

的融合。在中央政府的领导下分工配合实施的结果,受行政法和经济法等法律规范调整。根据“促进科学技术进步”“促进科学技术成果向现实生产力转化”“推动科学技术为经济建设和社会发展服务”的促进政策,形成了“财政资助职务发明形成与转化机制”的多元化管理体制。多元化的管理体系又可按照“科研链”、“产业链”和“金融链”各阶段,进一步厘清各阶段、各领域的管理体制。每个阶段并不是单一集中的管理体制,而是涉及不同部门、针对不同对象的分工配合,这导致针对同一对象涉及不同行政机关管理的衔接和交叉。

(一)国家科学技术计划的(“科研链”)管理体制

国家科学技术计划及其成果归属的管理体制,由《科学技术进步法》及其相关财政、计划、科技、教育等行政法规和部门规章构成。在行政管理权的配置方面,国家科学技术计划项目形成了中央政府统一领导下的多部门综合管理体制,即通过横向和纵向进行多层次、多部门的权力配置。

在行政权的横向配置方面,国家加大财政性资金投入,形成了以中央政府为中心的管理体制。国务院领导全国科学技术进步工作,形成了“科学技术计划项目”领导的中心。关于国家科学技术计划项目,国务院制定了中长期科技发展规划、科技创新规划,确定了国家科学技术重大项目、与科学技术密切相关的重大项目。具体工作的管理,由国务院科学技术行政部门科学技术部负责。科学技术部负责全国科学技术进步工作的宏观管理、统筹协调、服务保障和监督实施。国务院其他有关部门,则在各自的职责范围内,负责本部门职责范围内的有关工作。[①] 针对跨部门的多头管理,国家建立科学技术进步工作协调机制。该机制研究协调国家科学技术计划项目的设立及相互衔接,协调科学技术资源配置、科学技术研究开发与高等教育、产业发展相结合等重大事项。[②]

---

① 参见《科学技术进步法》第15、16条。

② 参见《科学技术进步法》第17条。

在国家科学技术计划资金投入方面,国家通过设立科学技术基金项目、科学技术计划项目进行财政科研投入。比如,国家设立自然科学基金,资助基础研究和科学前沿探索,培养科学技术人才。国务院自然科学基金管理机构(以下简称基金管理机构)负责管理国家自然科学基金,监督基金资助项目的实施。国务院科学技术主管部门对国家自然科学基金工作依法进行宏观管理、统筹协调。国务院财政部门依法对国家自然科学基金的预算、财务进行管理和监督。审计机关依法对国家自然科学基金的使用与管理进行监督。科学技术研究开发机构、高等学校、企业事业组织和公民有权依法自主选择课题,从事基础研究、前沿技术研究和社会公益性技术研究。

在纵向配置方面,科学技术计划项目的管理体系,形成了中央和地方不同级别的管理体系。中央级别科学技术计划项目亦被相关主管部门称为"中央财政科技计划"。[①] 除了中央的管理职能,各县级以上地方政府均有本区域的科学技术计划管理职能。县级以上人民政府应当将科学技术进步工作纳入国民经济和社会发展规划,保障科学技术进步与经济建设和社会发展相协调。[②] 县级以上地方人民政府科学技术行政部门负责本行政区域的科学技术进步工作。县级以上地方人民政府其他有关部门在各自的职责范围内,负责有关的科学技术进步工作。[③]

(二)科技成果转化与知识产权运营("产业链")管理体制

在行政管理权配置方面,科技成果转化的管理体制,亦采取政府统一领导下的多部门综合管理体制。管理体制通过多层次、多部门进行横向和纵向的管理权配置。其不同于财政科研资金投入的是,除资金支持和政策鼓励的行政权配置外,还将具体的成果转化和管理的责任,授予了对

---

① 参见科技部、财政部、发展改革委《关于印发〈中央财政科技计划(专项、基金等)绩效评估规范(试行)〉的通知》(国科发监〔2020〕165 号),载科技部官网,http://www.most.gov.cn/xxgk/xinxifenlei/fdzdgknr/fgzc/gfxwj/gfxwj2020/202007/t20200709_157762.html,最后访问时间:2022 年 3 月 1 日。

② 参见《科学技术进步法》第 15 条。

③ 参见《科学技术进步法》第 16 条。

于高校、科研院所等项目承担单位。《科学技术进步法》《促进科技成果转化法》重视财政科研资助项目的知识产权，将知识产权纳入了立项和验收依据。知识产权运营是国家知识产权局与财政部开展的以市场化方式促进知识产权运营平台和基金支持的模式。

1. 科技成果转化管理权的横向配置

在科技成果转化的行政权横向配置方面，是以中央政府为中心的综合管理体制。国务院将科技成果转化纳入国民经济和社会发展计划，并组织协调实施有关科技成果的转化。国务院加强科技、财政、投资、税收、人才、产业、金融、政府采购等政策协同，目的是为科技成果转化创造良好环境。国务院《关于新形势下加快知识产权强国建设的若干意见》提出"推动高等院校、科研院所建立健全知识产权转移转化机构"。[①] 相关事项的横向分工，由国家知识产权局、教育部、中国科学院、国家国防科技工业局负责。[②] 在横向职权划分方面，国务院科学技术行政部门、经济综合管理部门和其他有关行政部门依照国务院规定的职责，管理、指导和协调科技成果转化工作。在具体的资金投入方面，国家对科技成果转化合理安排财政资金投入，引导社会资金投入，推动科技成果转化资金投入的多元化。但在科技成果转化的考核方面，则由高校和科研单位的主管部门负责，并由其向相关部门报送。高校和科研单位应向其主管部门提交科技成果转化情况年度报告，说明本单位依法取得的科技成果数量、实施转化情况以及相关收入分配情况。主管部门应按照规定将科技成果转化情况年度报告报送财政、科学技术等相关行政部门。

2. 科技成果转化管理权的纵向配置

在纵向配置方面，地方各级人民政府负责管理、指导和协调本行政区域内的科技成果转化工作。地方各级人民政府亦应当将科技成果的转化

---

① 国务院《关于新形势下加快知识产权强国建设的若干意见》(国发〔2015〕71号)。

② 参见国务院办公厅印发《〈国务院关于新形势下加快知识产权强国建设的若干意见〉重点任务分工方案的通知》(国办函〔2016〕66号)。

纳入其国民经济和社会发展计划,组织协调实施有关科技成果的转化。地方各级人民政府应加强科技、财政、投资、税收、人才、产业、金融、政府采购等政策协同,为科技成果转化创造良好环境。地方各级人民政府根据《促进科技成果转化法》规定的原则,结合本地实际,可以采取更加有利于促进科技成果转化的措施。

3. 授权项目承担单位实施科技成果转化

在科技成果转化实施方面,《科学技术进步法》《促进科技成果转化法》明确授权项目承担者承担实施义务,并明确了该类成果的转化机制、转化方式、科研人员的利益保护、列入考核要求等各方面的管理责任,并探索赋权改革。《科学技术进步法》第130条要求利用财政性资金设立的科研单位和高校积极促进科技成果转化,从机构建设和人才建设方面,建立、完善促进科技成果转化制度。① 该法第32条明确规定,利用财政性资金设立的科学技术计划项目所形成的科技成果,授权项目承担者依法取得相关知识产权。该条确定了"财政资助职务发明"成果的知识产权归属为"项目承担者"。关于转化方式,该条规定,项目承担者可以依法自行投资实施转化、向他人转让、联合他人共同实施转化、许可他人使用或者作价投资等。为了进一步促进转化,项目承担者在合理期限内没有实施,且无不实施的正当理由时,国家可以无偿实施,也可以许可他人有偿实施或者无偿实施。基于国家科学技术计划项目的特殊性,前述实施需在不损害国家安全、国家利益和重大社会公共利益的前提下进行。同时,为了国家安全、国家利益和重大社会公共利益的需要,国家可以无偿实施,也可以许可他人有偿实施或者无偿实施。② 国家实行以增加知识价值为导向的分配政策,按照国家有关规定推进知识产权归属和权益分配机制改革,探索赋予科学技术人员职务科技成果所有权或者长期使用权的制度。③

---

① 参见《科学技术进步法》第30条。

② 参见《科学技术进步法》第32条。

③ 参见《科学技术进步法》第33条。

4. 知识产权及其资本化的国有资产管理

《科学技术进步法》《促进科技成果转化法》重视财政资助职务发明的成果转化，规定在组织实施应用类科技项目时，应当将科技成果转化和知识产权创造、运用作为立项和验收的重要内容和依据。在国有资产管理方面，科技成果转化和知识产权创造、运用则成为项目承担单位的国有资产管理范畴。财政部于 2019 年修改了《事业单位国有资产管理暂行办法》，修改后的规定，将转让、许可和投资时的“资产评估”要求分为两种情况。第一种是作为转让主体的“国家设立的研究开发机构、高等院校”将其持有的科技成果转让、许可或者作价投资给“国有全资企业”时，属于“可以不进行资产评估”的情况。第二种是“国家设立的研究开发机构、高等院校”将其持有的科技成果转让、许可或者作价投资给“非国有全资企业”时，改为“由单位自主决定是否进行资产评估”。该改革措施进一步解放了科技成果转化管理中国有资产管理制度关于“国有资产”处置时的评估要求。①

5. 知识产权运营的管理体制

自 2014 年起，国家知识产权局会同财政部开展了以市场化方式促进服务的试点工作。在国务院《关于新形势下加快知识产权强国建设的若干意见》中，中央政府提出“加强知识产权交易平台建设”，包括构建知识产权运营服务体系，加快建设全国知识产权运营公共服务平台。② 对于构建知识产权运营服务体系，加快建设全国知识产权运营公共服务平台建设的管理体制，在中央政府的领导下，由国家知识产权局、财政部、教育部、科学技术部、工业和信息化部、国务院国有资产监督管理委员会、中国

① 参见财政部《关于修改〈事业单位国有资产管理暂行办法〉的决定》，http://www.gov.cn/xinwen/2019-04/05/content_5379874.htm，最后访问时间：2020 年 10 月 20 日。

② 参见国务院《关于新形势下加快知识产权强国建设的若干意见》(国发〔2015〕71 号)，载中国政府网，http://www.gov.cn/zhengce/content/2015-12/22/content_10468.htm，最后访问时间：2020 年 10 月 20 日。

科学院、国家国防科技工业局、中央军委装备发展部负责。[①] 知识产权运营的功能是发挥中央财政资金引导作用，搭建知识产权运营公共服务平台，培育知识产权运营机构，支持试点省（市）设立重点产业知识产权运营基金，建立"平台+机构+资本+产业"四位一体的知识产权运营服务体系。其实施由财政部、国家知识产权局在全国选择若干创新资源集聚度高、辐射带动作用强、知识产权支撑创新驱动发展需求迫切的重点城市，支持其开展知识产权运营服务体系建设。

（三）科技金融（"金融链"）管理体制

科技金融的管理体制亦是国务院领导下的综合管理体制。由科技、金融和知识产权主管部门共同管理。现有机制内并未设置专门的宏观调控或者市场规制的独立科技金融主管部门。

关于国家财政资助职务发明成果科技成果转化的保障机制，《科学技术促进法》提出国家要加大财政性资金投入，制定科技、产业、税收、金融、政府采购等政策，从各方面鼓励、引导社会资金投入，共同推动全社会科学技术研究开发经费持续稳定增长。[②] 国务院《关于新形势下加快知识产权强国建设的若干意见》提出的模式包括：创新知识产权投融资产品；探索知识产权证券化；完善知识产权信用担保机制；推动发展投贷联动、投保联动、投债联动等新模式；在全面创新改革试验区域引导天使投资、风险投资、私募基金加强对高技术领域的投资。[③] 其分工由中国人民银行、国家市场监督管理总局、国家版权局、国家知识产权局、中国银行业监

---

① 参见国务院办公厅印发《〈国务院关于新形势下加快知识产权强国建设的若干意见〉重点任务分工方案的通知》（国办函〔2016〕66 号），http://www.gov.cn/zhengce/content/2016-07/18/content_5092397.htm，最后访问时间：2020 年 10 月 20 日。

② 参见《科学技术进步法》第 85 条。

③ 参见国务院《关于新形势下加快知识产权强国建设的若干意见》（国发〔2015〕71 号），http://www.gov.cn/zhengce/content/2015-12/22/content_10468.htm，最后访问时间：2020 年 10 月 20 日。

督管理委员会、中国证券监督管理委员会按职责分别负责。①

三、财政资助职务发明形成与转化的实体法律制度

财政资助职务发明形成与转化的实体法律制度不仅在《科学技术进步法》《促进科技成果转化法》中有规定，同时还存在于行政法规、部门规章以及地方性法规形式的政策措施等行政实施体系之中。在财政资助职务发明形成与转化领域的试点改革，主要为实体法律规范。财政资助职务发明形成与转化的实体法律制度是由主体、客体、行为、权利（力）、义务、责任等要素构成的规范体系。

利用财政性资金设立的科学技术计划项目形成的职务发明成果转化，并未形成针对其特征的特别法上的独立规制体系，而是国家科学技术计划项目的附属结果。作为科技成果转化、知识产权运营、科技金融制度中的一类客体，其特殊性导致其为效率较低的一类。其科技成果转化效率低的原因，需要从"科研链"、"产业链"和"金融链"的具体实体规范与行为关系的互动中发现。

（一）国家科学技术计划的（"科研链"）实体法律制度

《科学技术进步法》关于"财政性资金设立的科学技术计划项目"的实体制度规范，包括其管理体制，以及申请、评审、成果的归属、应用和转化等。设立国家科学技术计划，应当按照国家需求，聚焦国家重大战略任务，遵循科学研究、技术创新和成果转化规律。② 对于基础研究，国家可设立自然科学基金资助，支持人才培养和团队建设，并坚持宏观引导、自主申请、平等竞争、同行评审、择优支持的原则。地方人民政府亦可结合本地区经济社会实际情况和发展需要，设立自然科学基金，支持基础研

① 参见国务院办公厅印发《〈国务院关于新形势下加快知识产权强国建设的若干意见〉重点任务分工方案的通知》（国办函〔2016〕66 号），http://www.gov.cn/zhengce/content/2016-07/18/content_5092397.htm，最后访问时间：2020 年 10 月 20 日。

② 参见《科学技术进步法》第 88 条。

究。[①] 尽管作为研究对象的规制体系针对的是财政性资金设立科学技术计划项目中的应用研究，而自然科学基金项目则主要为基础研究，但目前尚未完全从成果的角度形成绝对的“二分法”。根据相关行政法规和部门规章，科学技术计划项目的绩效评估包括基金、人才、基地等。[②] 自然科学基金中的成果亦包括专利等具有技术实施内容的知识产权。

以法学研究的视角，可以发现“财政资助职务发明形成与转化制度”的实体法规范具有复杂性。其主体多样、分工复杂；客体多样、对象多元；功能多重，且互相融合；法律关系多样，形成了科研链条；权利（力）、义务与其职责的匹配博弈关系复杂；法律责任重项目和经费管理责任、轻成果转化。

1. 科学技术计划制度主体规范

从主体的角度来看，表面上分为管理主体和项目承担者两类。根据具体制度规范，管理主体为多部门管理。不同科学技术计划项目涉及不同的主管单位。仅以中央财政科技计划（专项、基金等）绩效评估为例，存在科学技术部、财政部和国家发展和改革委员会等多个管理部门。其立项、结项等程序性过程中，专家评审和同行评议制度又提出了评审专家的主体地位问题。项目承担者包括高校、科研单位，亦存在企业与高校、科研单位共同申请的情况。单位亦存在内部多元利益相关者的博弈，甚至涉及校级决策主体、科研管理单位、二级学院、财务管理部门以及科研人员等多个利益相关者。

2. 科学技术计划制度客体规范

从客体的角度来看，“财政性资金设立的科学技术计划”包括各级各类各部门的“科学技术计划”，多种多样。不同计划针对不同领域、有其

---

① 参见《科学技术进步法》第 21 条。

② 参见科技部、财政部、发展改革委《关于印发〈中央财政科技计划（专项、基金等）绩效评估规范（试行）〉的通知》（国科发监〔2020〕165 号），http://www.most.gov.cn/xxgk/xinxifenlei/fdzdgknr/fgzc/gfxwj/gfxwj2020/202007/t20200709_157762.html，最后访问时间：2022 年 3 月 1 日。

各自的管理规范。其功能亦为综合性功能,且并未将"科学技术计划项目"中形成的职务发明等应用技术的应用或者产业化作为评价的必要标准。依据科学技术部、财政部、国家发展和改革委员会关于印发《中央财政科技计划(专项、基金等)绩效评估规范(试行)》的通知可知,科学技术计划的专项至少包括基金、基地、人才计划等。国家自然科学基金、国家科技重大专项(含科技创新2030—重大项目)、国家重点研发计划、技术创新引导专项(基金)、基地专项和人才专项等不同的中央财政科技计划,其评价重点均不相同。但其评价内容,均涉及科技成果、人才培养、平台建设、经济发展等社会各方面的影响。其考察的目标完成情况和效果,包括了成果产出及其知识产权成果的创新性和先进性,对原始创新、技术创新、重大共性关键技术突破及协同创新的作用,对学科发展、人才培养、科技创新平台建设的作用,对促进科技成果转移转化的作用,对经济发展、社会进步、生态文明建设、人民生活质量提升、国家安全的作用,以及效果影响的可持续性,科技界和产业界的满意度等各种评价标准。①

3. 科学技术计划制度的法律关系规范

从法律关系的角度来看,科学技术计划制度的法律关系规范既包括科学技术计划项目行政管理过程中的组织关系,又包括授权后的管理关系。科研项目形成研发成果的过程,既包含体现为法律权利、义务和责任的科研合同关系,又包含诸多责任主体内部的多重组织关系和管理关系。组织过程和研究过程中,专家评审、绩效评估等的介入,又将科研范式代入其中。前后、内外、各级各类关系交互影响,形成了国家科学技术计划的多元价值追求。尤其是涉及内部的组织和管理关系,其不仅是相互依赖关系,更是涉及职权、权利、义务和责任的分配关系。该过程直接决定了项目负责人在形成知识产权时的价值选择。

4. 科学技术计划制度权利、义务配置

从权利(职权)、义务(职责)配置的角度来看,需根据科学技术计划

---

① 参见科技部、财政部、发展改革委《关于印发〈中央财政科技计划(专项、基金等)绩效评估规范(试行)〉的通知》(国科发监〔2020〕165号),第12~17条。

项目制度主体及其所属法律关系,从不同层面观察权利义务配置的实体规范。外部的合同关系和制度规范,形成了内部管理关系和组织关系的总体的权利(职权)、义务(职责)和责任。内部的组织关系和管理关系,是分配上述权利(职权)、义务(职责)和责任的内部结构,亦是相关内部人员进行价值选择时的直接决定因素。外部配置需统一,内部配置需注重管理的规范性。在内部的权利(职权)、义务(职责)和责任分配中,既包括依据法律规范的分配方式,又包括依据客观情况进行分配的范式。如依据2022年之前的《科学技术进步法》,财政资助科研项目成果归属和转化责任直接分配给科研单位。在外部分配时,与知识产权权利归属相统一,承担外部合同责任的主体为单位。在内部分配时,直接负责的部门为科研管理和科技成果转化管理部门,但完成并掌握技术的是成果完成人。这其中的信息偏在和博弈困境,限制了成果转化效率。2021年年底完成的《科学技术进步法》的修改中明确了赋权改革,即统一法律规制与客观情势。

5. 科学技术计划制度责任制度

从法律责任设置的角度来看,职权、职能,以及权利、义务的配置,决定了法律责任的设置。科学技术计划制度的责任,形成了以财政法和计划法为依据的行政法和经济法责任。该制度关于财政资助职务发明成果的形成和转化问题设计为行政法责任。在科学技术计划项目的行政管理过程中,对相关技术文献的记录、成果的申请和提交设置了行政法律责任。虽然技术文献具有重要的参考作用,但其对核心技术的"可实施性"未做明确。虽然行政管理规范禁止将技术诀窍掌握在科研人员手中,但是科研范式依然可以形成技术与应用的沟壑。转化责任赋予高校、科研单位后,由技术转移部门具体承担"转化职责"。该部门是否具有真正的实施技术的能力,尤其是在学术前沿领域,制度的可实施性存疑。此处的"信息偏在",在管理规范中以"合理期限内没有实施且无正当理由的,国家可以无偿实施,也可以许可他人有偿实施或者无偿实施"的方式作为解决方案。[①] 但“可实施性”“信息偏在”“实施能力”的问题并未在制度规范中予以解决。

综合观察财政资助职务发明成果来源的“国家科学技术计划”制度，其法律主体、客体、法律关系、权利（职权）、义务（职责）和责任配置，可发现“财政资助职务发明成果”的形成，是制度所追求的重要价值目标之一。但该制度中产生了制度追求和客观现实不一致时出现的矛盾和冲突，影响了参与者的理性选择，进而直接影响到该类成果转化的效率，进而出现该类成果转化的困境。

（二）科技成果转化与知识产权运营（“产业链”）实体法律制度

关于“利用财政性资金设立的科学技术计划项目形成的科技成果”转化或者运营的实体法律规范，主要体现在《科学技术进步法》和《促进科技成果转化法》中。其目的之一，即解决国家科学技术计划项目成果转化的困境，促进该类成果的转化。《科学技术进步法》明确了“利用财政性资金设立的科学技术计划项目所形成的科技成果”的知识产权权利归属、转化模式、转化责任、收益分配、及其赋权改革，以及引导、鼓励和支持的政策措施。《促进科技成果转化法》就“利用财政资金设立应用类科技项目和其他相关科技项目”的组织实施机制、保障措施、技术权益及法律责任进行规范。

从法学研究的视角来看，“财政资助职务发明成果转化”制度与“科技成果转化”和知识产权运营的法律客体和研究对象属于包含关系。这亦是为何在诸多的研究视野中，“财政资助职务发明成果的转化”仅以《促进科技成果转化法》为视角，并希望通过该法解决高校、科研单位科技成果转化的低绩效问题。

1. 科技成果转化和知识产权运营制度的主体和法律关系

从主体和法律关系的角度来看，科技成果转化和知识产权运营制度主体更加复杂。在投资、金融参与的复杂关系中，不仅多元，并且多重。

---

① 参见《科学技术进步法》第32条。

构成合同主体的内部关系复杂,存在多利益和责任相关者,且多利益相关者的行为选择都足够影响成果转化的结果,由此形成了复杂的博弈关系。该制度的主体,既包括纵向管理、引导和政策扶持关系中的管理主体和项目承担者,又包括横向技术转移合同中的高校、科研单位与作为技术实施者的企业。在投资、信托、证券化等涉及金融的复杂转移模式中,包含了"知识产权运营"的复杂机制,涉及更多的参与主体。这些复杂的金融结构,目前是以国家财政和政策扶持来吸引社会资本。知识产权运营服务平台,又涉及诸多金融中介、服务机构和投资者的参与。并且,诸多主体中,作为转化职责承担者的高校、科研单位,包含多重利益相关者。根据相关规范,复杂的科技成果转化,不仅涉及科研人员和科研团队、技术转移主管部门、科技管理部门、二级学院,还可能涉及国有资产管理部门、高校和科研单位的持股公司、代表单位维权的法务部门等多部门,其利益和责任关系复杂。

2. 科技成果转化和知识产权运营制度的客体

从客体的角度来看,"科技成果转化"和"知识产权运营"制度,理论上是为"促进"包括"国家科技计划项目成果"的各类科技成果的转化而设置的。对于企业而言,企业研发成果多数与企业生产经营相关。但财政资助职务发明却源于国家科学技术计划项目。加之《促进科技成果转化法》设置的路径要求成果需从高校、科研单位转移到企业进行技术应用。该阶段将企业主体的参与设置到财政资金投入和政策激励机制内部,其目标路径为"鼓励研究开发机构、高等院校向企业或者其他组织转移科技成果";其法律路径采取"转让、许可或者作价投资等方式";其政策支持路径包括"加强科技、财政、投资、税收、人才、产业、金融、政府采购等政策协同""合理安排财政资金投入""引导社会资金投入""推动科技成果转化资金投入的多元化"等方式。①

① 参见《促进科技成果转化法》(2015年修订)第4、5条。

3. 科技成果转化制度中的权利、义务和责任配置

权利、义务和责任配置的视角,亦是法律对创新资源配置的视角。对成果转化的职责和成果转化的组织机构的制度规范,要基于科技成果转化过程的客观需求进行分类,才能更容易发现“财政资助职务发明”成果转化过程中的阻滞因素。

第一类为《科学技术进步法》和《促进科技成果转化法》关于“财政资助职务发明成果”转化的制度规范。在纵向的管理关系中,《促进科技成果转化法》明确利用财政资金设立应用类科技项目和其他相关科技项目,管理单位在组织实施时,应当明确项目承担者的科技成果转化义务。在项目承担者组织实施的内部结构方面,《促进科技成果转化法》要求国家设立的高校和科研单位应当加强对科技成果转化的管理、组织和协调,促进科技成果转化队伍建设,优化科技成果转化流程,通过本单位负责技术转移工作的机构或者委托独立的科技成果转化服务机构开展技术转移。[①] 在科技成果转化的方式上,《促进科技成果转化法》授权国家设立的高校和科研单位对其持有的科技成果,可以自主决定转让、许可或者作价投资。[②]《促进科技成果转化法》亦对成果完成人进行了授权。高校、科研院所的职务科技成果,完成人和参加人在不变更职务科技成果权属的前提下,可以根据与本单位的协议进行该项科技成果的转化,并享有协议规定的权益。单位亦需对这种科技成果转化活动予以支持。同时,科技成果完成人或者课题负责人,不得阻碍职务科技成果的转化,不得将职务科技成果及其技术资料和数据占为己有,侵犯单位的合法权益。[③] 在评价考核方面,高校和科研单位的主管部门以及财政、科学技术等相关行政部门应当建立有利于促进科技成果转化的绩效考核评价体系,将科技成果转化情况作为对相关单位及人员评价、科研资金支持的重要内容和依据之一,并对科技成果转化绩效突出的相关单位及人员加大科研资金

① 参见《促进科技成果转化法》(2015 年修订)第 17 条。

② 参见《促进科技成果转化法》第 18 条。

③ 参见《促进科技成果转化法》第 19 条。

支持。同时要求高校和科研单位建立符合科技成果转化工作特点的职称评定、岗位管理和考核评价制度,完善收入分配激励约束机制。[①]

第二类为高校、科研单位所需承担的其他岗位职责,如高校、科研单位的国有资产管理部门需承担国有资产保值、增值的责任;财务部门需遵守财政经费管理的规范;高校投资办企业,需受相关主管部门的规范制约;高校、科研单位科技成果转化维权需由法务部门执行。

第三类为基于科技成果转化过程的客观需求,当技术研发所形成的专利文献缺乏可实施性保障时,当技术的完整实施需要结合"技术诀窍"时,无论法律如何分工,实际上都需由科技成果完成人参与。仅靠"技术资料和数据",则需要考虑同领域的普通技术人员是否能实施该技术,目前这一问题的答案是不确定的,尤其是在前沿技术领域。

通过上述三种分类,可以发现各主体中的利益相关者,既是合作关系,又存在博弈的关系。无论是依职权还是依客观需要,任何参与者都不可或缺,并且多数参与者能够决定其该环节的结果。最后将其融入复杂的法律关系,则构成了财政资助职务发明成果转化的博弈困境。

(三)科技金融("金融链")实体法律制度

基于"出生身份"的"财政资助职务发明"成果转化,其"金融链"实体制度的核心是为"财政资助职务发明成果"所形成的知识产权,以信托、资产管理计划、证券化等金融工具,构建产业化的集中输出和权益分享机制。涉及的制度包括金融资本、社会资本等的投资机制和收益机制,单位、发明人等的权益分享机制,并同时探讨可能在国家财政投入时共同布局后续产业使用的导向问题。其目的是使财政投入的职务发明成果知识产权,能够与企业的知识产权一样,真正成为一种可以估值、定价和流通的生产要素和无形资产。该制度构建的结果目标是将财政资助的职务发明成果以技术集成的方式转变为社会生产力。通过在产业中应用,以企业产品销售收益提成回馈国家、单位、发明人、投资者、金融中介等贡献者

---

① 参见《促进科技成果转化法》第 20 条。

和参与者。

科技金融的实体法律制度非常复杂。其主体、客体、法律关系、权利、义务和责任,在不同的金融制度中均不相同。科技金融的基础制度包括银行、保险、证券、基金、风险投资等多种金融法律制度,分别由银行法、保险法、证券法、证券投资基金法等各种法律规制,并融入和银行业、保险业、证券业等不同金融业务之中。科技金融的实体法律制度外在体现为各种金融机构对科技成果转化的支持。如在执行国家宏观调控的金融领域、银行业中,采取的激励模式为投入财政资金支持,并结合补偿基金引导。在自由市场的领域,则是通过引导基金的方式予以激励。

在银行业方面,国家以信贷和政策性金融机构的支持为主。国家鼓励和引导金融机构在信贷等方面支持科学技术应用和高新技术产业发展,鼓励银行业金融机构在组织形式、管理机制、金融产品和服务等方面进行创新,鼓励开展知识产权质押贷款、股权质押贷款等贷款业务,为科技成果转化提供金融支持。在科研资金投入方面,国家要求政策性金融机构应当在其业务范围内为科学技术应用和高新技术产业发展优先提供金融服务。在科技成果转化方面,国家鼓励政策性金融机构采取措施,加大对科技成果转化的金融支持。

在保险业方面,国家鼓励保险机构根据高新技术产业发展的需要开发保险品种。在科技成果转化方面,国家鼓励保险机构开发符合科技成果转化特点的保险品种,为科技成果转化提供保险服务。其中不可或缺的是银行的担保业务、证券化的信用增级业务。

在证券业方面,国家完善了多层次资本市场。国家支持企业通过股权交易、依法发行股票和债券等直接融资方式为科技成果转化项目进行融资。

在创业投资基金业方面,国家鼓励创业投资机构投资科技成果转化项目。国家设立的创业投资引导基金,应引导和支持创业投资机构投资初创期科技型中小企业。国家鼓励设立科技成果转化基金或者风险基金,其资金来源由国家、地方、企业、事业单位以及其他组织或者个人提供,用于支持高投入、高风险、高产出的科技成果的转化,以及加速重大科技成果的产业化。

四、财政资助职务发明形成与转化的程序法律制度

"程序"一词,在法学研究领域,除了表达"诉讼法律过程"的诉讼程序之外,通常亦指"从事法律行为作出某种决定的过程、方式和关系"。其中,过程是"时间概念",方式和关系为"空间概念"。程序则为表达时间、空间要素构成的一个统一体。孙笑侠亦提出正当程序的设置通常包括"角色的分化"、"有意识地阻隔"、"直观的公正"和"对立意见的交涉"四个基本特征。①

"财政资助职务发明形成与转化机制"的"程序性法律制度",主要指"财政资助职务发明形成与转化机制"中行政和经济管理的程序性规范。程序性制度的目标,通常是以"正当程序"的"程序公正"来保障"实体公正"的。但在"财政资助职务发明形成与转化"制度中,程序性规范作为管理的流程和评价标准,还起到了"指挥棒"性质的价值导向作用,决定了参与者的理性选择和行为路径。

(一)国家科学技术计划的("科研链")程序法律制度

关于国家科学技术计划项目的程序性规范,其基础规范源于《科学技术进步法》,具体程序性制度则由科学技术部制定。

根据《科学技术进步法》的规定,国家科学技术计划的管理实行"科学技术计划项目分类管理机制",以强化对项目实效的考核评价。利用财政性资金设立的科学技术计划项目,应当坚持问题导向、目标导向、需求导向进行立项,按照相关规定择优确定项目承担者。其决策程序为专家评审制度。国家建立科技管理信息系统,建立评审专家库,并健全科学技术计划项目的专家评审制度和评审专家的遴选、回避、保密、问责制度。②

① 参见孙笑侠主编:《法理学》,浙江大学出版社 2011 年版,第 326~333 页。

② 参见《科学技术进步法》第 101 条。

科学技术部职责包括“拟订国家基础研究规划、政策和标准并组织实施”“组织协调国家重大基础研究和应用基础研究”“编制国家重大科技项目规划并监督实施,统筹关键共性技术、前沿引领技术、现代工程技术、颠覆性技术研发和创新,牵头组织重大技术攻关”。[①] 国家科学技术计划项目的规划和部署,需要基础研究的有效支撑,即围绕科技前沿,聚焦重大关键技术问题,加强新兴和战略产业等领域基础研究,提升科学技术的源头供给能力。[②] 该领域的财政资助以“国家自然科学基金”为主。作为“中央财政科技计划”的重要部分,其程序具有代表性。

自然科学基金的程序法律制度包括组织与规划、申请与评审、资助与实施、监督与管理制度。其中直接影响其“职务发明成果形成和转化”的程序,为项目确立申请、评审、资助、实施、评估和监督程序。该程序直接决定了其成果的价值导向。

（二）科技成果转化与知识产权运营(“产业链”)程序法律制度

财政资助职务发明成果转化的程序性规范,指受财政资助获得的职务发明成果,其知识产权权属从高校到企业技术转移过程中的程序性规范。主要程序包括该过程中所涉及的审批、备案、评估、报告和监督等程序性要求。立法过程表明,高校、科研单位的科技成果使用、处置和收益管理改革的程序性规范,在科技体制改革部署中,属于“转变职能、简政放权”,是释放行政审批权的过程,其将更多决策权授予了项目承担单位。

2011 年以前,对于财政资助职务发明成果的转化,政府部门存在对成果使用、处置事项的审批环节多、周期长等问题,并且成果处置收益需上缴国库。

2011 年起,经国务院批准,财政部先后在中关村国家自主创新示范区、东湖、张江国家自主创新示范区和合芜蚌自主创新综合试验区开展了中央级事业单位科技成果处置和收益权管理改革试点。试点政策内容为

---

① 参见《科学技术部职能配置、内设机构和人员编制规定》。

② 参见《科学技术进步法》第 19、21 条。

简化科技成果处置的审批程序和收益处置程序。试点将处置科技成果价值在800万元以下的“由单位主管部门审批、报财政部备案”,改为“由单位自主处置、报财政部备案”;价值在800万元以上的,仍按原程序经主管部门审核后报财政部审批。试点将“处置收益全部上缴中央国库”,改为“分段按比例留归单位、其余部分上缴中央国库”。从实际情况看,试点政策虽有一定成效,但仍存在激励不足、通过拆分科技成果方式规避审批和收益上缴义务等问题。①

2015年,高校、科研单位在“大量国家科研任务”中“积累了大量科技成果”,但实践中仍存在事业单位科技成果管理制度不适应成果转化需要的情况。政策中提到“政府部门对成果使用、处置事项的审批环节多、周期长,影响了转化的时效性”“成果处置收益上缴国库,用于人员奖励的支出,挤占了工资总额基数”等问题。对此,财政部会同科学技术部、国家知识产权局等有关部门加快政府职能转变,以回应科技界的呼声。经过逐步试点,研究制定了深化中央级事业单位科技成果使用、处置和收益管理改革的改革措施。经国务院批准,财政部、科学技术部、国家知识产权局印发《关于开展深化中央级事业单位科技成果使用、处置和收益管理改革试点的通知》,标志着深化中央级事业单位科技成果管理改革正式启动。与中关村试点政策相比,该通知将“单位科技成果的对外投资、许可等使用事项的审批”纳入了改革范围,取消了主管部门、财政部门对科技成果使用、处置事项的所有审批和备案要求。关于单位科技成果的处置收入,则将“分段按比例留归单位”改为“全部留归单位”。该通知对改革进行了系统设计,纵深拓展了改革范围,对建立科技成果市场定价机制,建立规范、合理、有效的单位科技成果转移转化收入分配和激励制度,落实科技成果向境外转让、许可的管理制度,落实相关职能部门的职责,由高校、科研单位建立健全科技成果转移转化管理制度等都做了较为全面

① 参见财政部、科学技术部、国家知识产权局解读《关于开展深化中央级事业单位科技成果使用、处置和收益管理改革试点的通知》,载中国政府网,http://www.gov.cn/xinwen/2014-10/17/content_2766872.htm,最后访问时间:2020年10月20日。

的规定。①

2015 年《促进科技成果转化法》的修订即为解决科技成果转化限制而进行的修订。在修订之前,科技经济"两张皮"现象严重。论文发表后,科技成果就"束之高阁",科技成果转化率仅约 10%。② 该法的修订瞄准制约科技成果转化的体制问题,加快实施创新驱动发展战略。2016 年《国务院关于印发实施〈中华人民共和国促进科技成果转化法〉若干规定的通知》(国发〔2016〕16 号),进一步明确解放体制机制障碍。国家鼓励高校和科研单位通过转让、许可或者作价投资等方式转移科技成果。高校和科研单位应优先向中小微企业转移科技成果,为创新创业提供技术供给。该通知明确国家设立高校、科研院所可以自主决定转让、许可或者作价投资其科技成果,除涉及国家秘密、国家安全外,不需审批或者备案。国务院《关于印发实施〈中华人民共和国促进科技成果转化法〉若干规定》还就高校、科研院所的技术转移工作体系和机制、科技成果转化收益的归属和分配、科技成果转化的方式和流程、科技成果作价入股方式、科技成果转化情况的年度报告、激励科技人员创新创业等各项内容作了程序性的规定。③

2019 年财政部发布《进一步加大授权力度　促进科技成果转化》的通知,进一步贯彻"放管服"的改革要求。该规定进一步加大了"中央级高校、科研单位"的财政资助职务发明成果的"国有资产管理"授权力度,简化了管理程序。关于审批和备案程序,该通知将行政审批和备案程序限于"涉及国家秘密、国家安全及关键核心技术",其他成果的"转让、许

① 参见财政部、科学技术部、国家知识产权局《关于开展深化中央级事业单位科技成果使用、处置和收益管理改革试点的通知》(财教〔2014〕233 号),载中国政府网,http://www.gov.cn/zhuanti/2015-12/14/content_5023821.htm,最后访问时间:2020 年 10 月 20 日。

② 参见全国人大常委会通过《关于修改〈中华人民共和国促进科技成果转化法〉的决定》,载中国政府网,http://www.gov.cn/xinwen/2015-08/30/content_2922090.htm,最后访问时间:2020 年 12 月 8 日。

③ 参见国务院《关于印发实施〈中华人民共和国促进科技成果转化法〉若干规定的通知》(国发〔2016〕16 号),载中国政府网,http://www.gov.cn/zhengce/content/2016-03/02/content_5048192.htm,最后访问时间:2020 年 12 月 8 日。

可或者作价投资”,“不需报主管部门和财政部审批或者备案”。对于其作价投资形成国有股权的转让、无偿划转或者对外投资等管理事项,不需要报财政部审批或者备案,而是纳入国有资本投资运营公司集中统一监管。该通知要求公司按照科技成果转化授权要求,简化科技成果作价投资形成的国有股权管理决策程序。关于评估程序,该通知授予中央级高校和科研单位“自主决定”是否评估转让、许可或者作价投资“职务科技成果”。仅要求协议定价时在本单位“公示科技成果名称和拟交易价格”。该通知进一步明确“科技成果转化所获得的收入”,全部留归本单位,纳入单位预算,并主要用于对“科技成果完成”和“转化”做出重要贡献人员的奖励和报酬、科研和成果转化工作。关于监督程序,可以分为高校、科研单位的内部监督、主管部门对科技成果作价投资形成国有股权的监督管理和财政部门的监督。高校、科研单位内部的监督要求“加强科技成果管理”“规范科技成果转化程序”——决策程序为“科技成果转化重大事项领导班子集体决策制度”——来进行国有资产监督。主管部门的监督亦是科技成果转化国有资产管理的监督,即通过“内控和风险防控机制”进行监管。外部监督还有财政部门的监督。①

综合上述财政资助职务发明成果转化的程序性规范,多为积极义务和一般禁止式规范。在科技成果转化体制机制改革中,多数审查、审批、备案和评估义务被解除,以国有资产为对象的监督程序受重视程度提高。这意味着成果转化的管理程序,是由“事前监管”(审查、批准)和“事中监管”(评估、备案)向“事后监管”(公示、监督)的转变过程。

(三)科技金融(“金融链”)程序法律制度

知识产权运营是财政资助科研成果与金融发生关系的纽带。作为“利用财政性资金设立”的高校和科研单位,“财政资助职务发明”成果的知识产权虽然有各种融资功能,但从实际情况来看,高校和科研单位基本

---

① 参见财政部《关于进一步加大授权力度 促进科技成果转化的通知》(财资〔2019〕57号),http://www.gov.cn/xinwen/2019-10/11/content_5438587.htm,最后访问时间:2020年12月9日。

不会以本单位名义,为实施科技成果转化而进行金融贷款或者各种融资行为。但知识产权运营服务体系,则是为了强化知识产权创造、保护、运用,促进知识产权与创新资源、金融资本、产业发展有效融合。知识产权运营体系,为高校、科研院所的财政资助职务发明成果,通过知识产权信托运营中介的信托法律关系,建立了参与科技金融的市场化渠道。

科技金融的程序性法律,体现在科技金融的组织模式中,至少包括组织机构的准入、退出和监管程序。在目前的科技金融发展建设过程中,政府已经开启了关于知识产权运营服务平台、知识产权信托运营等科技金融的市场主体和金融基础设施建设。科技成果转化基金和风险基金的设立及其资金使用亦需要程序性规范管理财政资金。

五、财政资助职务发明形成与转化的法律调整方式

在法理学的研究方法中,"法律调整"是描述法运动范畴的一个概念,从法的运作方面描述法如何对其调整对象起作用。① 法理学的视角中,法的调整方法,是对社会关系施加法律影响的方法、方式和类型的总和,即调整该类社会关系的"法律工具库"。按照法理学的基本分类,法律调整按照其作用于人们行为的基本方式,分为积极义务的方式、禁止的方式和允许的方式。②

深入到"财政资助职务发明"法律调整方式的微观层面,相关的法律规范既有行政法,又有经济法和民商法,构成了不同类型的调整方式,产生了不同影响力。不同类型的规范,对规范对象及其行为表达,有不同的倾向。对财政资金和国有资产的管理倾向于积极义务和一般禁止的调整方式。对于财政资助职务发明成果的技术转移过程,则体现为从"有条件的允许式"向"一般允许式"发展,以解放对财政资助职务发明成果转化的体制机制限制。对于科技金融,目前的状况尚属于企业融资的"私法领域",以一般允许式为主。基于国家创新驱动发展战略对科技创新的需

---

① 参见孙国华、朱景文主编:《法理学》(第3版),中国人民大学出版社2010年版,第202页。

② 参见孙国华、朱景文主编:《法理学》(第3版),中国人民大学出版社2010年版,第205页。

求,政府通过财政、税收、金融和计划对科技金融的扶持政策实施“鼓励式”调整。

(一)财政资助职务发明发生的法律调整方式

财政资助职务发明的发生机制,所属部门法以“科技行政法”“财政法”“计划法”为主,属于经济法和行政法的公法领域。财政和计划手段,作为国家“宏观调控权”,调整方式主要有“积极义务式”和“一般禁止式”,辅之以“有条件的一般允许式”。

“国家科学技术计划”本身属于经济法之宏观调控法中的“计划法”。“利用财政性资金设立”的科学技术计划,则表达其所属经济法之宏观调控法中“财政法”属性。在该制度中,“科技计划与经费”为制度主体,“财政资助职务发明”仅是其“结题”环节的评价对象“研究成果报告”。在该法律制度中,《科学技术进步法》第 32 条针对“利用财政性资金设立的科学技术计划项目所形成的科技成果”,以“项目承担者”为主体,采用了“授权”规制模式。在该法第 33 条以“科学技术人员”为主体,探索“赋权改革”。该调整方式意味着,针对“财政资助职务发明”,在确定权属方面,采用了“积极义务式”和“有条件的一般允许式”的调整计划。

(二)财政资助职务发明成果转化的法律调整方式

针对“财政资助职务发明成果转化”机制,一方面体现在《科学技术进步法》中的“实施”义务中;另一方面体现在《促进科技成果转化法》的转化管理体系中。作为管理体制代表的国家和地方政府,以及作为民事法律关系执行转化工作的高校、科研院所、科研人员、企业,作为支持者的金融机构等,都是被赋予了法定的义务。“积极义务式”和“有条件的一般允许式”为该制度的主要调整方式。同时,基于“国有资产”属性,其出资所形成的“国有股权”的资产属性,国有资产管理的义务和责任,通过“积极义务式”和“一般禁止式”调整。

有条件的允许式规范主要是主管部门对科技成果处置权向项目承担单位的授权。由《科学技术进步法》《促进科技成果转化法》进行的授权具有普遍性和法定性。对于赋予科技成果完成人“长期使用权或者所有权”，主管部门通过试点政策的授权完成，则仅对授权的单位有效。

从表面上看，一般禁止式规范在“财政资助职务发明形成与转化机制”中似乎数量并不多，但事实并非如此。明确的“一般禁止式”的内容为禁止科技成果完成人或者课题负责人阻碍职务科技成果的转化。即要求科技负责人不得将职务科技成果及其技术资料和数据占为己有，侵犯单位的合法权益。事实上，多数的一般禁止式规范与积极义务式规范结合，多体现在法律责任一章。在《促进科技成果转化法》中，利用财政资金设立的科技项目的承担者未提交科技报告、汇交科技成果和相关知识产权信息，在科技成果转化活动中弄虚作假，采取欺骗手段骗取奖励和荣誉称号、诈骗钱财、非法牟利，科研单位或科研人员故意提供虚假的信息、实验结果或者评估意见等欺骗当事人，泄露国家秘密或者当事人的商业秘密，未经单位允许擅自转让、变相转让职务科技成果等，都需承担相应的法律责任。

（三）科技金融的法律调整方式

在“财政资助职务发明”经过“技术转移”成为企业知识产权后，其可能经历的融资过程已经没有明确的针对性。目前对于科技金融的调整规范，多是以“引导、鼓励”为目的的鼓励式政策。鼓励式规范不是独立的鼓励式规范，而是设定在对政府积极义务式规范的基础上，由具体的部门采取的鼓励式的措施。由于鼓励式规范多设定在政府政策性资金/基金支持的基础上，故其影响的效果亦需要进行实证分析和法律经济分析。

通过上述针对“财政资助职务发明”三个阶段的四种调整方式的观察，可以清晰地看到，每一项规制，都能够通过其传递效果，或直接或间接影响“财政资助职务发明形成与转化机制”。在具体分析这种权利——义务——行为——责任对相关主体行为的综合影响之前，并不能直接判定其作用效果。故对上述规范，均需分析其制度的权利、义务对当事人行为选择的影响，进行法经济学分析。是以形成第二编第二、三、四章，构成研究“财政资助职务发明形成与转化机制”规制体系的分论。

第二编

财政资助职务发明形成与转化制度分论

第三章　成果诞生机制:《科学技术进步法》中的财政资助职务发明

作为研究对象的“财政资助职务发明”,特指高校、科研院所在完成“利用财政性资金设立的科学技术计划项目”时,形成的职务发明成果。财政资助职务发明诞生于《科学技术进步法》所规制的“利用财政性资金设立的科学技术计划项目”,故“财政资助职务发明形成与转化机制”的前提和基础是“国家科学技术计划”制度体系。国家科学技术计划项目产生的职务发明,要实现成果技术的产业应用价值,现有途径需以专利、植物品种等知识产权为媒介。

就两者关系而言,财政资助职务发明成果的知识产权形成于“国家科学技术计划”规制体系中。作为源头,“国家科学技术计划”规制体系所确立的评价标准是“财政资助职务发明”知识产权的“指挥棒”,其影响延续至整个知识产权实施和转化的价值实现过程。因此,对于该类知识产权本身的问题,如是否契合市场需求,是否能脱离科研人员作为资产流动,是否能发挥知识产权的排他效力等资产层面问题,需要在此领域分析问题产生的原因、影响因素,以及解决办法。

第一节　国家科学技术计划概述

本节从国家创新能力建设视角,分析“国家科学技术计划”的制度价值。全国人大作为国家立法机关,其对《科学技术进步法》的立法定位,体现出国家对"国家科学技术计划"制度设计的价值选择。"国家科学技术计划"制度有其特殊之处,产生了法律属性上的争议。该制度体系的法律性质、规制模式和评价标准,决定了该制度中形成知识产权的价值取向。

一、财政支撑下的国家创新能力建设

财政资金设立的"国家科学技术计划",反映了一个国家、地区科技发展的支撑能力,以及政府和全社会对科技事业的支持程度。财政科技投入不仅体现在科技发展水平上,也体现在科技需求和供给能力上。国际上通常把科技投入作为可持续发展战略的主要手段。政府资金支持的科技投入未必占多数比例,但却起主导作用。通过政府投入机制的运用,可以有效引导企业增加研发投入。① 不同国家财政支持科研的共同特征是将国家财政支持的科研列入政府管理的范畴。

美国科技经费预算一般是在法律和计划的指导下编制完成的。如美国的《国家科学技术政策、组织、重点法》,既包括总的投资原则,同时对实现该法若干目标的拨款金额都作了具体规定。其有严格的研发经费管理体系。美国联邦政府设有专管科技的行政部门,有严格的研发经费的监督体系,并分领域制定科技投入的具体领域。② 其是美国实施国家创新战略、推动科研改革、打造创新生态体系的重要环节。美国联邦财政对各类研发机构(企业研发机构、联邦研发机构、大学研发机构以及非营利研发机构)进行研发项目支持和对联邦所属研发机构进行稳定支持。其还改革科研资助与管理模式,以促进美国联邦政府资助的研发中心、能源部的新型研发创新和管理机构、制造业创新研究院等一批重点和新型研

---

① 参见李方毅、郑垂勇:《发达国家促进财政科技研发投入的经验与借鉴》,载《科技管理研究》2015 年第 11 期。

② 参见李方毅、郑垂勇:《发达国家促进财政科技研发投入的经验与借鉴》,载《科技管理研究》2015 年第 11 期。

发机构的发展。①

德国有着严格的研发经费管理体系和政策咨询机构。联邦和州政府设有科学委员会作为政府科技政策咨询机构，由政府代表和总统指定的科学家组成。联邦政府和州政府共同资助研发机构，联邦政府内主要由教研部、经济和技术部、国防部对研究机构提供资助，大学的研发主要由州政府资助。德国有着明确的财政科技投入战略规划和各类促进计划。②

同样地，日本、韩国都无一例外地制定了战略性的指导研发投入的法律和计划。日本提出“科学技术立国”，实行独立创新的科技政策。对先进技术不仅要“模仿和追随”，而且要“首创和领先”。日本 1996 年制定《科学技术基本法》、2001 年制定《科学技术基本计划》等，规定了今后科技的研究方向及其预算目标额度。在此基础上各省厅制订本部门年度《科学技术重点指针》，严格指导本部门年度预算编制。韩国从 1962 年起每隔五年制订一个《科技发展五年计划》，近期制订的为“2025 年构想”。远景目标是在 2025 年以前，实现其科技地位挤入世界前七位的目标。日本、韩国也具有统一规范的研发投入管理机构和体系。日本内阁直属机构综合科技会议负责全面协调、决策政府科技政策。首相任议长。其研发管理采取“官民分立”和“部门分管”的体制。民间企业及其他研发机构自行管理，自主进行研发活动。政府只对它们进行引导、调节和协助。政府所属研发机构、特殊法人以及日本国立大学及其附属研发机构分别由有关省厅管辖。“产学研”合作也是科技管理中普遍关注的问题。日本成立了许多半官方中介机构，为企业提供技术咨询和研究成果，资助民间企业发展高技术产业。韩国政府通过增加专项政府拨款，建立全国性机构和网络。其认为加强产学研合作开发和对企业的技术指导、培训，加

① 参见丁明磊、陈宝明：《美国联邦财政支持新型研发机构的创新举措及启示》，载《科学管理研究》2015 年第 2 期。

② 参见李方毅、郑垂勇：《发达国家促进财政科技研发投入的经验与借鉴》，载《科技管理研究》2015 年第 11 期。

速科研成果向实际生产力转化等，都是政府管理的职责。20 世纪 90 年代后期，政府竞争性研究资金每年以 10%的比重增长。[①]

二、"国家科学技术计划"制度的部门法属性

法律规制的性质决定了规则的作用方式及其缺失情况下的法律适用规则。行政法是建立在"公私法二元论"的基础上，公法和私法将法律关系和法律适用区分为两种不同类型。[②] 如果属于行政法的公法属性，则在"依法行政"的理论基础上，以法定的权限和程序为基础，超越权限、违反法定程序则影响行为的效力。如属于民商事私法领域，则在意思自治的基础上当事人可以对私法关系进行调整。如果规制方式采用经济法的调整方式，则以"市场决定性"为基础，以克服"市场失灵"的法定"宏观调控"和"市场规制"手段进行调整。

(一) 国家科技计划项目的法律属性之争

在全国人大我国《现行有效法律目录》(292 件，截至 2022 年 4 月 20 日十三届全国人大常委会第三十四次会议闭幕，按法律部门分类)的分类中，《科学技术进步法》与《促进科技成果转化法》均被列入行政法。然而，学理研究中对"利用财政性资金设立的科学技术计划项目"制度的行政法性质仍有争议。学术研究中提出其公法属性的争议。也有学者提出其法律属性的二元化，但"公私法二元论"的实质在于承认公权力的特殊性。

在现行立法的逻辑中，显然并未将"国家科学技术计划"成果的市场化机制作为独立的对象予以规制。仅通过法律授权，以"积极义务式"和"有条件的允许式"，建立了与民商法的链接路径。有应用价值的技术成果转化，是国家科学技术计划项目的应有之义。在《科学技术

---

① 参见李方毅、郑垂勇：《发达国家促进财政科技研发投入的经验与借鉴》，载《科技管理研究》2015 年第 11 期。

② 参见王利红：《行政过程论研究：行政法学理论的变革与重构》，中国政法大学出版社 2012 年版，第 2 页。

进步法》体系内,技术的产品市场价值实现路径,是“以企业为主体”,建立“科学技术研究开发机构、高等学校”同企业“紧密合作”的技术创新体系。国家对科技成果转化亦有财政资金投入,“科学技术研究开发和成果的应用”亦属于“财政性科学技术资金应当”投入的事项。[①] 这种模式导致国家财政科研计划项目涉及诸多的法律责任主体,产生了更加复杂的法律关系。

基于其复杂的法律关系,研究的第一步是明晰相关法律行为及其法律关系的属性。梳理国家财政支持科研项目中属于国有资产的成果转化的法律关系,有助于厘清调整从国有资产到企业私产的制度规范和责任原则,避免法律认知中将“财政资金”“国有资产”“财政资助职务发明的知识产权”等同。法律性质的讨论,对界定国家科学技术计划项目执行或者转化实施过程中的“贪污科研经费”“侵占国有资产”,以及该过程中是否适合针对“国有资产保值增值”义务设置“滥用职权”“玩忽职守”的刑事责任或行政责任具有重要意义。

(二)国家科技计划项目的公法属性

在公法领域,公共服务的概念逐步取代主权的概念,成为公法的基础。公共服务的概念也应运而生。[②] 公法构架的基础并不一定是行政强制,亦包括公共服务。公共服务是指那些政府有义务实施的行为。[③] 公共治理的方式也包括行政契约。国家政策需由其所处的整个环境来决定。因此,狄骥提出判断公共服务的含义是:任何因其与社会团结的实现与促进不可分割、而必须由政府来加以规制和控制的活动,就是一项公共服务。只要它有除非通过政府干预,否则便不能得到保障的特征。[④] 现代国家理论设计了大量的规则对组织公用事业进行规制,并保障这些公用事业正常和不间断地发挥效用。因此,公法的基础不再是命

① 参见《科学技术进步法》第39、87条。

② 参见[法]狄骥:《公法的变迁》,郑戈译,商务印书馆2013年版,第33页。

③ 参见[法]狄骥:《公法的变迁》,郑戈译,商务印书馆2013年版,第47页。

④ 参见[法]狄骥:《公法的变迁》,郑戈译,商务印书馆2013年版,第49页。

令,而是组织。

"利用财政性资金设立的科学技术计划项目",本身就在国家"科技创新驱动发展战略"、"促进科技成果转化"和"构建更加高效的科研体系"的范畴中。公共服务的公法属性显著。公共服务的原理不同于命令等强制性的法律。组织公共服务的法律被称为"构建性法律"。其强制性是通过政府在公共服务的组织和运营中执行这些普遍性的规则而实现的,只能在这些普遍性规则的范围内采取个别行动。行政法以此解释行政规则的强制性。行政规章是组织和运营某种公共服务的普遍性规范。[①] 国家科学技术计划项目中涉及的科研合同,虽然形式上带有契约的性质,但涉及的内容却不是意思自治的私法契约。涉及公共服务部分的条款,尤其是法定的条款,目的在于调整公共服务,它不可能独立于政府行为和行政行为。其首要职能在于满足公共需求并回应国家经济形势。如果用契约精神来解释行政契约,则为任意性的公共权力提供了法律基础,是一种危险的诡辩。[②]

公法是有关权力关系的法律,在有关权力关系领域则须适用公法。它体现在行政权力相对于公民的优越性,以及对行政权进行法律规制的特殊性,并承认这种特殊性的领域不能适用私法原理。[③] 这意味着对"财政资助职务发明"的形成和评价规范,均属于强制性规范。其中关于知识产权的形成、管理、转化的规范则为积极义务式的规范。

(三)国家科学技术计划项目合同的私法属性之争

国家科学技术计划通常以科研项目的形式为载体。许多国家,包括中国,都把国家科学技术计划中的科研任务以"合同"为名交给包括高校、科研单位和公司企业在内的合同主体完成。故而民商法学界的研究者谭启平、朱涛等认为,国家科技计划项目合同是一种特殊的科研合同,

---

① 参见[法]狄骥:《公法的变迁》,郑弋译,商务印书馆 2013 年版,第 72~79 页。

② 参见[法]狄骥:《公法的变迁》,郑弋译,商务印书馆 2013 年版,第 119 页。

③ 参见王利红:《行政过程论研究:行政法学理论的变革与重构》,中国政法大学出版社 2012 年版,第 3 页。

属于“私法契约范畴”。其视角是“行政程序法”(试拟稿)将“行政合同”列为行政合同的调整范畴。他们得出的结论是“项目合同竟就此成为了法律上的‘黑户’”。他们提出要解开此种尴尬局面,在于准确界定合同的法律属性,清楚判断其究竟是民事契约还是行政合同。谭启平、朱涛研究行政合同后得出结论,判断合同的属性是私法契约还是行政合同,除了依据合同具有的形式要素外,实质上取决于立法者或司法者对“公务行为”抑或“公法上权利义务”的界定。他们从“合同的直接目的不是执行公法规范,而是完成某种科学研究,无法用行政命令加以限定,更谈不上是在执行公务”“合同中并不包含作出行政行为或者其他主权性职务行为的义务”“合同并不针对公民公法上的权利义务”这三个角度来证明国家科技计划的私法性质。[①] 但该文在判断是行政法公法调整对象还是民事法律关系的过程中,对行政法的认识依然是已经衰落的“主权理论”。他们采用古罗马的“治权”概念,以法国行政法中的“政府令”为基础进行分析。[②] 对行政规范的认识则是“规范性”法律,认为其是行政命令。而在排除了国家科技计划项目合同的上述功能之后,直接将其列入私法范畴,其缺陷是未深究合同本身的法律特征、私法契约的本质,来判断两者的要义或者本质上是否契合。

从契约的本质来看,契约是一个或者一组“承诺”(Promise)。在该承诺被违反时,法律会给予救济,或者承认该承诺的履行是某种义务。最初契约法采取放任政策,理论精髓是“契约自由”。在面对面交易的时代,没有或者很少有对契约权利义务的规定。工业革命改变了这种纯粹的契约法理论。大公司的发展和形成,使当事人讨价还价的能力逐渐失衡。“物流链”也改变了交易和验货方式。标准化合约兴起,政府试图用法律

---

① 参见谭启平、朱涛:《论国家科技计划项目合同的私法属性及制度构建》,载《现代法学》2013 年第 2 期。作者提出“法律上的‘黑户’”概念,意指行政程序法尚未通过,所以没有相关规范进行调整的逻辑。

② 参见[法]让·里韦罗、让·瓦利纳:《法国行政法》,鲁仁译,商务印书馆 2008 年版,第 409 页。

避免契约的不公平,也形成了一套现代契约的商业法则。① 在个案的处理中,除了合同法、管理等商业法则为基础,公平、衡平、道德权利等都可以用来解决争端。

国家科学技术计划项目的某些方面,如契约的协商、合意等,也体现了附属于行政行为的私法的特征。例如,在规章缺失的领域,允许有条件地援用合同法或者其他法律之规定。② 国家科技计划项目的私法属性并不体现在契约领域,而是体现在行政过程中。从行政过程发展的角度看,在以"依法行政"为前提的公法领域,一直以来存在社会治理领域规制密度增加的问题。伴生诉讼的泛滥、生活关系法定化导致的官僚化等,都与以"私人自治"为基调的民事世界泾渭分明。一直以来对过剩规则的反省引发了对组织形态的重新审视。难以概观的法律体系以及当事人之间存在的持续性关系等导致了协商机会的增加。加上现代行政过程中的"分节型"的功能变化等,催生了协商内在化的行政行为。③ 在科研体制内,这种协商的需求更加明显,亦产生了特殊二元论的法律构造。

对于实施"国家科学技术计划"的财政资助科研项目合同,从形成的基础、合同的目的、争议的评价标准等各个角度来看,国家科技计划项目合同都难以被认为是民商法中的私法契约。尽管按照现行规制路径,"国家科学技术计划"项目成果在"转化"时需经历从"高校、科研单位"到"企业"的许可、转让、投资或者信托等私法路径,但该路径由《促进科技成果转化法》调整,且有内部关系和外部关系分界,形成了"财政资助职务发明"形成和转化两类制度的法律切割。

---

① 参见傅崐成编撰:《美国契约法精义》,台北,五南图书出版股份有限公司 2010 年版,第 11~13 页。

② 参见应松年:《〈行政程序法(试拟稿)〉评介》,载《政法论坛》2004 年第 5 期;余凌云:《论行政契约的含义——一种比较法上的认识》,载《比较法研究》1997 年第 3 期;刘莘:《行政合同刍议》,载《中国法学》1995 年第 5 期。

③ 参见[日]大桥洋一:《行政法学的结构性变革》,吕艳滨译,中国人民大学出版社 2008 年版,第 4 页。

(四)国家科学技术计划法的行政法和经济法二元属性

国家科学技术计划相关法律规范的部门法归属,决定了相关规范的部门法属性特征,进而决定了立法所确立的目的、宗旨、基本原则和调整方式。尽管行政法和经济法所规制的领域均为公法和公共服务领域,且经济法和行政法在多个领域均有交叉,两者相互配合完成国家治理,但两者作为不同部门法所追求的价值目标和追求治理的立法模式并不相同。两种立法模式,在其所设定的价值目标中,对"利用财政性资金设立的科学技术计划项目所形成的科技成果"价值实现的方式,以及价值实现的评价方式亦不相同。尽管行政法未忽视该类成果的"经济性",并为其设定转化义务,但规制模式依然体现了行政法与经济法的不同调整方式。

在行政法学的理论体系中,"依法行政"被认为是行政法学的基本原则,是贯穿于任何行政管理法规的指导思想。依法行政原则的内容被解释为"合法行政""合理行政""程序正当""高效便民""诚实守信""权责统一"。[①] 中国行政法学的理论体系围绕"行政行为"的概念、类型、内容、成立、生效、消灭、公定力等效力、瑕疵、裁量等构建理论体系,形成了"行政行为理论",进而形成了整个行政法体系。行政法学的研究中,将"国家行政机关实施行政管理活动的总称""行政机关为实现行政管理目标执行公务的方式方法的总称"定义为"行政行为",以囊括国家行政机关的所有管理活动;并将行政行为定型化;再赋予其"公定力"、"拘束力"、"确定力"和"执行力"。[②]

在经济法学的理论体系中,经济法以市场决定性理论为基础,以克服"市场失灵"和"政府失灵"为目的,以"宏观调控"和"市场规制"为调整方式,以"有效调制""社会利益本位""经济安全"为基本原则,来追求

---

① 参见王利红:《行政过程论研究——行政法学理论的变革与重构》,中国政法大学出版社 2012 年版,第 164~166 页。

② 参见王利红:《行政过程论研究——行政法学理论的变革与重构》,中国政法大学出版社 2012 年版,第 168~170 页。

“经济效益”、“社会效益”、“经济发展”和“经济安全”。经济法更能反映经济规律。在经济法的理论视域中，虽然调整对象为国家调控行为和国家干预行为中形成的法律关系，表现为“公共行为”、“公职行为”和“公权行为”，也是为了履行“国家职能”的“公权力”，但其具有“非命令性”“谦抑性”“诱导性”。①

于“财政资助职务发明”的形成机制而言，“利用财政性资金设立的科学技术计划项目所形成的科技成果”形成于以行政法学为理论基础的行政法中。行政法以对国家科学技术计划项目的“行政管理关系”为调整对象，目的是控制行政权力、规范行政行为，并明确行政责任。该过程中行政主体的权力，是主导性权力，决定、支配相对人的权利。相关立法以行政程序为中心，关注的核心和规制的重心是政府和管理程序本身。对于其项目成果以及成果市场价值的实现，立法并没有关注该过程中的市场运行和经济规律，以及现有法律机制中的“市场失灵”问题。而由于立法未设立对“财政资助职务发明”形成与市场价值实现有关的宏观调控工具和市场规则，故而无法采用经济法的调整方式对其予以调控和规制。

三、国家科学技术计划中的科技成果转化路径

“财政资助职务发明”是“利用财政性资金设立的科学技术计划项目所形成的科技成果”中的一种以技术“实施”为权利内容的知识产权形式。从不同的概念表达可以观察科学技术部门法对利用财政性资金设立的科学技术计划项目所形成的科技成果的转化途径的选择。区分部门法范畴中的“科学技术”“科技成果”“知识产权”“职务发明”，其意义在于探索立法意旨中对“利用财政性资金设立的科学技术计划项目所形成的科技成果”转化为现实生产力时法律选择的实际偏向。

（一）不同法学概念对成果不同属性的表达区别

“财政资助职务发明”成果，在《科学技术进步法》（2021 年 12 月修

① 参见张守文主编：《经济法学》（第 2 版），高等教育出版社 2018 年版，第 8~63 页。

订)中表述为,“利用财政性资金设立的科学技术计划项目所形成的科技成果”,授权项目承担者依法取得相关知识产权。其转化方式为“实施”,即项目承担者应当依法“实施”前款规定的知识产权,并采取保护措施。实施方式则表述为“项目承担者”可以依法“自行投资实施转化”“转让”“联合他人共同实施转化”“许可他人使用”“作价投资”五种方式。该法补充规定了项目承担者合理期限内无正当理由没有实施时,国家不仅可以无偿实施,还可以许可他人有偿实施或者无偿实施。[①]“实施”一词,在《专利法》《种子法》中用于描述“专利权”“植物新品种权”的权利内容。

在该表述中,该条中所用“科学技术”“科技成果”“知识产权”,以及为突出以“实施”转化方式的应用技术所使用的“职务发明”,均为科学技术客体在不同层面的表达方式。

从财产权的属性来看,科学技术是最广泛的指代,是《科学技术进步法》的调整对象。“科技成果”,代表对国家科学技术计划进行财政投入后对产出的创新价值要求。在立法意旨中,“科技成果”强调技术客观方面的价值性,强调技术的价值。“知识产权”,从知识产权法的角度来看,属于“财产权利”的视域,即以“科技成果”为对象,代表了不同的权利的取得、归属、内容、利用的财产权利制度设计体系。“职务发明”既不等于“科技成果”,又不等于“知识产权”,也不等于“发明专利”。

在现有的立法视域中,对于“职务发明”早在2012年8月就已经形成了《职务发明条例草案(送审稿)》,纳入了行政法规的立法视域。在《职务发明条例草案》起草过程中,“发明”的定义及其“智力成果范围”,在数稿中均被修改。2012年8月形成的征求意见稿中,其被界定为包括“专利权、软件著作权、植物新品种和布图设计专有权、技术秘密”在内的智力创造成果。2012年11月的公开征求意见稿中则去掉了软件著作权。2013年12月的修改稿中其又被表述为“属于专利权、植物新品种权、集

① 参见《科学技术进步法》第32条。

成电路布图设计专有权或者技术秘密保护客体的智力创造成果”。[①] 2015年送审稿中则删去了“技术秘密”,将其修订为“属于专利权、植物新品种权或者集成电路布图设计专有权保护客体”的智力创造成果。[②] 故“职务发明”更侧重于以表达权利归属为单位,并且以技术的“实施”为权利内容的“应用技术”类“智力成果权”的客体。在知识产权法的体系内,“职务发明”的概念,首先,表明其隶属于“智力成果权”,区分于知识产权的另一类“商业标记权”。其次,“职务发明”又表达了其知识产权的形式,区别于保护复制、传播为内容的《著作权法》领域,属于《专利法》《种子法》等以“实施”为内容的应用技术领域。

对比2007年《科学技术进步法》,2021年12月修订完成的《科学技术进步法》更加重视科研成果及其应用。修订后的条文增加了“科技成果”“成果转化”的内容;将原“科学研究、技术开发与科学技术应用”进一步区分,改为“基础研究”“应用研究与成果转化”两章内容,以明确区分研发导向。

(二)《科学技术进步法》(2021年修订)的成果产权转化路径

根据前述概念的分析,《科学技术进步法》(2021年修订)第32、33条为对“利用财政性资金设立的科学技术计划项目所形成的科技成果”的产权配置。其占支配地位的配置模式为,将知识产权配置给“项目承担者”;通过约定或者法定方式,将“实施”的权利内容转向“企业主体”;“国家”承担促进、补充成果转化实施的功能;并探索“科学技术人员”赋权改革。从部门法视域看,该调整模式为“科技行政法+民商法”的调整模式。在进一步放松对高校、科研单位的“知识产权”类国有资产管理监管的基

① 《〈职务发明条例草案〉对照表》,载国家知识产权局官网,https://www.cnipa.gov.cn/transfer/pub/old/ztzl/ywzt/zwfmtlzl/tlcayj/201403/P020140331534053704223.pdf,最后访问时间:2021年3月20日。

② 《〈职务发明条例草案〉(国务院法制办公开征求意见稿)及说明》,载国家知识产权局官网,http://www.cnipa.gov.cn/art/2015/4/13/art_403_47437.html,最后访问时间:2021年3月20日。

础上,形成了“财政资助职务发明”成果的产权转化路径。

《科学技术进步法》(2021 年修订)对“财政资助职务发明”的成果转化的规定,与《科学技术进步法》(2007 年修订)相比,存在“表述”和“实质性制度结构”方面的区别。

从表述上看两者的区别,修订后的《科学技术进步法》更加强调“科技成果转化”,并且修订后的法律进一步明确了转化方式和赋权改革。2007 年修订的《科学技术进步法》中,“成果”一词共被使用 6 次,分别表达“科学技术成果”的“转化”“产业化”“推广和应用”。[①] 2021 年 12 月修订的《科学技术进步法》中,“成果”一词共被使用 30 次,其中“成果转化”一词被使用 15 次,并被作为章标题,与“应用研究”一起,成为该法重点关注的对象。针对“利用财政性资金设立”的高校、科研单位,其“科技成果转化制度”,纳入了《科学技术进步法》调整的范畴,并提出“积极促进科技成果转化”“加强技术转移机构和人才队伍建设”的制度措施。针对“应用研究”的“成果转化”,2021 年修订的《科学技术进步法》以第 30 条至第 38 条共 9 条进行规范,而该章“应用研究”的主题则以第 26 条至第 29 条共 4 条进行规范,由此可见该法对“科技成果转化”的重视程度。

从“实质性制度”方面看两者区别,《科学技术进步法》(2007 年修订)的表述中,授权项目承担者依法取得,且应当依法保护、实施的是“利用财政性资金设立的科学技术基金项目或者科学技术计划项目所形成的发明专利权、计算机软件著作权、集成电路布图设计专有权和植物新品种权”。

(三)从“公共财产”到“产权激励”的转化路径变迁

依据知识产权法的逻辑、知识产权的制度特征和科研成果的状况,还有另一类结题成果,如论文、专著等著作权,其保护的对象是表达,而非技术的实施。这种专著、论文,如果没有提前申请专利等知识产权,或者申请发明专利等需实质审查的专利申请未获得授权,则不能形成对技术“实施”权利内容的保护。这种专著、论文、专利申请的技术说明书等,将成为

① 参见《科学技术进步法》(2007 年修订),发布时间为 2007 年 12 月 29 日,第 20 条。

“公知技术”。而其技术内容，则属于技术公布，属于贡献给公共领域的范畴。从理论上，任何需要该项技术的企业，都可以通过阅读文献中的技术方案，免费获得并实施该技术，将该技术成果转化为生产力。此为“公知技术”的科技成果转化路径。

“公知技术”的转化路径，亦有其自身的时代背景和制度变迁过程。即使观察现科技成果转化法律机制，亦不排斥这种路径。结合当时的立法背景，可以得出结论：利用财政性资金设立的科学技术基金项目或者科学技术计划项目的成果更强调成果的公共财产的属性。中国财政支持科研项目成果归属，经历了七个阶段。第一阶段，1984 年原国家科委颁布《关于科学技术研究成果管理的规定（试行）》（已失效），其第 7 条以行政规章的方式规定“知识产权归国家所有”。[①] 这种规定等于将其定义为公共供给的“公共产品”，不允许封锁和垄断。第二阶段，1994 年原国家科委颁布的《国家高技术研究发展计划知识产权管理办法（试行）》（已失效）规定，八六三计划科技成果，由项目承担单位与委托单位约定知识产权的归属和分享办法。[②] 第三阶段，2000 年科学技术部印发《关于加强与科技有关的知识产权保护和管理工作的若干意见》的通知，才开始调整科技成果的知识产权归属。为激励科技人员技术创新活动的积极性，科学技术部规定知识产权“可以由承担单位所有”，但特殊情况除外。[③] 第四阶段，2002 年科学技术部联合财政部发布《关于国家科研计划项目研究成果知识产权管理的若干规定》，规定了科研项目研究成果及其形成的知识产权，授予科研项目承担单位，特殊情况除外。承担单位可自主决定实

---

① 参见原国家科委《关于科学技术研究成果管理的规定（试行）》（〔84〕国科发管字 141 号），1984 年 2 月 22 日由原国家科委颁布，被《科技成果登记办法》（实施日期：2001 年 1 月 1 日）废止，参见第 7 条。

② 参见《国家高技术研究发展计划知识产权管理办法（试行）》（已失效），1994 年 2 月 8 日由原国家科委颁布，第 5 条。

③ 参见科学技术部《关于印发〈关于加强与科技有关的知识产权保护和管理工作的若干意见〉的通知》（国科发政字〔2000〕569 号），颁布时间为 2000 年 12 月 13 日，第二部分。

施、许可、转让、入股等。[①] 第五阶段,自 2007 年修订的《科学技术进步法》第 20 条,才由法律规定利用财政性资金的科技项目形成的知识产权授权"项目承担者"依法取得,特殊情况除外。[②] 第六阶段,虽然之前科技成果的归属为承担者,但并不意味着科技成果转化自由。在承担单位是国有企事业单位的情况下,科技成果依然背负着"国有资产"管理的审批、评估和收益归属的限制。2015 年修订《促进科技成果转化法》,进一步解放了财政支持科研项目成果的产学研合作模式,允许出资入股、协议定价等成果转化模式。[③] 第七阶段,以《科学技术进步法》(2021 年修订)为代表,进一步明确产权、转化路径、赋权改革,进一步降低国有资产处置的审批和评估程序要求,进行体制机制改革。

当然,表面上看,公知技术的转化路径,由于其可使用范围最广,最有助于社会技术进步。然而,由于该模式对于研发人员而言,缺乏后续收益,致使该类成果越来越学术化,极易形成"科研范式",难以形成"可实施性"。以技术诀窍的方式降低实施的成功率,是信息偏在的根本原因。加上高校、科研单位本身所承担的教育、科研等社会职能,高校、科研单位多靠自己的声誉和实力吸引企业合作者进行成果转化,并不依赖侵权情况下的知识产权维权收益。这导致即使形成了"形式上"的应用技术类成果,如专利等,但由于缺乏"可实施性",便难以形成独立的知识产权的流动性。

继续追溯制度根源,则与国家科学技术计划项目的行政管理制度和管理体系直接相关。国家科学技术计划制度的外部性,导致了"财政资助职务发明"先天的弱财产权性和弱财产权能力,使财政资助职务发明转化以一对一协商为主。尽管在行政管理的法律层面否定了"技术秘密",但成果转化中的技术应用,难以离开作为成果完成人的参与。成果无法通

① 参见《国务院办公厅转发科技部、财政部关于国家科研计划项目研究成果知识产权管理若干规定的通知》(国办发〔2002〕30 号),发布时间为 2002 年 4 月 14 日,第 1 条。

② 参见《科学技术进步法》(2007 年修订)第 20 条。

③ 《促进科技成果转化法》第 16、17、18 条。

过专利的"可实施性"独立进行成果转化。高校、科研单位的成果转化部门、国家的"实施"义务亦需依赖掌握技术的"科学技术人员"。这是财政资助职务发明成果转化市场化低的原因。

第二节　科学技术计划制度及其对成果转化的外部性——以国家自然科学基金为例

国家科学技术计划制度包括了国家科学技术计划的管理体制、实体制度、程序制度和责任制度。该类规范隶属于行政法领域,具有行政强制性。这些制度规范中,其管理体制,以及其组织规划、申请、评审、实施和法律责任等制度规范,均直接影响或决定其应用技术类成果"财政资助职务发明"的价值取向。

科学基金制是由出资人设立基金,采取自主申请、专家评审、择优支持的机制,资助特定科学技术研究的制度。我国于 1981 年 11 月由中央财政拨款设立自然科学基金,资助自然科学基础研究和部分应用研究。40 多年来,自然科学基金资助的研究项目,取得了一批在国内外具有领先水平的研究成果。① 其资助产生的"项目成果",既有论文、专著、报告、标本库、数据库等成果,又有软件、标准、专利、科研仪器设备等应用类技术成果。② 本节以科研人员参与广泛、规制体系完整、被认为相对公平的国家自然科学基金为例,针对制度设置对"应用类技术成果"的影响,来研究制度的规范体系。研究目的是分析该制度中各参与主体的博弈关系,进而探讨其外部效应对财政资助职务发明形成的决定性作用。

国家自然科学基金制度,相关或衔接的法律规范包括了《科学技术进步法》《促进科技成果转化法》《科学技术普及法》《专利法》《著作权法》《生物安全法》等诸多国家科学技术相关规范。其制度体系以《国家自然

---

① 《国务院法制办就〈国家自然科学基金条例〉答问》,载国家自然科学基金委员会网,https://www.nsfc.gov.cn/publish/portal0/tab471/info70224.htm,最后访问时间:2022 年 10 月 9 日。

② 参见《国家自然科学基金资助项目研究成果管理办法》第 2 条。

科学基金条例》为主,形成了组织管理、程序、资金、监督保障及其他相关的制度的系列规章和规范性文件。目前阶段亦是国家自然科学基金改革的关键时期。2022 年是在科研领域贯彻落实“十四五”规划的关键之年,国家自然科学基金的管理亦提出“强化通过转变科研范式应对重大挑战、在应对重大挑战中转变科研范式”的要求。①

一、国家自然科学基金的管理体制

国家自然科学基金的管理体制包括管理主体和管理职能。该制度表面上看是规范“国家自然科学基金”的使用与管理,但由于侧重基础研究,同时承担了科技人才培养职能,并需提高基金使用效益,增强自主创新能力,因而其制度设计更复杂。因此,国家自然科学基金制度,从制度功能和宗旨的视角,不仅仅是规范管理、提高资金使用效率,还具有促进基础研究,培养科技人才等科研、教育职能,同时兼顾增强自主创新能力等多种教育和科研的行政职能。其实现途径为国家财政科技投入。管理主体和职能的制度设计亦体现在这些方面。

国家自然科学基金的管理主体包括宏观调控和统筹协调主体、执行主体、财政管理主体和监督管理主体。首先,针对该制度目的和宗旨功能的实现,由国务院科学技术主管部门对国家自然科学基金工作依法进行宏观管理、统筹协调。科学技术部为国务院科学技术主管部门,是国务院组成部门,为正部级。② 其次,国家自然科学基金委员会负责管理国家自然科学基金,监督基金资助项目的实施。国家自然科学基金委员会由科学技术部负责管理,是管理国家自然科学基金的副部级事业单位。③ 再次,针对其资金的预算、财务的管理和监督,则由国务院财政部门依法进行。最后,关于国家自然科学基金使用和管理的监督,则由审计机关依法

① 参见《2022 年度国家自然科学基金项目指南》“前言”,载国家自然科学基金委员会网,https://www.nsfc.gov.cn/publish/portal0/tab1097/,最后访问时间:2022 年 10 月 9 日。

② 《科学技术部门职能配置、内设机构和人员编制规定》。

③ 参见《国家自然科学基金委员会职能》,载国家自然科学基金委员会网,https://www.nsfc.gov.cn/publish/portal0/jgsz/02/,最后访问时间:2022 年 10 月 9 日。

进行。[①]

科学技术部负责管理国家自然科学基金委员会,对国家自然科学基金工作进行宏观管理、统筹协调和监督评估。科学技术部负责贯彻落实党中央关于科技创新工作的方针政策和决策部署。在国家自然科学基金的宏观调控方面,负责拟定相关规划、政策。其职能包括国家创新体系建设、科技体制改革、技术转移体系建设、科技监督评价体系建设、优化配置科技资源、推动多元化科技投入体系等规划布局和绩效评价。其改革方向在加强规划布局和绩效评价方面,围绕贯彻实施创新驱动发展战略,加强、优化、转变科技管理和服务职能,加强宏观管理和统筹协调,减少微观管理和具体审批事项,加强事中事后监管和科研诚信建设。[②]

国家自然科学基金委员会作为"国务院自然科学基金管理机构",依法管理国家自然科学基金。国家自然科学基金委员会的职能包括管理国家自然科学基金,监督基金资助项目的实施,以及相应的协同和支持职能。具体内容包括资助计划、项目设置和评审、立项、监督等组织实施工作。其资助职责为,根据国家发展科学技术的方针、政策和规划,运用国家财政投入的自然科学基金,资助自然科学基础研究和部分应用研究。其管理职责为,负责国家自然科学基金管理,包括制定和发布研究指南,受理课题申请,组织专家评审,择优资助。国家自然科学基金委员会协助政策制定、政策咨询的职责包括:协同科学技术部拟定国家基础研究的方针、政策和发展规划;接受委托,对国家高科技、应用研究方面的重大问题提供咨询并承担相关任务。[③]

二、国家自然科学基金的管理制度

鉴于国家自然科学基金中应用技术成果的形成取决于国家自然科学

---

① 参见《国家自然科学基金条例》第6条。

② 参见《科学技术部门职能配置、内设机构和人员编制规定》。

③ 参见《国家自然科学基金委员会职能》,载国家自然科学基金委员会网,https://www.nsfc.gov.cn/publish/portal0/jgsz/02/,最后访问时间:2022年10月9日。

基金管理规范,故本节仅研究国家自然科学基金管理的实体规范。根据《国家自然科学基金条例》,其实体规范包括组织与规划、申请与评审、资助与实施、监督与管理、法律责任。[①] 这些规范体现了国家财政科研资助的价值导向、评价方式、成果形成。在其作用下,形成了财政科研资助项目成果的普遍特征。为考察制度所形成的价值体系,可从对成果有决定作用的规划与组织、申请、评审、实施和责任几个方面,研究该实体规范的制度结构。从制度结构中可观察"财政资助职务发明"成果形成的决定因素和价值导向。

(一)国家自然科学基金的规划与组织制度

国家自然科学基金的组织与规划,包括了国家自然科学基金的规划制度和国家自然科学基金的组织制度。规划制度为依据"国民经济和社会发展规划、科学技术发展规划以及科学技术发展状况",制定"基金发展规划和年度基金项目指南"。[②] 组织制度则为实现规划、计划和指南的组织机制。

1. 国家自然科学基金的规划制度

在客体方面,狭义的"国家自然科学基金规划制度"仅指依据科学技术计划形成的"国家自然科学基金发展规划"(以下简称发展规划)和"年度基金项目指南"(以下简称项目指南),为该制度的客体。"国民经济和社会发展规划""科学技术发展规划",作为宏观调控法领域的计划调控法,前者属于国家层面的发展规划,后者则属于科技发展领域的科学技术计划。两者均为自然科学基金规划的效力来源。国家自然科学基金的发展规划属于中长期发展规划。发展规划的目的在于统筹谋划国家自然科学基金的中长期发展,其宗旨是对基础研究和原始

① 参见《国家自然科学基金条例》。

② 参见《国家自然科学基金条例》第 7 条。

创新提供长期稳定支持和超前部署。① 发展规划的内容主要包括:对发展形势的总结、总体战略部署、发展任务、学科布局与优先领域、保障措施等。项目指南属于年度计划。项目指南具体确定国家自然科学基金资助的项目范围。项目指南的主要内容包括基金的改革举措、申请规定、资助政策、资助领域和方向等,是资金资助的管理依据,也是基金申请人的必读文献。②

在主体方面,国家自然科学基金规划制度的主体分别针对其管理权、内容和程序,设置了以国家自然科学基金委员会为主,其他参与主体为辅的多主体结构。主体分别包括制定发布主体、建议主体和论证主体。该模式的目的是使规划既具有权威性,又具有学术性和专业性,能够更加契合参与主体的实际科研状况。制定发布主体为负责组织、制定和发布发展规划和项目指南的主体,即"国家自然科学基金委员会"。内容来源和基础的建议主体包括"高校、科研院所、学术团体和有关国家机关、企业",目的是使基金资助的项目符合科研领域的实际状况,同时能够满足国家和社会科技发展的实际需求。发展规划和项目指南的确定,由论证主体通过论证确定入选对象。论证主体为相关科学领域的"专家",即是否能够入选作为国家自然科学基金"优先发展领域"和"优先支持的项目范围",以专家论证为依据。

2. 国家自然科学基金的组织制度

在客体方面,国家自然科学基金的组织机制包括申请与评审,资助与实施,监督与管理等不同阶段的组织机制。结合不同的主体机制和行为机制,将其分为申请、评审、实施和监督四个方面,能够更清晰地表达不同主体和行为的规范标准对其成果的影响,形成"申请机制"、"评审机制"、

① 参见国家自然科学基金委员会网,https://www.nsfc.gov.cn/nsfc/cen/bzgh_135/xy.html,最后访问时间:2022年10月9日。

② 参见《2021年度国家自然科学基金项目指南》"内容简介",载国家自然科学基金委员会网,https://www.nsfc.gov.cn/publish/portal0/tab883/,最后访问时间:2022年10月9日。

"实施机制"和"监督机制"四条线。国家自然科学基金的组织制度分为客体层面的"四线"和主体层面的"三级",能够更加清晰地观察组织制度对成果形成和价值导向的影响。其中,"四线"客体分别为申请线、评审线、实施线和监督线。

在主体方面,在"申请机制"、"实施机制"和"监督机制"中,国家自然科学基金委员会并不直接组织申请与实施,而是"依托单位"进行。国家自然科学基金组织制度的主体层面可分为三级。三级主体在不同的组织机制中有所不同。贯穿整个组织机制客体的一级管理主体均为国家自然科学基金委员会。为了制度设计上的独立性和专业性,国家自然科学基金委员会并不直接组织申请和评审。在申请线、实施线和监督线中的二级主体均为申请人的"依托单位"。依托单位是指在国家自然科学基金委员会注册为依托单位的"国内高校""科研院所""其他具有独立法人资格、开展基础研究的公益性机构"三类。依托单位实际承担了组织申请、资质和材料的形式审查、提供实施条件、跟踪实施、监督经费使用等组织功能。在评审线中,评审机制为"同行评议"的专家评审,即评审线中第二级的评议主体为"评审专家"。第三级则为"申请人",其在通过评审获得资助后,身份转变为"项目负责人"。

(二)国家自然科学基金的申请制度

财政资助职务发明在诞生之前就受到国家自然科学基金等各类资助基金申请制度的严格限制。制度限制包括对申请主体、申请形式、资助领域等的限制。申请制度设置的各项申请规范、限制和导向,形成了对"财政资助职务发明"成果完成人、研究对象和内容的天然筛选。

在申请主体方面,申请主体为"依托单位的科学技术人员",即申请人。尽管包含了技术应用类型的研究,但国家自然科学基金申请制度依然将申请主体限制为"国内高校""科研院所""其他具有独立法人资格、开展基础研究的公益性机构"三类依托单位中的科研人员。申请人应是申请自然科学基金资助项目的负责人,申请人需具备相应的研究科研能力。申请人需具备一定的条件,包括科研经历和职称或者学位条件。如果申请人不符合申请条件,申请将不被受理。对申请人的限制,从法律关系主体的角度,切割了以高校、科研单位为主体的科研领域与以企业为主体的技术应用产业领域。

在申请形式方面,国家自然科学基金的申请需通过依托单位向基金管理机构提出书面申请。申请材料需符合项目指南的要求。如果申请材料不符合项目指南要求,申请将不被受理。结合申请后的审查和评审程序,申请材料需符合项目指南及申请书的形式要求。如果不符合形式要求,多数情况下,依托单位将退回申请人修改。经过长期的实践,申请书已经形成了其自身的科研范式。

在资助的布局领域,2021 年国家自然科学基金委员会启动了资助布局改革。改革的原则为"源于知识体系逻辑结构""初级知识与应用融通""突出学科交叉融合"。国家自然科学基金委员会将 9 个科学部整合为"基础科学"、"技术科学"、"生命与医学"和"交叉融合"四个板块,以推动"科研范式"变革。基础科学板块由数学物理、化学、地球科学整合而成。技术科学板块由工程与材料、信息科信整合而成。生命与医学板块由生命、医学科学整合而成。交叉融合板块由管理、交叉科学整合而成。①

(三)国家自然科学基金的评审制度

自然科学基金管理委员会根据专家的评审意见来决定资助的研究项目。评审筛选出的立项项目所形成的结题成果,才属于"财政资助职务发明"的范畴。在评审中胜出,是申请人撰写申请书的直接目标。评审机制、国家自然科学基金委员会的资助导向和评审专家的评审标准,是项目申请的"指挥棒"。

在评审机制方面,依据"依靠专家,发扬民主,择优支持,公正合理"的原则,评审制度采用了以"同行评议体系"为基础的专家评审制度,即由国家自然科学基金委员会聘请具有较高学术水平和良好职业道德的同

① 参见《2022 年度国家自然科学基金改革举措》,载国家自然科学基金委员会网,https://www.nsfc.gov.cn/publish/portal0/tab1099/,最后访问时间:2022 年 4 月 25 日。

行专家,对申请进行评审。专家评审制度采用了同行专家“通讯评审”和“会议评审”两级评审阶段。① 完善评价机制是自然科学基金深化改革实施方案的重要举措。完善的目标为实现“分类、科学、公正、高效”的智能化辅助评审,通过试点“基于自主导向的分类评审”,来推进“负责任、讲信誉、计贡献”(RCC)评审机制试点。②

在评审导向方面,国家自然科学基金委员会明确的资助导向,是专家评审的直接依据。评审的资助导向,亦是自然科学基金改革的重要内容。其改革的举措是增强对科学问题属性的理解,明确资助导向为“鼓励探索,突出原创”“聚焦前沿,独辟蹊径”“需求牵引,突破瓶颈”“共性导向,交叉融通”四类科学问题,并针对此四类科学问题,实施分类评审。③

评审基金的评审标准自然延伸为申请自然科学基金资助项目的标准。专家对基金资助项目申请的评审是从科学价值、创新性、社会影响以及研究方案的可行性方面进行的判断和评价。会议评审意见还会考虑申请人和参与者的研究经历、基金资助经费使用计划的合理性、研究内容获得其他资助的情况、申请人实施基金资助项目的情况以及继续予以资助的必要性。④ 专家评审具有“独立性”的特征。国家自然科学基金委员会的工作人员不得申请或者参与申请该基金的资助,同时不得干预评审专家的评审工作。⑤

(四)国家自然科学基金的实施制度

自然科学基金中的“财政资助职务发明”,即为由自然科学基金资助产生的应用技术类结题成果。为探讨国家自然科学基金实施制度对其

---

① 参见《评审程序》,载国家自然科学基金委员会网,https://www.nsfc.gov.cn/publish/portal0/jgsz/07/,最后访问时间:2022 年 10 月 9 日。

② 参见《2022 年度国家自然科学基金改革举措》,载国家自然科学基金委员会网,https://www.nsfc.gov.cn/publish/portal0/tab1099/,最后访问时间:2022 年 4 月 25 日。

③ 参见《2022 年度国家自然科学基金改革举措》,载国家自然科学基金委员会网,https://www.nsfc.gov.cn/publish/portal0/tab1099/,最后访问时间:2022 年 4 月 25 日。

④ 参见《国家自然科学基金条例》第 15 条。

⑤ 参见《国家自然科学基金条例》第 20 条。

"应用技术类结题成果"的影响,可对国家自然科学基金的实施制度从实施主体、经费使用、研究过程、结题和成果归属五个方面研究。

在实施主体方面,自然科学基金的实施主体情况较为特殊,依托单位和项目负责人均可构成实施主体。自然科学基金的实施包含了经费使用和科学研究两个层面,亦是从"财政资助科研经费"转变为"财政资助职务发明"成果的过程。从不同层面、不同角度观察自然科学基金的实施机制,可得出不同观点。从自然科学基金的实施的组织和经费管理的视角,依托单位为组织管理者。依托单位不仅能组织本单位符合申请条件的"科学技术人员"申请基金,承担初步审查职能,同时依托单位亦是自然科学基金项目资金管理责任主体。从成果归属看,根据知识产权法职务成果归属为单位的规定,依托单位取得知识产权。此时,依托单位亦为实施主体,故而形成了实施方面的双主体结构。

在经费使用方面,依托单位通过健全管理体制和制度,进行内部控制、绩效管理,审核项目预算、支出和决算。从该角度看,与依托单位相对应,"科研人员"为实施主体。申请人在获得资助后,具有了"项目负责人"的身份。项目负责人是项目资金使用的直接责任人,对资金使用的合规性、合理性、真实性和相关性承担法律责任。

在项目研究过程方面,实施依据为"项目计划书"。项目计划书由依托单位和项目负责人填写。项目计划书的内容,除根据评审意见、确定的基金资助额度可调整外,不得对其他内容进行变更。这意味着申请书决定了研究成果的内容。项目负责人则按照项目计划书进行研究,并制作项目实施情况的原始记录,提交年度进展报告。

在项目的结题方面,由项目负责人以"结题报告"和"研究成果报告"为结题依据,通过依托单位向基金管理机构提交。依托单位负责审核结题报告,查看原始记录,建立基金资助项目档案。国家自然科学基金委员会则负责审查结题报告,并将结题报告、研究成果报告和基金资助项目申请摘要予以公布,收集公众评论意见。

从项目研究和成果归属的角度看项目实施制度,尤其是根据相关知识产权法职务成果归属为单位的应用技术类成果,实施制度为“依托单位”和“项目负责人”双主体。依托单位和项目负责人共同填写项目计划书。经过科学研究,自然科学基金的项目成果包括取得的论文、专著、软件、标准、重要报告、专利、数据库、标本库及科研仪器设备等有价值的科学技术产出。其中论文、专著、重要报告等,作为著作权法中的作品,其著作权归属为作者。对于做技术公布的论文发表和专著,仅要求“注明得到国家自然科学基金资助”。其中的软件、专利、植物新品种、集成电路布图等依据《著作权法》和《专利法》成果权利归属为单位的,则该类成果“知识产权申请人”为依托单位,授权后的知识产权“权利人”亦为依托单位,其“发明人”为基金项目负责人,即职务成果完成人。

(五)国家自然科学基金的责任制度

对“技术应用类”成果属于“职务发明”有决定性影响的责任制度,可以从正向和负向两个方面研究。正向的研究,是对自然科学基金制度所设置的法律责任中能够影响、决定或者引导成果价值取向的法律责任规则进行的研究。所谓负向,则取自研究方向和研究方式,并非否定的含义。负向对应负外部效应。此处特指对具体的某一问题其所设置的责任缺失,从而对该问题产生的负外部效应进行研究。此处所设定的负向,特指对“技术应用类成果”的转化问题设置,其目的在于分析项目成果后续转化所需条件保障的缺失因素。

责任制度为包括基金管理机构、申请人(资助后为项目负责人)、参与人、依托单位和评审专家等各类主体在内的,在管理、组织、申请或者履行职责时所承担的法律责任。《国家自然科学基金条例》的法律责任是围绕保障申请、评审、资助、实施和监督制度的秩序而设置的。基金管理部门的责任主要为监管责任。依托单位的责任主要为项目和经费管理责任。申请人、项目负责人的责任,包括提交材料真实性的责任、按照项目计划书进行研究的责任、按规定提交相关报告的责任、科研诚信的责任,以及按照规定使用经费的责任等。整体观察设计责任制度的目标,在于保证基金资助项目按照申请书、专家评审意见、项目计划书所确定的内容完成研究计划,并形成结题成果。

针对项目成果,从正向的角度研究现行制度,法律责任中与成果相关的责任,主要表现在以项目计划书为准,科研诚信,以及依托单位和基金管理单位的成果可获得三个方面。"以项目计划书为准"的责任,体现在要求项目负责人和参与者"按照项目计划书开展研究",不得"擅自变更研究内容或者研究计划"两方面的要求。"科研诚信"责任体现在申请、研究和结题的各个环节。在申请时,申请人和参与者不得伪造或者变造申请材料。在研究过程中,项目负责人需做好项目成果原始记录的采集和保存工作,确保项目成果报告中科学数据的系统性、完整性和准确性。在结题时,项目负责人、参与者不得提交弄虚作假的报告、原始记录或者相关材料,亦不得将非本人或参与者取得的成果、与受资助项目无关的成果列入项目研究成果报告。依托单位不得纵容、包庇申请人、项目负责人弄虚作假。基于成果管理和应用的需求,法律责任的设置亦体现在保障基金管理单位和依托单位对"成果"及其过程资料的可获得性上。该要求表现在项目负责人需依照规定提交"年度进展报告、结题报告和研究成果报告"。

在整个申请、评审和责任制度的设计中,对财政资助职务发明成果的决定性影响是通过专家评审所贯彻的"研究范式"形成的。该研究范式被称为"科研范式",属于国家自然科学基金改革举措的重要内容。改革的原则,亦为"源于知识体系逻辑结构、促进知识与应用融通、突出学科交叉融合"。[①] 然而,在前沿技术、"瓶颈"技术等重大、疑难的技术领域,技术资料和成果资料的获取,是否能够有效替代技术的"可实施性"来克服"信息偏在",使技术能够有效进入技术应用领域,难免存在不确定性。这种不确定性的根源,在于国家自然科学基金制度的外部性。

---

① 参见《2022 年度国家自然科学基金改革举措》,载国家自然科学基金委员会网,https://www.nsfc.gov.cn/publish/portal0/tab1099/,最后访问时间:2022 年 4 月 25 日。

三、国家科学技术计划制度对其成果转化的外部性

国家科学技术计划项目的申请、评审、实施和责任的系列规范,在国家科学技术计划项目等财政资助的科研体系内,通过"科研范式",对科研体系中的技术应用领域施加影响,直接决定着财政资助职务发明成果的价值导向。该价值导向,经过长期的实践积累,在科研体系中形成了内部相对稳定的评价方式、评价机制和评价体系。以科研范式为基础,且自成体系的"财政资助职务发明",依据《科学技术进步法》和《促进科技成果转化法》,需进入产业应用领域,转化为经济的驱动力和企业生产力。此时,在行政法原则和范式基础上确立起来的国家科学技术计划制度,对主体、客体的影响,通过法律所确定的知识产权"载体"向后序产业领域传递,则形成了国家科学技术计划制度对其成果转化的外部效应。

该外部效应,主要体现在行政法立法原则和立法结构,在进入产业这一经济法立法原则和结构确立起来的领域时,会产生对主体、客体和载体的外部影响,从而影响到"科技成果转化为现实生产力"的各个环节和阶段。这种外部效应的影响,包括国家科学技术计划制度行政性立法制度的外部效应、成果转化主体的外部效应、成果转化客体的外部效应和成果转化载体的外部效应。

(一)行政性管理制度的外部效应

观察国家科学技术计划项目的法律调整机制,科学技术计划项目从组织机制开始,到执行过程中的申请、评审、管理、评价、奖励激励和监督各环节,都体现为行政性。在全国人大的立法体系中,财政资助的国家科学技术计划所属的《科学技术进步法》,在全国人大的立法目录中被列入"行政法"立法体系。部门法归属某种程度上代表了该立法背后的行政法治理机制。行政计划和经济计划代表了不同的立法宗旨、原则,以及不同的调整方式,并分别代表了两种不同的部门法。行政行为的基础是"行政过程"的"依法行政"。行政性立法通过对主体的组织和管理机制,对研发导向和资金管理进行控制,来形成项目成果。科学技术计划项目的

管理制度,以及整个科技管理体制改革,从组织和管理、研发导向和项目资金管理等各个角度,均是在践行行政法的部门法意旨。

从组织和管理的角度来看,国家各类科技计划、专项、基金的定位和支持,是科技管理体制中的一环,其更侧重科技发展的行政组织性。行政计划是行政权为了一定的公用目的而设定目标,并综合地提出实现该目标手段的活动。① 行政法通常认为,当计划具有规制私人行为的外部效果时(拘束性计划),需要有法律的根据(听证、审议程序)。也正是具有外部效果,行政计划才需要具有法律的依据。具体来说,行政计划如果只是单纯的综合性计划或者指导性计划,由于它只是行政指导的一般性目标(非拘束性计划),因而不一定需要有法律的根据。② 国家科研管理开始于科技宏观统筹的行政计划和组织方式。从公共事务管理的角度来看,要"明确国家各类科技计划、专项、基金的定位和支持重点,防止重复部署"。政府提出要探索市场经济条件下的"举国体制",完善"重大战略性科技任务的组织方式","集中力量办大事",充分发挥市场在资源配置中的基础性作用,保障国家科技重大专项的顺利实施。公共管理的模式为"战略规划、政策法规、标准规范和监督指导"。行政计划合法性的基础是"国家科技决策咨询制度"。政府通过广泛听取意见提出重大科技决策,进而纳入国家重大问题的决策程序。③

从研发导向来看,科学技术计划项目包括评价、管理等环节;从行政过程的角度来看,财政科技计划通过"科技项目管理"实施。行政过程是"科技项目管理组织流程",体现为以科技项目"决策、执行、评价、奖励激励、监督"为基础的分节型(相对分开)、互相监督的组织流程。目的是实现"科学合理的项目形成机制和储备制度"。决策方式为"科技项目公平

---

① 参见[日]盐野宏:《行政法总论》,杨建顺译,北京大学出版社 2008 年版,第 143 页。

② 参见[日]南博方:《行政法》(第 6 版),杨建顺译,中国人民大学出版社 2009 年版,第 76~78 页。

③ 参见中共中央、国务院印发《关于深化科技体制改革加快国家创新体系建设的意见》(中发〔2012〕6 号),载中国政府网,http://www.gov.cn/jrzg/2012-09/23/content_2231413.htm,最后访问时间:2018 年 7 月 3 日。

竞争和信息公开公示制度”“网络申报和视频评审办法”。执行的方式是“国家科技项目管理的法人责任制”。实施方式为“实施督导、过程管理和项目验收”。评价的方式是“对科技项目和科研基础设施建设的第三方评估机制”“评价专家责任制度和信息公开制度”。并且,不同类型科技活动评价标准和方法不同:基础研究以同行评价为主;应用研究由用户和专家等相关第三方评价;产业化开发由市场和用户评价。评价的标准也在不断完善。政府开展科技项目标准化评价和重大成果产出导向的科技评价试点,完善国家科技重大专项监督评估制度,加强对科技项目决策、实施、成果转化的事后评估。在科技评价中,科技社团也要发挥作用,通过科技奖励的激励方式,与科技评价直接关联,在程序上采用“公开提名、科学评议、实践检验”,以提高公信度。[①] 监督的环节主要针对科研经费管理。

从项目经费管理的角度来看,管理体现在对参与主体的管理、对科研经费的管理和对科技评价的管理。其合法性监督的核心是“科技经费管理制度”。在决策的环节,经费结构的合理性表现为“竞争性经费和稳定支持经费投入的协调”“优化基础研究、应用研究、试验发展和成果转化的经费投入结构”。在执行环节,体现为对经费的管理,采用“符合科研规律的科技项目经费管理机制和审计”方式,给予项目承担单位预算调整权限,提高经费使用自主权。在监管环节,科研经费监督管理机制体现为“科技相关部门预算和科研经费信息公开公示制度”“通过实施国库集中支付、公务卡等办法,严格科技财务制度”“强化对科技经费使用过程的监管”“依法查处违法违规行为”。在评价环节,对科技评价的管理体现为对各类科技计划、专项、基金、工程等经费管理使用的综合绩效评价。经费监督目标为健全科技项目管理问责机制,依法公开问责情况,提高资

① 参见中共中央、国务院印发《关于深化科技体制改革加快国家创新体系建设的意见》(中发〔2012〕6号),载中国政府网,http://www.gov.cn/jrzg/2012-09/23/content_2231413.htm,最后访问时间:2018年7月3日。

金使用效益。①

国家科学技术计划制度是以行政法的部门法规制模式，规制了需在经济体系中实现最终目标的科技计划。该模式在行政法治的基础上，实现了行政立法的意旨，却难免忽视经济规律和经济问题。这种制度设计的忽视不等于法律规则的忽视。作为行政计划法，国家科学技术计划制度亦重视其项目成果的产业转化和实施，并为其设置了责任主体、转化路径和转化载体。其外部效应，在于对科技成果转化的法律规制，即《促进科技成果转化法》，采用了行政法之部门法的立法模式。② 行政法之部门法对成果转化背后经济规律的忽视，致使其成果转化出现了某种程度上的市场失灵，以及政府政策支持该类成果转化的低绩效。

（二）成果转化主体的外部效应

在主体方面，行政法的规制模式对成果转化主体的外部效应，包括对主体权利（权力）、义务和责任的规制产生的外部效应。通过行政性立法授权并设定责任主体的方式促进成果的应用，该规制模式的外部效应至少体现在三个方面的法律强制配置制度上，即对经费所有权和使用权的主体配置制度、对创新技术掌控程度的配置制度和对成果转化权利和责任的配置制度。三个方面的制度配置不一致，导致了主体在主观认识、客观状况和法律责任方面产生了限制，不能有效地发挥该制度的经济效果。

首先，在对经费的主体分配和制度规则方面，上述制度中对国家财政科技计划项目资助的经费，从所有权的属性上，属于依托单位的“国有资产”，其实际控制权归属于项目负责人。整个管控的过程重视管控程序，形成了结果的形式性，而忽视了结果的目的性。这种配置方式排除了私

---

① 参见中共中央、国务院印发《关于深化科技体制改革加快国家创新体系建设的意见》（中发〔2012〕6号），载中国政府网，http://www.gov.cn/jrzg/2012-09/23/content_2231413.htm，最后访问时间：2018年7月3日。

② 参见我国《现行有效法律目录》（截至2022年4月20日十三届全国人大常委会第三十四次会议闭幕 按法律部门分类），载全国人大网，http://www.npc.gov.cn/npc/c30834/202204/d221d65dc 57f4c649886c15257cf8634.shtml，最后访问时间：2022年4月25日。

法规则的适用,并不是通常行政法律关系中对公民私权利的处分。财政科研项目的执行被界定为执行科研计划这一公务行为。而项目负责人,在一定程度上将处置权和使用权错认为所有权。正是由于这方面的原因,“褚健案”“付林案”“李宁案”才会由于科研经费利用不当导致触犯刑法。其进一步影响为,上述财政经费从管理体系、内容、评价、结果(成果)一系列的程序性和实体性的规范,均没有成果的市场化预期或标准。

其次,在对创新技术掌控的配置制度方面,事实上由项目负责人及其团队实际掌控技术研发成果,属于制度实施的客观结果。制度通过对“技术资料”,包括过程资料和成果结题资料两部分进行管理,以期项目承担单位能够“实施”该制度。然而,由于经费管理的逻辑中,对成果并无“可实施性”和“独立”于技术人员的“流动性”要求,故现实证明,这一制度逻辑可行性并不高。在学术体系中以科研范式完成的技术成果,其对实验过程、实验图表的记录和结果的语言表述的能力,与在产业生产中实施该技术,实现相同结果的能力相比,存在差异。高校极少起诉企业进行维权,故科研人员在技术文献中常做有限披露,迫使技术需求企业向其寻求技术服务。故技术资料共享制度,与知识产权的“可实施性”和“独立流动性”并不能等同,导致现实中存在“信息不对称”。

最后,在对成果转化权利和责任的配置制度方面,对成果进行“实施”的权利主体和责任主体并不是项目完成人,而是由专门的成果转化部门进行的。科技成果转化部门亦参与项目的实施,并进行收益分配。该制度设计实际上增加了实际参与成果转化的主体。在争夺“控制权”的过程中,虽然作为普通行政、商业、法律、金融服务的科技成果转化服务人员或者专业技术人员掌握“权利”,但其不具有“实施”能力,其“实施”唯一的途径必须依赖于项目负责人。该过程实际上增加了转化过程的“博弈困境”。项目负责人为实现控制权,其掌控方式是排除其他人对技术的控制,这一行为加剧了信息不对称。

上述规则制度在行政法的领域中,从经费的创新资源和权利配置线索出发,符合行政立法的理论和逻辑,符合行政立法的现实需求。对于其产生的问题，由于博弈困境和信息不对称，使得该领域科技成果转化的"市场失灵"，这一现状亦是行政规制的客观结果。该结果在行政法的领域中，并不属于行政法的研究对象和调整范围。行政法解决成果转化市场失灵的方式是政策扶持。在行政政策扶持的过程中，同样的原因，产生了政策扶持的"低绩效"。这种低绩效，是经济法研究的"政府失灵"问题。

(三)成果转化客体的外部效应

"发挥科学技术第一生产力、创新第一动力的作用""促进科技成果向现实生产力转化，推动科技创新支撑和引领经济社会发展"属于经济目的。在科学技术计划法中，法律调整的方式选择以要求多层次主体承担"科技成果转化"职能的方式实现。针对该"科技成果转化"，形成了独立的"科技成果转化"客体，对其予以了专门立法规制，即列入全国人大《现行有效法律目录(292件)》行政法之列的《促进科技成果转化法》。① 国家科学技术计划项目成果转化的客体，涵盖了整个转化过程，亦涵盖了全部转化方式。

从转化过程的角度看，《促进科技成果转化法》将从成果到技术应用的全过程作为客体。科技成果转化从"职务发明成果"应用角度来看，囊括了后续的试验、开发、应用、推广全过程；从应用结果角度来看，又涵盖了形成"新技术、新工艺、新材料、新产品"，发展新产业等活动。将上述过程融入法学研究视角，构成了规范后续技术主体转移至企业所涉及的法律行为，包括许可、转让、投融资、作价入股等各类法律关系。现有法律规制的外部效应，则表现为从行政法调整到民商法调整的转变过程。该过程中，由于多元投入产生了多利益主体，关于控制权和收益权的争夺，进一步加剧了合作博弈的难度。

从转化方式的角度看，在2022年国家自然科学基金改革举措中，科

① 参见我国《现行有效法律目录》(截至2022年4月20日十三届全国人大常委会第三十四次会议闭幕 按法律部门分类)，载全国人大网，http://www.npc.gov.cn/npc/c30834/202204/d221d65dc57f4c649886c15257cf8634.shtml，最后访问时间：2022年4月25日。

技成果转化以“成果贯通机制”为路径。以转化路径为基础,科技成果可以分为“理论成果”和“有应用前景的成果”,以此来进行“属性刻画”分类。理论成果的转化路径为通过“共享与传播”的方式,向其他“应用类科技计划”推送。对“有应用前景的成果”,向“地方政府、行业及企业”推送,以精准对接经济社会发展需求。其实施方式为“提升成果大数据智能服务平台和成果应用能力”。[①] 从对科技成果转化客体的规制路径来看,这两种模式,一种为“公共物品”转化模式;另一种为以专利等“职务发明”形成的“国有资产”进行转化的模式。前者可称为“公共物品”的转化模式,科技成果的载体为论文、专著等体现传播类财产权的知识产权,而非技术实施内容的知识产权。

该制度对转化客体的外部效应,在经济法研究的视域内,表现为博弈困境和“公地悲剧”。该过程中的博弈困境和“公地悲剧”,亦是财政资助职务发明成果转化市场失灵的原因。在制度设计中,克服该市场失灵的方式为科技成果转化中的产权配置,即设置科技成果的“载体”进行创新资源的市场化配置。一方面,通过“知识产权载体”促进有序流动和资本化,克服“公地悲剧”效应。另一方面,通过“证券化载体”分配收益,以制度分配均衡代替博弈均衡。

(四)成果转化载体的外部效应

对于财政资助职务发明成果转化的载体,尽管不同行政管理部门的立法表述不同,但成果转化的载体在对象上均为“职务成果”,法律表现形式均为“知识产权”。职务成果同时包含论文、专著、报告等理论成果和专利等应用技术类成果。“成果”表达科学研究后的劳动价值,“产权”则表达其财产属性。由国家知识产权局主持的《职务发明条例草案》,夹杂了财政资助职务发明与企业投入职务发明两种对象,但对二者有不同的规制需求。该草案虽经多年讨论,但暂未出台。为规范和管理自然科

---

① 《2022 年度国家自然科学基金改革举措》,https://www.nsfc.gov.cn/publish/portal0/tab1099/,最后访问时间:2022 年 4 月 25 日。

学基金资助项目的成果,2015 年 9 月国家自然科学基金委员会委务会议审议通过了《国家自然科学基金资助项目研究成果管理办法》,以推动项目成果的共享与传播、促进项目成果的转化和使用。

在行政立法模式中,其外部性表现为,对作为科技成果转化载体的知识产权,相关行政法规范对成果的管理更侧重研究资料的保存、共享和传播。其管理包括两部分,一是依托单位对技术资料的管理,二是国家自然科学基金委员会对成果的管理、传播、转化和监督管理。

技术资料形成于项目负责人,依托单位负责审核监督和建档。《国家自然科学基金资助项目研究成果管理办法》要求项目负责人撰写并提交项目成果报告,并需做好项目成果原始记录的采集和保存工作,提交依托单位,确保项目成果报告中科学数据的系统性、完整性和准确性。依托单位需审核项目成果报告的真实性,并建立项目成果档案。《国家自然科学基金资助项目研究成果管理办法》在使用"知识产权"时,其所指范畴与知识产权部门法中所指知识产权亦有区别。该办法表述为"项目成果中具备申请专利等有关知识产权条件的,依托单位或者项目负责人应当按照国家有关法律规定及时申请相关知识产权"。该表述并未将无须申请、自动保护的著作权作为对象。① 故可推测该表达特指为以"技术实施"为对象的应用类技术成果。在现有的法律体系中寻找其表达对象,为包含了专利、植物新品种、计算机软件著作权和集成电路布图设计的"职务发明"。

国家自然科学基金委员会负责促进成果的传播和转化,并进行评估和监督。《国家自然科学基金资助项目研究成果管理办法》要求国家自然科学基金委员会建立项目成果共享服务平台,与依托单位对数据库、标本库及科研仪器设备等有价值的项目成果实现共享。通过项目成果共享服务平台,以实现国家科技资源的持续积累、完整保存和开放获取。对于资助项目论文,亦需开放获取机构知识库,促进资助项目论文开放获取和

---

① 参见《国家自然科学基金资助项目研究成果管理办法》第 7、9、15 条。

项目成果的传播、推广。①

成果的实施和保护责任归属“依托单位”,国家自然科学基金委员会承担监督权。《国家自然科学基金资助项目研究成果管理办法》规定“依托单位对于取得的项目成果知识产权应当依法实施,同时采取保护措施”。国家自然科学基金委员会在项目成果管理中的职责包括指导并监督依托单位的项目成果管理、使用和转化。②

上述关于权利、义务、责任的行政管理规范,仅把资料当作技术,并未充分考虑技术资料和技术应用之间存在的客观差距。技术资料与技术实施之间存在信息偏在,但在赋权和分责的过程中,并未顾及该信息偏在,且当把其知识产权作为国有资产进行管理时,国有资产管理的责任作为行政责任的第一责任,进一步影响了转化实施。当没有“可实施性”作为“有效性”的条件时,专利等知识产权的技术应用无法脱离技术人员独立流动。这意味着,科技成果转化过程中必须绑定“职务成果完成人”。此时,出现权利主体、行为主体和责任主体的分置,进一步使财政资助职务发明成果转化成为难题。其外部性限制了知识产权载体功能的发挥。

第三节　科学技术计划项目成果转化载体——知识产权

上述财政资助职务发明产生制度的现行行政立法表明,《科学技术进步法》中的财政资助职务发明产生制度,其项目类型、研发导向、科研范式、专家评审、成果评价、国有资产管理各项制度的外部性,均决定了其与产业应用之间的差距。无产业化收益则无后续持续性收益可分享。管理规范导致的科研开发与产学研的脱节,是公认的财政资助职务发明成果转化“死亡之谷”的产生原因。③

---

① 参见《国家自然科学基金资助项目研究成果管理办法》第13、14条。

② 参见《国家自然科学基金资助项目研究成果管理办法》第5、16条。

③ 参见付宏、张一博、夏梦虎:《美国〈拜杜法案〉对科技成果转化的促进及其启示》,“科学技术情报学会学术年会——智慧科技发展情报服务先行”论坛论文集,2018年10月于北京,第165~176页。

克服上述成果转化行政法规制的外部效应，缓解“死亡之谷”困境的方式，在法律工具的制度体系内，为知识产权载体的流动性和资本化。将“财政资助职务发明成果”首先转化为有市场竞争力的知识产权。[①] 知识产权作为资本进入产业循环，并非只存在产权和处置权的问题。知识产权作为技术的载体，需能够独立流动进入产业；也能够作为资本载体，以收益权，使收益回流权利人。这一过程，是以知识产权带动产业和投资的一系列复杂的法律过程，为“多元化投入”。知识产权制度的工具价值，是以知识产权的权利配置为基础，创造“财政资助职务发明”成果的产业化价值，进而带动产业、金融资本的持续投入。这是《科学技术进步法》中的财政资助职务发明产生制度改革方向。

一、知识产权是科学技术计划项目成果“产权”的概括

知识产权是智力创造成果各类财产权的概括。作为法律工具，知识产权改变了有商业价值的“智力成果”和“商业标记”的公共物品属性，克服了该领域的“公地悲剧”。知识产权的制度设计，从不同视域，有不同制度属性。从财产权的视域来看，知识产权制度是对成果各类财产权利的配置机制和收益机制。它亦是创造性成果收益权正当性的表达。

（一）知识产权的产权属性与成果公共物品属性的冲突

知识产权法规制体系中的“知识产权”，与上述《科学技术进步法》《科技成果转化法》《国家自然科学基金条例》《国家自然科学基金资助项目研究成果管理办法》等法律、法规中的知识产权表示对象有所不同。知识产权系列法规亦可以认为是一种区分保护客体的产权配置工具。即使是“成果”中的论文、专著等不具有技术实施排他权利的成果，亦有特定内容的著作人身权和著作财产权。论文、专著中所载具有可实施性的技术方案和技术资料，依然可以经由需要的企业，通过共享和传播获取，并

---

① 参见李晓华、柯罗马：《跨越死亡之谷：以大学风险投资激活科技成果转化系统为例》，载《清华管理评论》2021 年第 9 期。

将其变现为生产力。此时,技术“实施”的排他性权利,成为“公共物品”。而作为表达技术产业应用权的“实施”,其排他性权利是“职务发明”所列对象的权利客体。

在财政资助职务发明形成的法律规制体系中,国家科学技术计划项目成果,首先需要对其进行财产权、使用权和收益权各项权能的分离。只有充分认识知识产权的功能,协调不同领域中知识产权的观念冲突,明晰知识产权与科技成果的区别,区分知识产权、“公知技术”、“公共财产”,知识产权才能在立法中协调统一,才能有效发挥成果转化的载体功能。从“技术属性”的科技成果中提炼出具有“实施”权利内容的“财产权”,为技术应用类成果,被称为“职务发明”。将知识产权作为知识产权法体系下的权利设置、权利分离和技术流转的法律工具,并不排斥其国有资产的公共属性。对职务发明的成果转化,知识产权具有特殊的工具价值。通过科技成果的知识产权化及其保障体系,才能使作为成果的技术脱离技术人员,作为独立的财产权流转,创造产业经济价值。这是知识产权运营公共服务机构能够在信托法律关系的基础上独立运作的基础。如果不能实现,则知识产权运营只能作为技术供给方和技术需求方的“介绍人”,技术的实施仍由科研人员一对一与企业发生横向合同,从而大大限制了技术的流转。两者之间的效率之差,将成为科技成果推动技术进步的效率之差。

(二)知识产权的多重属性及其产业价值实现的规制逻辑

知识产权有多重法律价值。第一,从创造性价值的角度,知识产权体现了科技成果的创造性价值,并进一步体现为在企业应用中的经济价值。但知识产权并不是天然就具有盈利的能力的。在权利人本身并无技术实施实体时,其便不能自实现其本体价值。这意味着知识产权的价值并不能自我实现,不具有不作为情况下的收益功能。第二,从收益方式来看,知识产权是商业竞争的工具,法律赋予其商业活动中的垄断价值,排他性加上授权许可才是知识产权收益的方式。在权利人没有自实施体系时,该模式为主要收益方式。第三,知识产权的价值具有地域性(区别于知识产权受保护的地域性)。不同地域的多种因素都会对知识产权价值产生影响。例如,不同国家保护程度不同,知识产权价值就有差别。知识产权服务体系的完善程度,亦影响知识产权价值。中国企业走出国门时在知识产权方面受到过重创。表面上看是知识产权的侵权诉讼,实际上是美、欧知识产权高价值背后发达且有效的维权体系被忽视了。同样被忽视的还有知识产权权利人专业且毫不懈怠的维权行为。第四,区别于技术本身的科技成果,知识产权有独立的价值体系。在较早的技术引进时期,由于侵权行为得不到有效保护,形成了知识产权的低价值,中国的专利、商标等知识产权被认为无用且浪费成本。

从国家科学技术计划项目规制的立场看"财政资助职务发明","职务发明条例"草案排除"技术秘密"作为"职务发明"知识产权的对象,源于"国家科学技术计划项目"财政的公共性,因而其成果不应作为"项目负责人"的技术秘密,其所有的成果均应形成报告,并传播共享,或者转化。此时,技术资料作为判断依据,学术评估成为评估方法。而市场竞争工具的知识产权,作为法律上的工具设计,即使是技术秘密,也可以代表技术,在产业领域发挥生产力的功能。知识产权引导科技成果从高校、科研院所流入生产领域,以许可费、转让费等方式回馈权利人。可实施性和流动性是制度工具所欲创造的功能价值目标。

(三)知识产权的财产法哲学理论基础

基于经济学的一般观点,经济社会被认为是"关于将认可的产权赋予社会每一成员的一系列规制和惯例"。广义的产权包括了使用权、(有形物品或知识产权的)收益权,以及对第三人关于某种行为的要求权。① 知识产权作为"财产权"的这一面,彼得·德霍斯在《知识财产法哲学》中进行了充分的论述。他认为把财产权看作物,而不看作人与人的某种关系,即使不是完全错误,也至少是毫无意义的。财产被认为是一个人与另一

① 参见[美]埃里克·弗鲁博顿、鲁道夫·芮切特:《新制度经济学:一个交易费用分析范式》,姜建强、罗长远译,格致出版社、上海三联书店、上海人民出版社 2006 年版,第 6 页。

个人之间的关系(单层关系),或者是一个人与许多其他人之间的关系(多层关系)。[1] 和其他财产关系一样,知识财产的权利也只是法律设定在抽象物之上的权利。[2] 最初作为法权的财产,罗马法将其定义为"法律限度内对一个事物的使用权和滥用权"[3],后逐步发展到"没有人可以阻止权利人的使用、开采、占有和支配"的权利,最后发展到"所有者从不正当损害那里得到赔偿的权利"[4]。有形的财产通过"占有"进行保护。但知识产权的权利人,基本上不能通过占有实现保护。所以,需要运用分析论的方法,为其设定一套法律上的关联词、对立语和关联对立语,用以分析界定可以互相定义的概念。权利、义务、特许(中国知识产权法中的许可)及非权利,以不同的方式引入价值观念,用以推导出某种必然的结论。[5] 在此基础上,知识产权被认为是受规则制约的特许权,这些特许权规范着人类许多活动领域对抽象物的拥有和使用。[6] 而"法定的垄断权"和"阻止他人未经授权的利用",作为"特许权"的内容,从本质上描述了知识产权经济价值的两个方面。垄断性和排他性是知识产权的权利起点。垄断性和排他性体现在权利人对知识产权的利用上。"法定的垄断权"表明权利人自己使用知识产权的直接价值。"阻止他人未经授权的利用"则为权利人实现"法定垄断权"的方式。基于合作产生效率的观点,"授权他人使用"表示了权利人另一种直接价值实现方式,同时也是社会、经济价值实现的方式。

对于知识产权的经济价值,法律的经济分析通常都会涉及对知识产

---

① 参见[澳]彼得·德霍斯:《知识财产法哲学》,周林译,商务印书馆 2008 年版,第 14 页。

② 参见[澳]彼得·德霍斯:《知识财产法哲学》,周林译,商务印书馆 2008 年版,第 11 页。

③ [英]彼得·甘西:《反思财产:从古代到革命时代》,陈高华译,北京大学出版社 2011 年版,第 200 页。

④ [英]彼得·甘西:《反思财产:从古代到革命时代》,陈高华译,北京大学出版社 2011 年版,第 119、220 页。

⑤ 参见[澳]彼得·德霍斯:《知识财产法哲学》,周林译,商务印书馆 2008 年版,第 12 页。

⑥ 参见[澳]彼得·德霍斯:《知识财产法哲学》,周林译,商务印书馆 2008 年版,第 15 页。

权经济结构的研究。斯蒂文·萨维尔将发明、著作和类似的智力产品、标记(labels)作为信息财产权进行论述。他认为知识产权的赋予,与不设置财产权或者奖励的方式鼓励创新相比,是"社会最优化"的选择。① 波斯纳则认为,知识产权与有形产权并没有不一致。② 他以专著论述了知识产权法的经济结构。③ 正如法律与经济的内在关系一样:法律规范引导和保障经济秩序;经济的内容和效率,正是法律表达的规范对象。④ 当知识产权同时满足假定的经济需求时,法律的引导就成了恰当的工具。于是就有了政府引导、诱导知识产权发展的可能性。知识产权的价值取向、社会边际收益决定了政府的支持意愿。从微观角度来看,效率和资源的优化配置,就是法律的内核。⑤ 知识产权经济结构的理论分析要以逻辑实证主义理论为基础讨论知识产权所能发挥的最大化经济、社会价值功能,并明晰弊端、控制风险。

(四)知识产权财产权的价值来源

知识产权的价值来源问题,仁者见仁、智者见智。在个人见解和立场不同的需求思维中,思考认识对象的维度截然不同。如果将知识产权回到无名状态,它是一种法律确定的保护方法。当其被命名为知识产权,在描述时就有了各种理论学说。当要把它具象时,难免出现"盲人摸象"的情况。知识产权,美国法经济学的研究通常将其纳入财产权法律制度。波斯纳认为其与有形财产权没有区别。⑥ 萨维尔认为财产权制度也适用

---

① 参见[美]斯蒂文·萨维尔:《法律的经济分析》,柯华庆译,中国政法大学出版社2009年版,第40~49页。

② 参见[美]理查德·A.波斯纳:《法律的经济分析》,蒋兆康译,中国大百科全书出版社1997年版,第47~55页。

③ 参见[美]威廉·M.兰德斯、理查德·A.波斯纳:《知识产权法的经济结构》,金海军译,北京大学出版社2005年版。

④ 参见张怡主编:《写给法律人的宏观经济学》,法律出版社2004年版,第1页。

⑤ 参见白群燕、段平利主编:《写给法律人的微观经济学》,法律出版社2004年版,第1页。

⑥ 参见[美]威廉·M.兰德斯、理查德·A.波斯纳:《知识产权法的经济结构》,金海军译,北京大学出版社2005年版,第1页。

在信息上,包括发明、书籍及其他各种版权、商标等,因而其产生和使用在现代经济中变得越来越重要。[①] 德国一些经济法研究者也将知识产权作为“无体财产”,归为经济财产法的范畴,作为经济法的显著配置。[②] 也有研究者由于工业产权具有“限制其他人自由的排他权”标志,将其归为不正当竞争法的范畴。[③] 中国关于“财产法”的研究多为对有形财产“物权”的研究,鲜见对知识产权进行研究者。但知识产权的研究者常常将其定义为民事权利,[④]并在研究过程中从新型民事权利的角度进行研究。[⑤] 法哲学和希望探索知识产权公平价值的研究者,又会将其与财产权劳动学说联系起来。[⑥] 法学研究尚且如此,社会公众更莫衷一是。不同的认识主体仅琢磨其某一方面的功能。于是乎知识产权、科技成果、保护技术“实施”的专利权,与具有传播功能保护“表达”的论文、专著的著作权等,各部门立法并没有在同一层面规范表达。这更导致之后在产权、价值来源、功能等各方面的混乱。因此,需要在知识产权认知层面统一标准。

二、科学技术计划项目成果产权维度的权利配置机制

作为科学技术项目成果转化载体的知识产权,作为创新激励的权利配置体系,形成了不同层次的产权维度,具有高度的复杂性和专业性。将其作为国家科学技术计划项目成果转化的载体,需首先明晰其产权的维度。明晰的路径为,区分成果的产权与知识对象;将其与知识产权法对应;明确国家科学技术项目在知识产权法中的位置;观察该类技术成果与

---

① 参见[美]斯蒂文·萨维尔:《法律的经济分析》,柯华庆译,中国政法大学出版社2009年版,第40页。

② 参见[德]沃尔夫冈·费肯杰:《经济法》(第2卷),张世明译,中国民主法制出版社2010年版,第425~451页。

③ 参见[德]胡伯曼:《工业产权保护》(第4版)。转引自[德]沃尔夫冈·费肯杰:《经济法》(第2卷),张世明译,中国民主法治出版社2010年版,第425~426页。

④ 参见刘春茂主编:《知识产权原理》,知识产权出版社2002年版,第4页。

⑤ 参见吴汉东:《知识产权基本问题研究》(第2版),中国人民大学出版社2009年版,第1页。

⑥ 参见冯晓青:《知识产权法哲学》,中国人民公安大学出版社2003年版,第3~37页。

其他类型知识产权价值实现方式的不同;其与企业职务发明需区别规制的基础是科学技术计划项目知识产权的公共属性。

(一)科学技术计划项目成果的产权维度

知识产权容易混淆的是“知识”的价值。前者表达了产权的维度,是财产性价值。后者则表达了成果的维度,是应用性价值。刘春田教授提出知识产权的对象是以“形式、结构、符号系统”等为存在方式的知识。他认为知识是知识产权及其客体发生的前提和基础,将知识产权的对象界定为“知识”,无论逻辑上还是实践中,都不存在困难。他为了使其观点更加合理,提出了有限性、确定性等限制条件。在知识产权领域,以创造成果和工商业标记为存在样态的知识是知识产权的对象。[①] 而刘春田教授将知识产权的对象界定为知识,会导致混淆。关于“知识”的限定,研究且精通知识产权法的专家可以对号入座、自行配对,可能还能够理解作者要表达的范围。刘春田教授随后也区分了知识产权的客体,“在对象上施加的,能够产生一定利益关系的行为”,这种说明更加形而上。而对于大部分记不起甚至不了解知识产权领域国际公约和各种观点的普通公众而言,这种表述更多的后果是其对知识产权认知的混乱。而从实用的角度界定知识产权的对象,是为了从认识论的角度以最简单的方法让相关人员迅速、清晰地锁定对象,无论他是否精通知识产权法。知识的第一性和第二性无疑会造成价值分析上的混乱,找不到价值创造的根源。并且,无形财产权并不是说该财产权没有有形表现形式,而是相关的表达不是权利本真的内容。作品表达的不是许可收益权。商标图案、商标证书、专利文献、专利证书分别表达了对象形象和权利表征,但也都不表达许可收益权。无形资产(intangible assets),在全球价值链中体现为技术、设计、商标品牌,也包括工人技术和管理的专有技术(in the form of technology, design and brand value as well as workers' skills and managerial

---

① 参见刘春田主编:《知识产权法》(第5版),中国人民大学出版社2014年版,第9~18页。

know-how)。[①] 无形资产的说法,相对的是机器设备、实验设备、房屋土地等有形的生产要素。所以本书依然会采用无形资产这样通用的概念来表述知识产权的资本属性。罗马法明确将财产法植根于形而上学的领域中,为财产的非物质化提供了概念性的工具。[②]

知识产权是法律制度中科技与经济的连接点。吴汉东教授表述为在工业经济时代,知识产权是近代科学技术与商品经济的产物,为资产者提供了取得财产的新方式。[③] 当权利人没有或者不能创造利润时,要交给受托管理人管理以创造利润。要证明是受托管理的对象,就不能按照上述方式证明。专利权人以有效的专利、著作权人以其作品,都能够表明其是可以作为知识产权运营管理对象的知识产权。如果是一项专业的知识或技能、信息、标记符号甚至是一项完整的技术,对于知识产权运营来说,需要有一个从知识或技能、信息、标记符号、专业技术转化到知识产权的过程。也就是说,要转化或者筛选出那些具有排他性的、有管理基础的财产权,包括技术秘密。专业的知识产权运营,要对知识或技能、信息、标记符号、技术进行加工和挖掘。挖掘目的是使其在使用中能够获得更高的运营收益、获得更长的保护期限,以提高运营收益。运营收益是知识产权价值的体现。

(二)智慧成果与商业标记的知识产权

在知识产权部门法的学理研究中,"知识产权是关于什么的权利",这是价值的起点。国内学者的定义通常认为是知识产权关于"创造性成果"和"工商业标记"的权利。"国际保护工业产权协会"(AIPPI)于1992年在东京大会提出,知识产权分为"创造性成果权利"与"识别性标记权

---

① See *Intangible Capital in Global Value Chains*, World Intellectual Property Report 2017, p. 24, https://www.wipo.int/publications/en/details.jsp? id-4225.

② 参见[澳]彼得·德霍斯:《知识财产法哲学》,周林译,商务印书馆2008年版,第16~22页。

③ 参见吴汉东:《科技、经济、法律协调机制中的知识产权法》,载吴汉东:《知识产权多维度解读》,北京大学出版社2008年版,第69~94页。

利”两大类。其中前一类对应7项,即发明专利权、集成电路权、植物新品种权、技术秘密权、工业品外观设计权、版权、软件权。后一类包括3项,即商标权、商号权和制止不正当竞争有关的识别性标记权。① 现知识产权研究通常认为这是知识产权的对象,并有“创造性成果权”“经营性标记权”的表述。②

知识产权自身具有应用价值,其财产权价值常常与自身价值混淆。多数国家的法理著作、法律、国际条约乃至《布莱克法律词典》,都从划定范围来明确知识产权概念,或给知识产权下定义。③ 郑成思教授认为,即使有想要跳出这个圈子定义知识产权的研究者,实际上并未开辟出任何新路。虽然根据知识产权的地域性,知识产权的法律取决于国家需求,但在最低保护标准方面,国际公约的影响是不容忽视的。④ 根据《建立世界知识产权组织公约》,“知识产权”包括有关下列项目的权利:文学、艺术和科学作品,表演艺术家、录音和广播的演出,在人类一切活动领域内的发明,科学发现,工业品外观设计,商标、服务标记、商号名称和牌号,制止不正当竞争,以及在工业、科学、文学或艺术领域内其他一切来自知识活动的权利。⑤ 根据《与贸易有关的知识产权协定》(Agreement on Trade-Related Aspects of Intellectual Property Rights,TRIPS),就本协定而言,“知识产权”一词指作为该协定第二部分第一节至第七节主题的所有类别的知识产权。第二部分第一节至第七节的知识产权类别包括版权和相关权

---

① 参见郑成思:《知识产权论》(第3版),法律出版社2007年版,第42页。

② 参见肖志远:《知识产权权利属性研究——一个政策维度的分析》,北京大学出版社2009年版,第18页。

③ 《布莱克法律词典》中关于知识产权的描述是“A category of intangible rights protecting commercially valuable products of the human intellect. The category comprises primarily trademark, copyright, and patent rights, but also includes trade-secret rights, publicity rights, moral rights, and rights against unfair competition”。“一类保护有价值的人类智慧产品的无形权利,该类主要包括商标、版权和专利权,但也包括商业秘密权、发表权、精神权利和反不正当竞争权。”See Bryan A. Garner, *Black's Law Dictionary*, 8th edition, Thomson West, 2004, p. 824.

④ 参见郑成思:《知识产权论》(第3版),法律出版社2007年版,第39页。

⑤ See *Convention Establishing the World Intellectual Property Organization*, http://www.wipo.int/wipolex/zh/treaties/text.jsp? file_id=283833.

利、商标、地理标识、工业设计、专利、集成电路布图设计(拓扑图)、对未披露信息的保护。① 有学者对 TRIPs 分析后提出:一般而言,知识产权可以被定义为一种法律观念上的创造物。它与国家授予个人在一定时间内的法定垄断权有关,可以阻止他人未经授权的利用。② 这一定义显然更加接近知识产权的真相。国内权威学者也有具有代表性的定义。刘春田教授提出"知识产权是基于创造成果和工商业标记依法产生的权利的统称"。③ 吴汉东教授提出"知识产权是人们对于自己的智力创造性的成果和经营管理活动中的标记、商誉依法享有的权利"。④ "概括主义表述简要,但关键问题在于概括是否准确恰当且具有最大包容性。目前对概括主义并无完全一致的看法。"⑤郑成思教授更倾向于支持从划定范围出发来明确知识产权的概念,而且知识产权的范围基于地域属性会遇到各种争议,因而他将研究范围的主体限定在"专利权""商标权""版权"三个方面。⑥

基于不同权利对象的权利内容和实现体系,国内学者的定义似乎更客观一些。就知识产权本身来看,不同类型知识产权的权利内容都有明确规定。但"法定的垄断权""阻止他人未经授权的利用",比"创造性成果"权利和"工商业标记"权利(识别性标记)的表述,更接近知识产权的财产权经济关系的真相。因为证券化的对象是知识产权的未来收益。收益首先是相对于知识产权权利人而言的。其次知识产权的视角中也存在另一层意义上的收益,即对社会、经济而言的收益。正如"关系财产权"的定义,越来越多的法律认为,更为准确的财产权是与"物"有关的人与

---

① See *Part Ⅰ — General Provisions and Basic Principles*, https://www.wto.org/english/docs_e/legal_e/27-trips_03_e.htm.

② See Michael Blakeney, *Trade Related Aspects of Intellectual Property Rights:A Concise Guide to the TRIPS Agreement*, Sweet & Maxwell, 1996, p. 10.

③ 刘春田主编:《知识产权法》(第 5 版),中国人民大学出版社 2014 年版,第 6 页。

④ 吴汉东主编:《知识产权法》(第 6 版),中国政法大学出版社 2012 年版,第 1 页。

⑤ 吴汉东:《知识产权基本问题研究》(第 2 版),中国人民大学出版社 2009 年版,第 5 页。

⑥ 参见郑成思:《知识产权论》(第 3 版),法律出版社 2007 年版,第 39~55 页。

人之间的关系。“物”包括无形、不可见的“物”上权利,也包括以金融资产和知识产权为对象的无形动产。[①] 因此证券化中知识产权的研究视角需从法经济学的角度,观察知识产权与权利人、与社会经济的互动关系,即知识产权的法经济学分析。证券化的创新要改变从提供正义的角度看待知识产权法的视角,从改变行为的诱因(隐性价格)和实现法律目标(效率与分配)的手段这一财产权维度来看待知识产权。[②]

(三)财政资助职务发明在知识产权法中的位置

《科学技术进步法》《促进科技成果转化法》及其行政法规和部门规章所形成的规范体系,与知识产权部门法智慧成果权利配置构造表达体系存在不同的表达方式。从对象的视角,可形成四个层次的权利渐进与权利范围。通过上述对知识产权对象的分解可知,财政资助职务发明则仅属于其应用技术类成果“实施”排他性权利的知识产权法规范。

第一层次,根据最基础的知识产权法底层逻辑,在法学研究领域,知识产权,是针对“创造成果”和“商业标记”这类具有“公共物品”属性的对象,以特许权形式进行不同权利配置的成熟法律创制。知识产权制度是“智力成果权”和“商业标记权”的创造。前者为著作权法和专利法等针对智力创造性成果的权利配置。后者为商标法,以及针对其他商业标记的不正当竞争法。

第二层次,进入“国家科学技术计划项目”成果所涉及的层次,基于国家科学技术计划项目资助的对象,其成果主要为“智力成果”。即使是著作权,在科学研究领域中,论文、专著、数据库等,作为科学作品,既有技术传播、技术公布等重要作用,又有复制、发行、信息网络传播等著作财产权的作用。

第三层次,仅针对应用技术类成果的“实施权”。“职务技术成果”或

---

① 参见[美]约翰·G. 斯普兰克林:《美国财产法精解》,钟书峰译,北京大学出版社2009年版,第7页。

② 参见[美]罗伯特·考特、托马斯·尤伦:《法和经济学》(第6版),史晋川、董雪兵等译,格致出版社、上海三联书店、上海人民出版社2012年版,第9页。

"职务发明",如果欲形成"实施"的排他性权利,则需在专利法等知识产权部门法中,进一步分离并配置成果的实施权、管理权、收益权、产权等诸多权利。权利可以原始取得,可转让的财产性权利也可以继受取得,从而形成最优激励效果的权利配置体系。

第四层次,在产权界定后,则能够区分出成果的权利领域和公共财产领域。根据知识产权财产法哲学研究体系,形成在不同的法律关系和收益关系中表达不同的产权形式后,针对对象的其他财产性使用,则进入"公地"领域,为公共财产,具有公共属性。知识产权法则是各类权利主体及相关财产权利的对应关系。

(四)职务发明类成果知识产权的价值实现

中国学界对知识产权的研究集中在知识产权的法定形式性规则和保护规则方面。综合这些研究,其视角集中在知识产权的客体、对象、形成的程序、权利的授予和纠纷的解决等方面。于应用技术类成果而言,作为成果其具有自行实施利用的权利。然而,财政资金设立的高校、科研单位,其社会职能为教育和科研。校办企业受到教育行政管理部门和国有资产管理部门的管制。知识产权的排他性权利,需通过诉讼司法保护或行政保护实现。这对将权利授予依托单位的财政资助职务发明而言,难以适用。这也意味着财政资助职务发明成果两种价值均不能自我实现。

财政资助职务发明的价值,需实现于经济关系中。正如美国知识产权研究和实践中强调的那样,最终用户关心的是对于知识产权的投资所获得的相应回报,而不是他们的律师能为他们争取到多少专利权、版权或商业秘密。所以,知识产权法的实践越来越跨越传统专利法和著作权法的界限。① 财产权并非表现为权利人对知识产品的支配,而是知识产权利益的实现有赖于他人的合法利用。② 国家知识产权战略表达为"运

① 参见[美]罗伯特·P.莫杰斯、彼特·S.迈乃尔、马克·A.莱姆利等:《新技术时代的知识产权法》,齐筠、张清、彭霞等译,中国政法大学出版社2003年版,第18页。

② 参见吴汉东等:《知识产权基本问题研究》,中国人民大学出版社2005年版,第44、49页。

用”。创新驱动发展战略中为表示规模化利用采用了“运营”的表述。即知识产权通过权利人许可他人利用并获得许可费实现财产权价值。

知识产权的价值特征,表现为“法定的方式”和“法定及约定限制”条件下“许可”无限使用次数的优越性。根据《公司法》的规定,技术、文化创造等并不是法定出资的对象,“知识产权”是科技创新与金融资本结合的唯一法定资本。根据《专利法》的规定,专利权的权利功能是“除本法另有规定的以外,任何单位或者个人未经专利权人许可,都不得实施其专利,即不得为生产经营目的制造、使用、许诺销售、销售、进口其专利产品,或者使用其专利方法以及使用、许诺销售、销售、进口依照该专利方法直接获得的产品”①。类似地,著作权和商标权,其核心基本上集中在“许可使用”方面。无论是主动支付(约定)还是被动支付(侵权),知识产权的核心基本上在于“许可实施”和“许可使用”。普通许可的专利权、商标权、著作权或者其他知识产权都有可能进行无数次的权利叠加。因此,知识产权从产生到权利终止所创造的实际价值,在于知识产权的实际运用和运营情况。知识产权收益,在权利终止时可以计算,但在权利开始时难以评估。

新技术确实改变了知识产权的实践方式。以往知识产权实践领域是按照传统教科书的编排方式划分的——版权对应文学、音乐和艺术作品保护;专利和商业秘密对应技术成果;商标和反垄断对应商业活动方面的保护。新技术时代的知识产权实践,可以看到传统理论界限的模糊。影响高科技公司的代表性重大交易和重要案件,都涉及复杂技术分属知识产权法的多个领域和反垄断问题。②

(五)职务发明类成果知识产权的公共属性

作为国家科学技术计划项目成果的职务技术成果,与企业知识产权在财产公共性方面并不完全相同。国家科学技术计划项目出身于公共财

---

① 《专利法》(2020 年修正)第 11 条。

② 参见[美]罗伯特·P. 莫杰斯、彼特·S. 迈乃尔、马克·A. 莱姆利等:《新技术时代的知识产权法》,齐筠、张清、彭霞等译,中国政法大学出版社 2003 年版,“前言”第 1 页。

政。即使分离出科技成果的产权、使用权和收益权的权利配置工具,也并不排斥其通过“国有资产”“全民所有制”“国有经济”等方式存在的公共属性和公共价值。由于知识产权的特殊经济作用,常常被上升到国家战略的高度。国家知识产权战略通常是政府制定和实施的一系列措施,从国家层面鼓励、促进有效的创造、发展、管理和保护知识产权。国家知识产权战略可以增强创造具备经济价值的知识产权资产的能力,有助于各国以有计划、有效率、可持续的方式解放知识资产。① 从这一角度看,良好运作和平衡的知识产权制度是促进创新和创造的关键。创新和创造是知识经济(Knowledge - Based Economies, KBEs)发展的主要驱动力。KBEs 的成功取决于一个促进知识型企业的系统,即该系统可以加强行业和研究机构之间的联系,为开发提供知识产权服务所需的劳动力。这种制度的前提是将知识产权适当纳入国家发展框架。知识产权战略的目标,是提供一个计划,使所有国家利益攸关方能够共同创造、拥有和利用研究成果、新技术和创造性作品。② 此时的知识产权,与民事权利的研究角度不同。日本前专利厅厅长富田彻男认为,知识产权是保护技术开发、创造等正常进行的权利制度,是与技术开发、产业、消费者组成的市场结构对应的一种权利。③

知识产权的研究中还有一种“公权化理论”。这种理论认为知识产权越来越多地突破了私法领域,表现为国家或政府干预。即通过“社会公益性”、“国家授予性”及其“利益权衡性”,不断强化对知识产权的公权力干预,故将之归结为知识产权制度的公权性质。④ 有研究者提出,知识产

① 参见《国家知识产权战略》,https://www. wipo. int/ipstrategies/zh/,最后访问时间:2022 年 10 月 9 日。

② See *Methodology for the Development of National Intellectual Property Strategies*: *Tool 1*: *The Process*, WIPO Toolkit, 2016, p. 7, https://www. wipo. int/edocs/pubdocs/en/wipo_pub_958_1. pdf.

③ 参见[日]富田彻男:《市场竞争中的知识产权》,廖正衡译,商务印书馆 2000 年版,第 1 页。

④ 参见李永明、吕益林:《论知识产权之公权性质——对“知识产权属于私权”的补充》,载《浙江大学学报(人文社会科学版)》2004 年第 4 期。

权作为私权的过度膨胀将会阻碍技术进步、损害社会公共利益。[①] 他们认为中国知识产权保护的案例中已出现“竞高”与“超标”的趋势。[②] 也有研究者提出，知识产权作为私权的公权化是构建知识产权利益平衡、保障权利人专有权、实现知识产权公共利益价值的需求。[③] 一些研究者并不认同这种观点。他们认为该理论将专利法的经济取向、价值追求和实现目标的手段混淆了，导致了对专利法本身属性的认识错误。[④] 吴汉东教授也认为知识产权公权化的观点值得商榷。他认为强调国家对知识产权制度的干预，或者创造个人利益与社会利益的平衡机制，不可能改变知识产权的私权属性。[⑤] 本书关于国家知识产权战略的重视，并不在于参与公权还是私权的属性之争，而是从经济发展角度，强调知识产权的公共价值和国家干预的正当性。

三、科学技术计划项目成果转化机制的法律经济分析

以知识产权构建互相配合实现产业价值的资源配置体系，赋予技术内容独立的财产权载体，带动技术流转，形成收益机制，是科学技术计划项目成果以知识产权为载体进行转化的制度构造。其制度功能是构建财政资助职务发明成果的知识产权资本化功能，由知识产权代表财政资助职务发明的技术价值和资本价值。其核心是知识产权的流动性和资本信用。

---

① 参见袁泳：《知识产权法与技术、文化创新》，载《北京大学学报（哲学社会科学版）》1997年第5期。

② 参见乔生：《我国知识产权保护的现状与思考》，载《法商研究（中南政法学院学报）》2002年第3期。

③ 参见冯晓青、刘淑华：《试论知识产权的私权属性及其公权化趋向》，载《中国法学》2004年第1期。

④ 参见肖志远：《知识产权权利属性研究——一个政策维度的分析》，北京大学出版社2009年版，第25页。

⑤ 参见吴汉东：《关于知识产权私权属性的再认识》，载吴汉东：《知识产权多维度解读》，北京大学出版社2008年版，第36~44页。

(一)建立公共研发领域知识产权财产权的必要性

知识产权的经济结构与公共财政投入并不冲突。对知识产权的经济分析,可以从亚当·斯密、边沁、密尔以及其他古典经济学的简要讨论算起。早期的普通法几乎没有为知识产权提供保护。正如勒尼德·汉德在切尼兄弟诉多丽丝丝绸公司案中所总结的那样,由于没有普通法或者制定法的特殊规定,人们的财产只限于体现其创造的动产。① 为其辩护的理由认为,它鼓励竞争,可以降低消费价格。② 这种观点的缺点显而易见,即其会阻碍创造活动。③ 人对他头脑产物的权利,与对他双手产物的权利具有同样的正当性根据。④

美国的所谓严格的知识产权保护制度,也是从普通法的判决中逐步发展起来的。从普通法的经济分析观点来看,如果一项知识产权被他人故意侵权使用,使用人比权利人更有效率,因此使用人从侵权中获得的利益,就超过了专利权人的损失,所以应当允许专利权人向侵权人主张其从中的获利。通过侵权人不能从侵权行为中获利,法律就迫使专利潜在使用者与专利权人进行谈判,从而以一个市场交易来代替一个法律交易。⑤美国关于知识产权法经济结构的研究,并不是论证"没有法律的保护,创造该等财产的激励将变得不足"这样的声明,而是从现存知识产权的最优化管理、壅塞外部性、搜寻成本、寻租和交易成本来分析的。⑥

(二)职务发明需知识产权代表产业价值和融资价值

根据科技成果与知识产权财产法属性的不同,以知识产权运营为视

---

① 参见《联邦判例汇编》(第 2 辑第 35 卷)(第二巡回法院,1929 年),第 279~280 页。

② 参见《联邦判例汇编》(第 2 辑第 402 卷)(第九巡回法院,1968 年),第 562 页,史密斯诉夏娜尔公司案。

③ 参见[美]约翰·G. 斯普兰克林:《美国财产法精解》,钟书峰译,北京大学出版社 2009 年版,第 53 页。

④ 参见[英]赫伯特·斯宾塞:《社会静力学》,张雄武译,商务印书馆 1996 年版,第 65 页。

⑤ 参见[美]威廉·M. 兰德斯、理查德·A. 波斯纳:《知识产权法的经济结构》,金海军译,北京大学出版社 2005 年版,第 9 页。

⑥ 参见[美]威廉·M. 兰德斯、理查德·A. 波斯纳:《知识产权法的经济结构》,金海军译,北京大学出版社 2005 年版,第 12 页。

角,知识产权需作为科学技术计划项目成果的载体。这是因为在高校、科研院所科技成果转化的法律规制机制中,知识产权持有和处置者、技术掌握者、利益的归属者之间,在规制体系中,按照制度经济学的分析方式,尚未形成博弈均衡的理想状态。这种状态可称为博弈困境。博弈困境导致该领域市场失灵,形成低效率状态。要提高效率,可使知识产权作为独立财产权,脱离技术人员、脱离高校、科研院所流转。在博弈的状态下,技术人员之所以不愿意使科技成果达到"脱离技术人员掌控"的状态,在于其对研发成果产业化收益的"利益期待"未能满足。如果有满足各参与者"利益期待"的制度,则可形成帕累托最优的博弈均衡。

(三)构建成果收益机制的核心是为其创造资产信用和流动性

以"实施"为权利内容的专利等知识产权的权利配置体系,收益机制需通过法律关系工具构建实施体系。作为技术内容载体的"科技成果"产权,代表着财产权和收益权来维持研发体系利益。为其实施和融资的功能在产业、金融领域要想通过许可交易市场流转,需通过信托关系构建知识产权运营服务体系。为更充分地使科技成果完成从"科技成果"到"技术生产能力"的转变,可以通过知识产权、信托、知识产权运营信用中介、科技金融等法律工具,构建知识产权运营服务体系。

知识产权运营服务体系的核心目的是为"财政资助职务发明"成果创造收益,这是收益分享的前提。即要有价值最大化的收益(至少是与科研投入相匹配的收益)可以分享。该过程需要通过至少三个环节进行创造。一是为"财政资助职务发明"成果创造"资产信用"。制度的目的是使其代表技术,带动资金继续投入,成为融资工具,进入产业领域,获取产品产业化后的市场收益。二是为"财政资助职务发明"成果创造"流动性"。制度的目的是使其能够代表技术,在更广泛的产业应用领域中发挥技术的价值。三是需要构建为"财政资助职务发明"成果创造"资产信用"和"流动性"的市场运营体制、行业自律管理机制和政府科技金融监管机制。此为科技金融制度研究中所要实现的法律机制建设目标。

(四)科技成果转化规制中权利主体分置状态的负面影响

根据前述规制,知识产权的财产权和处置权由项目承担单位所有,并由项目承担单位承担转化义务。科技成果由成果完成人,即项目负责人负责开发并完成,即成果完成人掌握技术。这种规制要求项目承担单位的技术转移部门承担转化义务,但技术转移部门本身无法帮助企业完成整个科技成果应用需求时,唯一的方式则是作为技术中介,充当技术需求者与科研人员的介绍人。其作为内部服务机构,使技术需求者和科研人员之间的对接,基本上没有市场化的权利、义务、收益机制约束。此时,从新制度经济学博弈角度看,技术中介除了履行法定职责外,还缺少了实质的制度激励机制。

高校的科技成果转化工作亦实际如此。各高校均十分重视科技成果转化工作。在科学技术部、教育部、国家发展和改革委员会、地方政府等各主管部门的支持下,高校大力举办校办大学科技园、技术转移中心、产业技术研究院、科技开发中心、科创服务中心、知识产权持股公司、地方产学研合作平台等产业化平台,其模式不可谓不丰富,且财政投入充足。但这些平台在为高校、科研院所职务发明成果提供产业输出路径时,成为个别单体项目的投资持股、产业化基地。其功能除了项目发布、校地合作等自身的平台功能外,基本上演变为了科技成果转化管理部门。科研人员在进行技术转移时,通过技术转移中心、产业技术研究院办理相关业务,其职能更接近科技处的横向项目管理。

上述科学技术计划项目的成果转化问题,在选择知识产权为载体时,其法经济学分析中所涉及的博弈关系,体现为“科技成果转化”和“知识产权运营”之成果价值创造机制的制度需求。成果转化和知识产权运营的法律规范决定了市场效率。法律关系的效率则取决于博弈合作关系中的制度成本和交易费用。关于具体创新主体和成果转化主体的博弈关系及其对创新要素的影响,可以作为独立的科技成果转化和知识产权运营机制进行研究。

第四章　收益创造机制:科技成果转化与知识产权运营

从过程的视角来看,科学技术计划项目的成果转化与知识产权运营,都是政府财政科研成果与产业融合的过程。代入法学视角,财政资助职务发明的成果转化是指,依据《促进科技成果转化法》《科学技术进步法》等法律及相关行政法规、部门规章等法律规范,将国家科学技术计划项目产生的应用技术类成果,转移至企业主体,进行技术应用的过程。从法律行为的视角来看,法律规范设置的范式为“高校、科研院所采取转让、许可或者作价投资等方式,向企业或者其他组织转移科技成果”。这一转化模式为单体技术的转化。

知识产权运营是“中央引导、城市为主”的建设模式。由国家知识产权局、财政部政策激励,以重点城市为载体进行知识产权运营服务平台转化。尽管目前该模式以个体为对象,但建设目标是以产业为基础的知识产权集合运营。这种以“专利资产池”为对象,就某一产业领域的专利进行集合运营的模式,可界定为集合转化模式。

两种模式中,科技成果转化、技术转移、知识产权运营等用语,均可能包含风险投资基金、政府引导基金、股权投资、债权投资、质押融资等融资方式。本章所涉资本化与科技金融的分论并不重复或冲突。区别在于,本章侧重转化和运营的资本化过程;科技金融专章则以知识产权运营的证券化为主。两者的联系是,知识产权运营中的科技金融,以知识产权许可运营的未来收益为基础资产。知识产权资本化为证券化的前提和基础。知识产权证券化为知识产权资本变现未来收益,补充制度工具,拓展市场空间。

本章首先梳理目前科学技术计划项目成果转化机制中的创新要素,观察成果转化的现状。其次梳理科学技术计划项目成果转化的法律规制状况,制度的改革和发展。最后将发展现状和规制状况结合,观察两者之间的互动,研究各发展模式中存在的问题和问题的成因,以期寻找解决困局的法律制度工具。

第一节　科学技术计划项目成果转化中的创新要素

作为研究对象的"财政资助职务发明"成果转化过程,包括高校、科研院所从科研投入、研发、产生科技成果形成知识产权、投入生产领域等多个环节,涉及诸多创新要素。探讨具体法律关系中决定博弈合作制度成本和交易费用的因素,可分析成果转化和知识产权运营的法律规范所决定的创新要素对成果转化的影响。从高校、科研院所的科研成果转化来看,单个环节的投入会对各个环节产生影响。创新资源配置,在单个环节投入时,需分析其对整体价值的影响。

高校、科研院所的科研创新体系包含高校、科研院所、科研人员、科研项目与研发资金、科研成果、单位内部的科研管理与服务、科研评价、科研激励、科技成果转化等要素与环节。根据科学技术部 2020 年 4 月发布的《2018 年我国高等学校 R & D 活动统计分析》《2018 年我国政府研究机构 R & D 活动统计分析》(以下简称"科技部统计数据"),高等学校拥有全国规模最大的科学研究人员队伍;研究经费持续增长,发明专利申请量和授权量也在稳步增长。[①] 但根据国家知识产权局 2020 年发布的《2019 年中国专利调查报告》的统计数据(以下简称"国知局统计数据"),科技

---

① 参见《2018 年我国高等学校 R & D 活动统计分析》,载科学技术部官网,http://www.most.gov.cn/kjbgz/202004/P020200426593617505318.pdf,最后访问时间:2020 年 12 月 20 日。

成果转化为产业应用的效率却不容乐观,而这一结果又与整个高校、科研单位的科研创新体系直接相关。

一、科研单位与科研人员

根据“科技部统计数据”可知,2018 年,高校科研人员当量为 41.1 万人,其中博士毕业人员占 31.6%。高校拥有全国规模最大的科学研究人员队伍。全国从事科学研究(包括基础研究和应用研究)的人员中,高校占 46.0%。[①]

从广义上看,教育体系的科研工作者是一个更庞大的群体。高校、科研院所,并不排斥各类员工参与科研项目的申报。硕士、博士等学生,可能都在参与导师的项目,单独或者与导师共同发表文章、申请专利,形成职务科研成果。伴随着国家财政科研经费的巨额投入,该领域的主力研发人员,常常熟悉科技前沿,具有丰富的科研经验和专业水平、先进的科研实验设备与技术开发条件、充足的研发资金和研究助理。

二、科研项目、资金来源与研发模式

高校、科研院所科研领域的研发资金以政府财政资金为主。项目来源以申请地方各级科技计划项目资助和国家级科技计划项目资助为主。部分经费来源于横向科研合同的研发资金。

根据“科技部统计数据”可知,高校科研经费为 1457.9 亿元。在全国科研经费中,高校占 7.4%。政府资金是高校科研经费的最大来源。2018 年的高校科研经费中,政府资金为 972.3 亿元,企业资金为 387.2 亿元,国外资金和其他资金共 98.5 亿元,分别占高校科研经费的 66.7%、26.6%和 6.8%。[②] 2018 年,研究机构的研发经费达 2698.4 亿元。政府

---

① 参见《2018 年我国高等学校 R & D 活动统计分析》,载科学技术部官网,http://www.most.gov.cn/kjbgz/202004/P020200426593617505318.pdf,最后访问时间:2020 年 12 月 20 日。

② 参见《2018 年我国高等学校 R & D 活动统计分析》,载科学技术部官网,http://www.most.gov.cn/kjbgz/202004/P020200426593617505318.pdf,最后访问时间:2020 年 12 月 20 日。

资金一直是研究机构研发经费的主要来源。2018 年，研究机构研发经费中，来源于政府的资金为 2284.9 亿元，所占比重为 84.9%；企业资金增至 102.6 亿元，所占比重为 3.8%；来源于事业单位和国外等其他资金占比为 11.3%。[①] 而据国家知识产权局抽样统计数据，“地方级科技计划项目赞助”是高校和科研单位研发经费的最主要来源。有 62.3%的高校和科研单位从该途径获得研发经费。国家级科技计划项目资助占 33.8%。[②]

科学技术部统计了不同年份不同研发模式下的研究经费。2018 年，高校的研发经费中，基础研究为 589.9 亿元，应用研究为 711.5 亿元，试验发展为 156.5 亿元。[③] 同年，政府研究机构的研发经费中，基础研究为 423.8 亿元，应用研究为 797.6 亿元，试验发展为 1476.9 亿元。[④]

高校、科研院所科研领域的研发模式，国家知识产权局以“在自己常规科研项目中，发现好的技术方案获得专利，并设立企业进行产业化”（自主研发并转化）、“积极与相关企业接洽，根据企业委托从事专题研究，合作生产产品”（委托研发）、“从事应用研究，获得大量专利，对外许可获得收益”（知识产权许可）、“从事基础研究，专利数量不多，对外许可较少”为选项（可多选）进行抽样调查。结果显示，高校主要研发模式为“从事基础研究，专利数量不多，对外许可较少”，占 69.7%（合计 145.4%）；科研单位则是“根据企业委托从事专题研究，合作生产产品”，占 61.7%（合计 162.9%）；而第三项，即知识产权许可，高校与科研单位

---

① 参见《2018 年我国政府研究机构 R & D 活动统计分析》，载科学技术部官网，http://www.most.gov.cn/xxgk/xinxifenlei/fdzdgknr/kjtjbg/kjtj2020/202004/P020200426610723432980.pdf，最后访问时间：2020 年 12 月 20 日。

② 参见《2019 年中国专利调查报告》，载国家知识产权局网，https://www.cnipa.gov.cn/module/download/down.jsp? i_ID=40213&colID=88，第 22 页，最后访问时间：2020 年 12 月 20 日。

③ 参见《2018 年我国高等学校 R & D 活动统计分析》，载科学技术部官网，http://www.most.gov.cn/kjbgz/202004/P020200426593617505318.pdf，最后访问时间：2020 年 12 月 20 日。

④ 参见《2018 年我国政府研究机构 R & D 活动统计分析》，载科学技术部官网，http://www.most.gov.cn/xxgk/xinxifenlei/fdzdgknr/kjtjbg/kjtj2020/202004/P020200426610723432980.pdf，最后访问时间：2020 年 12 月 20 日。

总体占 12.6%(合计 154.4%)。[①]

三、高校、科研院所的知识产权管理机构

国家知识产权局的调查显示,高校、科研院所建立知识产权专职管理机构的比例分别为 17.6%和 9.5%;建立兼职管理机构的比例分别为 38.3%和 55.8%;尚未建立管理机构的比例分别为 44.0%和 34.7%。高校与科研单位的科技成果转化职能主要由知识产权管理部门承担的比例为 53.6%,科研单位承担的比例为 58.0%。选择自建专业化、市场化科技成果转化机构的比例较低,为 6.4%。有 30.6%的高校科技成果转化职能由校内技术交易中心等机构承担。高校和科研单位中,专职知识产权管理人员在 2 人以下的均在 80.0%以上;专职人员在 11 人以上的只有 0.3%。[②]

国家知识产权局调查显示,对于科技成果申请专利的知识产权,规定为申请者个人所有的高校和科研单位比例分别为 19.9%和 5.5%;规定为申请者所在单位所有的高校和科研单位比例分别为 45.9%和 49.9%;规定为申请者与所在单位共有的高校和科研单位比例分别为 34.2%和 44.6%。[③]

四、科研成果与知识产权

一方面,高校、科研院所科研领域的专利申请和授权量,尤其是发明专利,在中国创新领域占有重要比重。根据“科技部统计数据”可知,

---

① 参见《2019 年中国专利调查报告》,载国家知识产权局网,https://www.cnipa.gov.cn/module/download/down.jsp? i_ID=40213&colID=88,第 30 页,最后访问时间:2020 年 12 月 20 日。

② 参见《2019 年中国专利调查报告》,载国家知识产权局网,https://www.cnipa.gov.cn/module/download/down.jsp? i_ID=40213&colID=88,第 135、136 页,最后访问时间:2020 年 12 月 20 日。

③ 参见《2019 年中国专利调查报告》,载国家知识产权局网,https://www.cnipa.gov.cn/module/download/down.jsp? i_ID=40213&colID=88,第 136 页,最后访问时间:2020 年 12 月 20 日。

2018 年，高等学校的专利申请量达 40.7 万件。其中，发明专利申请数为 22.7 万件，发明专利申请量占高等学校全部专利申请量的比重为 55.6%。高校发明专利申请量占全国发明专利申请量的比重为 16.3%。2018 年，高校的专利授权量为 19.4 万件。其中，发明专利授权量为 7.5 万件，发明专利授权量占高校全部专利授权量的比重为 43.9%。高校发明专利授权量占全国发明专利授权量的比重为 21.6%。① 2018 年，研究机构的专利申请量为 6.1 万件，其中发明专利申请量为 4.8 万件。专利授权量为 3.7 万件，其中发明专利授权 2.3 万件。②

另一方面，高校与科研单位科研成果申请专利的比例较低。根据"国知局统计数据"可知，科技成果申请专利比例在 10%以下的专利权人分别在高校和科研单位中占比 56.6%和 35.5%。③

高校专利布局目的受政策因素的影响过高。根据"国知局统计数据"可知，对未实施专利而言，有 56.3%的高校表示没有实施的专利被用以完成专利评审或考核指标。41.6%的高校利用没有实施的专利获得奖励等，远超企业相应占比。④

五、高校、科研单位的技术转移

高校和科研单位专利运用水平较低。高校和科研单位有效专利实施率（高校 13.8%，科研单位 38.0%）、产业化率（高校 3.7%，科研单位 18.3%）远低于企业的 63.7%、45.2%；许可率（高校 2.9%，科研单位

---

① 参见《2018 年我国高等学校 R & D 活动统计分析》，载科学技术部官网，http://www.most.gov.cn/kjbgz/202004/P020200426593617505318.pdf，最后访问时间：2020 年 12 月 20 日。

② 参见《2018 年我国政府研究机构 R & D 活动统计分析》，载科学技术部官网，http://www.most.gov.cn/xxgk/xinxifenlei/fdzdgknr/kjtjbg/kjtj2020/202004/P020200426610723432980.pdf，最后访问时间：2020 年 12 月 20 日。

③ 参见《2019 年中国专利调查报告》，载国家知识产权局网，https://www.cnipa.gov.cn/module/download/down.jsp? i_ID = 40213&colID = 88，第 46 页，最后访问时间：2020 年 12 月 20 日。

④ 参见《2019 年中国专利调查报告》，载国家知识产权局网，https://www.cnipa.gov.cn/module/download/down.jsp? i_ID = 40213&colID = 88，第 60、198 页，最后访问时间：2020 年 12 月 20 日。

2.0%)、转让率(高校3.2%,科研单位1.3%)、作价入股比例(高校2.0%,科研单位1.7%)也明显低于企业的6.1%、3.7%、3.1%。未实施专利中,高校和科研单位表示相当比例是用于完成专利评审或考核、获得奖励等目的,高校两项占比分别为56.3%、41.6%,科研单位两项占比分别为48.6%、42.1%,这表明高校和科研单位专利布局受政策因素影响偏高。[①]

国家知识产权局调查报告对"制约专利权有效实施的因素"进行了调查。其调查结果认为,"信息不对称造成专利权许可转让困难"占比最高,高校、科研院所占比分别为52.7%、70.5%。高校选择"自身缺乏实施该专利的技术条件"占比最高,达到了59.9%。[②]

六、外部知识产权服务

由于知识产权是一种法律制度设计,其价值实现在一定程度上依赖于外部专业的知识产权服务。根据"国知局统计数据"2018年,高校购买专利服务的比例最高,为37.2%。科研单位购买专利服务的比例最低,为17.8%。[③] 国家知识产权局在统计中将知识产权服务分为"专利代理服务""专利法律服务""专利信息服务""专利商用化服务""专利咨询服务""专利培训服务"六类。高校购买上述知识产权服务的比例分别为84.5%、5.9%、28.4%、2.4%、55.2%、26.2%。科研单位购买上述服务的比例分别为73.2%、5.6%、42.4%、1.5%、40.6%、13.4%。

七、知识产权运营和科技金融

为促进科技成果转化,国家财政投入建设知识产权运营服务体系。

① 参见《2019年中国专利调查报告》,载国家知识产权局网,https://www.cnipa.gov.cn/module/download/down.jsp? i_ID=40213&colID=88,第7页,最后访问时间:2020年12月20日。

② 参见《2019年中国专利调查报告》,载国家知识产权局网,https://www.cnipa.gov.cn/module/download/down.jsp? i_ID=40213&colID=88,第63、64页,最后访问时间:2020年12月20日。

③ 参见《2019年中国专利调查报告》,载国家知识产权局网,https://www.cnipa.gov.cn/module/download/down.jsp? i_ID=40213&colID=88,第142页,最后访问时间:2020年12月20日。

根据国务院知识产权强国战略部署,以持续中央财政经费支持,每个城市投入经费 1.5 亿~2 亿元,由地方政府主导建立知识产权运营服务平台。① 知识产权运营中心的建设方式是整合产业、资本、知识产权等资源,推动重点产业领域知识产权市场化运营。高校、科研院所的知识产权运营并不是目标。但 2019 年起,探索支持高校、科研院所建立知识产权运营中心,积极试点知识产权混合所有制改革,亦是知识产权运营服务体系建设的主要任务。打通知识产权运营链条,完善知识产权服务体系,促进平台、机构、资本、制造业和服务业等要素融合发展,是实现知识产权运营与实体产业融合、支撑的路径。

根据国家知识产权局 2020 年 11 月 25 日发布的数据,已批复建设知识产权运营平台(含试点)10 家。其中湖北武汉建设的"国家知识产权运营公共服务平台高校运营(武汉)试点平台"是以高校知识产权为主体的知识产权运营平台。② 知识产权运营服务平台的主要业务是知识产权的转让、许可、质押融资、证券化融资等的托管服务。③ 其运营方式,以高校运营(武汉)试点平台为例,交易流程基本上是通过发布技术和需求的方式,提供供需搜索、智能匹配,经理人撮合精准匹配。交易模式为平台担保、在线交易,电子合同办理手续,交易完成的技术中介模式。④

高校、科研院所知识产权在其权属归于科研单位时,缺乏与金融发生

---

① 参见财政部办公厅、国家知识产权局办公室《关于 2018 年继续开展知识产权运营服务体系建设工作的通知》(财办建〔2018〕96 号),载中国政府网,http://www.gov.cn/xinwen/2018-06/01/content_5295297.htm;财政部办公厅、国家知识产权局办公室《关于开展 2019 年知识产权运营服务体系建设工作的通知》(财办建〔2019〕70 号),载中国政府网,http://www.gov.cn/xinwen/2019-05/16/content_5392132.htm;财政部办公厅、国家知识产权局办公室《关于做好 2020 年知识产权运营服务体系建设工作的通知》(财办建〔2020〕40 号),载中国政府网,http://www.gov.cn/zhengce/zhengceku/2020-05/07/content_5509474.htm,最后访问时间:2020 年 12 月 30 日。

② 参见《国家知识产权运营平台(中心)名单》,载国家知识产权局网,https://www.cnipa.gov.cn/art/2020/11/25/art_433_43299.html,最后访问时间:2020 年 12 月 30 日。

③ 参见《统计数据显示:2019 年全国知识产权运营体系建设取得积极成效》,载国家知识产权局网,https://www.cnipa.gov.cn/art/2020/4/20/art_430_43273.html,最后访问时间:2020 年 12 月 30 日。

④ 参见 http://www.uipplus.com/demandMarketindex,最后访问时间:2020 年 12 月 30 日。

融资关系的基础。目前,高校、科研单位的财政资助职务发明成果,与金融发生关系,需将知识产权转移至企业。根据科学技术部门户网站中"科技金融"一栏的相关内容,可以总结出在缺乏"知识产权产品销售提成"这一资产信用连接因素时,中国科技金融以企业主体信用为基础,以政府政策激励、各级政府共建风险基金、建设保险体系、信用增级体系等风险分散机制,并结合风险投资等各种股权、债权金融方式发展的曲折历程。①

中国科技金融的发展基础是财政投入的扶持引导。中国人民银行、科技部、银监会、证监会、保监会、知识产权局《关于大力推进体制机制创新　扎实做好科技金融服务的意见》(银发〔2014〕9 号)、国家知识产权局《关于进一步推动知识产权金融服务工作的意见》(国知发管函字〔2015〕38 号)等鼓励政策确定了科技和金融的深层次结合的科技金融服务体系。在科技金融领域,支持资金主要源于受国家金融调控和政策支持力度最大的银行金融体系。融资的信用基础,法律表现形式是"知识产权质押融资""知识产权证券化"的知识产权资产信用。但其实际还款来源并非知识产权追索权,而是综合了企业主体信用,包括企业的仓单、订单、应收账款等全产业链信用基础。风险分散机制是银行业金融机构与创业投资、证券、保险、信托等机构合作的交叉。政府的引导和激励政策是科技金融发展的重要动力和主要支撑。政府通过设立贷款风险补偿基金、创业投资引导基金,引导银行等金融机构、风险投资等向科技成果转化聚集。各地方政府通过国有资本参与知识产权运营管理、知识产权质押融资保险等信用担保机制参与知识产权证券化与知识产权质押融资,引导其他金融机构加大对科技企业的融资支持。科技园区、信用体系等科技金融综合服务机制亦会驱动科技金融的发展。②

---

① 参见 http://www.most.gov.cn/tjcw/tckjjr/,最后访问时间:2020 年 12 月 30 日。

② 参见中国人民银行、科技部、银监会、证监会、保监会、知识产权局《关于大力推进体制机制创新　扎实做好科技金融服务的意见》(银发〔2014〕9 号),载中国政府网,http://www.gov.cn/zhengce/2016-05/24/content_5076146.htm;国家知识产权局《关于进一步推动知识产权金融服务工作的意见》(国知发管函字〔2015〕38 号),载国家知识产权局网,https://www.cnipa.gov.cn/art/2015/3/30/art_429_43271.html,最后访问时间:2020 年 12 月 30 日。

上述数据表明,国家科学技术计划项目的成果转化,虽为财政资助主要领域,是专业研发人员的聚集地,但该领域的成果转化率却不尽如人意。其原因需从高校、科研院所科技成果转化的法律调整机制方面探寻。

第二节 科学技术计划项目成果转化的法律机制

法律上,科学技术计划项目负责人完成科学技术计划项目,形成的应用技术成果,作为"职务发明",其专利等知识产权被授予项目承担单位。项目承担单位负有科技成果管理、转化和保护义务。该路径是引入"拜杜"规则后确立的基本转化路径。

由于多方面基础不同,中国《促进科技成果转化法》的实施与美国《拜杜法案》的实施差距明显。目前中国将科技成果转化问题归结为国有资产性质下缺乏"科研人员创新热情"。因而在改革机制中,提出破除制约科技成果转化的障碍和藩篱,赋予科研人员职务科技成果"所有权"或"长期使用权",以此来进行产权激励。[①] 这种赋权改革,在欧洲确定财政资助高校的科研成果归属时被称为"教授特权"。

另外,国家采取政策引导、鼓励、建设发展知识产权运营公共服务平台,目前已经取得了知识产权运营服务平台机构建设、知识产权信托运营经营模式建设、国家知识产权局主管并负责政策激励的宏观计划调控管理政策等多方面成绩。

虽然并不仅针对财政资助职务发明,但"拜杜模式"、"教授特权"和知识产权运营三种形式,均是高校、科研单位科学技术计划项目成果转化机制的主要范式。

一、财政资助职务发明成果转化的规制逻辑

国家科学技术计划项目的财政科研投入是公共财政投入,其产出的

---

① 参见科技部等 9 部门《印发〈赋予科研人员职务科技成果所有权或长期使用权试点实施方案〉的通知》(国科发区〔2020〕128 号),载中国政府网,http://www.gov.cn/zhengce/zhengceku/2020-05/19/content_5512908.htm,最后访问时间:2021 年 2 月 21 日。

科研成果在一定程度上具有公共财产权属性。这种公共性包括两类:一类为科技成果中的论文、专著,以及未被授权的专利申请文献等。该类成果以著作权为传播媒介。技术实施虽然具有排他性权利,但没有申请专利,或专利申请未被授权,则为“公知技术”,贡献给社会公众。此时,不需任何对价,社会公众均可实施该技术。另一类为根据科学技术计划项目要求将应用技术类“职务发明”申请专利等以“实施”为权利内容的知识产权。法律将这种专利权授予依托单位。表面上看,该权利有了明确的“权利主体”,为“私权”。但多数情况下,基于公共财政设立的高校、科研单位,使得其财产性质是“国有资产”。其法律属性,是《宪法》规范中的“国有”“全民所有制”。立法早期,该类财产的收益按照经营性国有资产收益,收归财政。即使改为“本单位留存”后,高校、科研单位亦实际极少涉入知识产权维权。该财产权的性质,某种程度上依然是“公有”状况。加上教育行政管理部门对高校、科研单位的职能规范和评价机制,使得科学技术计划项目成果在教育科研体系中形成了特有评价机制和价值机制。

于国家科学技术计划而言,成果的产业化应用是该制度的应有之义。针对专利等“财政资助职务发明”,《科学技术进步法》《促进科技成果转化法》《国家自然科学基金条例》《国家自然科学基金资助项目研究成果管理办法》等法律、行政法规和部门规章,规制了不同层次的成果转化责任主体、转化客体和转化方式。

从主体的角度来看,法律将成果的产权、转化的责任交由作为依托单位的高校和科研单位。相关规范要求国家设立的高校和科研院所,需加强对科技成果转化的管理、组织和协调。转化的机制是建设专门的促进科技成果转化队伍,优化科技成果转化流程,通过本单位负责技术转移工作的机构或者委托独立的科技成果转化服务机构开展技术转移。在赋权改革之前,对于真正掌握技术的职务成果完成人和参加人,在不变更职务科技成果权属的前提下,可以根据与本单位的协议进行该项科技成果的转化,享有协议规定的权益。单位对此应予以支持。另外,科技成果完成人或者课题负责人,不得阻碍职务科技成果的转化,也不得将职务科技成果及其技术资料和数据占为己有，侵犯单位的合法权益。显然，这一主体的规制逻辑，使得权利人和处置权人并不掌握技术，不具有技术应用能力；而掌握技术的成果完成人和参加人，则并不具有处置权。赋权改革，则是为纠正其中的信息偏在和博弈困境。在上述规定的基础上，试点探索通过赋予成果完成人"所有权"或者"长期使用权"的方式，激励成果转化。

从转化客体的角度来看，转化的客体为科学技术计划项目成果中的应用技术成果，合称"职务发明"。科学技术计划项目经费由公共财政投入，具有公共性，其"经过科学研究取得的论文、专著、软件、标准、重要报告、专利、数据库、标本库及科研仪器设备等有价值的科学技术产出"，亦为公共财产。但上述规范并没有直接将技术内容作为"公共财产"，而是通过科研论文、专著等著作权的形式传播。规制转化模式为："项目成果中具备申请专利等有关知识产权条件的，依托单位或者项目负责人应当按照国家有关法律规定及时申请相关知识产权。"[①]这种方式是在"公知技术"和"公共财产"的选择中选择了后者。即将财政科研投入产出的科技成果，纳入依托单位国有资产的资产管理体系。

从转化方式的角度来看，高校和科研单位可以自主决定转让、许可或者作价投资其所持有的科技成果。市场机制是通过协议定价、在技术交易市场挂牌交易、拍卖等方式确定价格。通过协议定价的，应当在本单位公示科技成果名称和拟交易价格。这些规范体现的是国有资产保值、增值和国有资产处置的规范性和程序性。

二、高校科技成果转化与"拜杜规则"

《促进科技成果转化法》从"技术公布"到以"知识产权"授予高校、科研院所转化的演变历程，借鉴于美国的"拜杜规则"。使政府资助的科研项目成果，能够有效地进入市场应用，解决这一关键问题并具有里程碑意义的方式是《拜杜法案》。该法案被多国借鉴，是目前国际上最具代表性

---

① 《国家自然科学基金资助项目研究成果管理办法》第15条。

成果转化模式。但在中国,形成于科研体系的财政资助职务发明,在缺乏可实施性、流动性和完善的许可服务市场时,该规则的作用受到了限制。

(一)美国《拜杜法案》

1963年,肯尼迪总统出台了一份关于政府专利政策的总统备忘录,明确了由联邦政府拥有并严格管控政府出资所产生的研发成果权益。那些由政府资助的科研项目产生的专利权,一直由政府拥有。联邦政府所资助的研究项目,初步的研究成果都颇具引领性和实用价值。无论从这些研发产生了任何成果,不仅政府要把所有相关的权益(包括专利权)悉数收回,而且一切的后续性研发都只能以非独占许可的方式来进行。这导致研发人员努力的成果,事实上必须与他人分享,而且无利可图。因此许多的研发项目便搁置下来,欠缺继续从事成果转化的积极性。①

《拜杜法案》的辩论十分激烈,经历了许多幕后波折才获得通过。②《拜杜法案》的宗旨和精神是希望透过产学研协作,以专利权所产生的诱因或积极性,来激励美国对科技的研发与提升科技的国际竞争力,用科技带动经济的复苏。该法案同时希望避免研发机构的人员流失和专利权的闲置、浪费,以产学研合作来实现产业升级。其方式是将专利权留给研发机构,来激活创新研发,驱动市场机制。即以专利的商品化开展新的事业,促进中小企业的发展,从而增加境内的就业机会。③ 它围绕上述宗旨规制了三个关键问题:其一,科研机构专利的权利归属;其二,由何人管理;其三,成果收益如何分享。④

《拜杜法案》的逻辑是,科研机构或中小企业需首先与其教职人员订

---

① 参见孙远钊:《论科技成果转化与产学研合作——美国〈拜杜法〉35周年的回顾与展望》,载《科技与法律》2015年第5期。

② See Joseph Allen, *The Enactment of Bayh-Dole, An Inside Perspective*, http://www.ipwatchdog.com/2010/11/28/the-enactment-of-bayh-dole-an-inside-perspective/id=13442/.

③ See 35 U. S. C. § 200(2012).

④ See Council on Governmental Relations, *The Bayh-Dole Act: A Guide to the Law and Implementing Regulations*, 1999, p. 3-4.

立书面合同,将相关发明向所属机构披露。该研究机构在向提供资助的联邦单位(联邦政府可能并不是唯一的研究项目出资者)披露其研究成果的两年内,能够以书面方式选择是否打算获取相关专利权。一旦做出获取权利的选择,《拜杜法案》只要求它们在申请到专利权后做到符合相关的要求和条件即可。其他一切原则上交由市场运作。要求包括:①只能对其专利权进行许可,不得转让;②必须在专利申请中披露所受到的政府资助,和政府的相关权益;③如果准备放弃专利,必须在此之前先行知会相关政府部门;④如果有任何新的发明,必须在发明人向其学研机构披露后的两个月内,也向出资的联邦机构披露;⑤必须与发明人分享利得,分享比例自订;⑥所有剩余收入,由学研机构留做持续研发;⑦如果政府有需求,应给予无偿性的非独占许可;⑧以每年一次为原则,定期对发明的使用情形向出资的联邦部门或机构提出书面报告;⑨被许可方应以在境内制造,或准备在境内销售产品的优先;⑩被许可方原则上应以中、小企业(雇员在500人以下的)为优先。[①]

《斯蒂文生—怀德乐技术创新法》对联邦实验室如何分配收益做出了强制性的规定。该法案要求发明人应获得不少于2000美元以及自该数额后15%的份额,而其余的数额则应按一定比例分别拨付给发明人所属的研发单位与其他的相关部门。[②] 该法案的成功之处在于它通过合理的制度安排,为政府、科研机构、产业界三方共同致力于政府资助研发成果的商业运用提供了满足各方的博弈均衡制度激励。由此加快了技术创新成果产业化的步伐。它使得美国在全球竞争中能够继续维持其技术优势,促进经济繁荣。

(二)《拜杜法案》的国际影响力

《拜杜法案》实施之后几乎是产生了立竿见影的效果。在经济合作与发展组织(OECD)等国际组织的推动下,许多国家和地区都注意到这

① See 35 U.S.C. § 202(2012).

② See 35 U.S.C. § 3710c(a)(1)(A)(i)(2012).

一模式,并修订法律以效仿该规定。目前,至少有巴西、中国、丹麦、芬兰、德国、意大利、日本、马来西亚、挪威、菲律宾、俄罗斯、新加坡、南非、韩国和英国通过并实施了类似美国《拜杜法案》的规则。中国台湾地区于1999年通过"科学技术基本法",其第6条规定采取了"权利下放",容许接受政府资助的科研机构可以获得相关知识产权。①《日本知识产权战略大纲》中提出要加强日本版拜杜制度的彻底利用。《日本产业活力重创特别措施法》(所谓的日本版"拜杜法案")第30条规定:受国家和特殊法人之委托研究开发所得的成果知识产权可归属受委托人。并且2002年度内要取消该条款中关于特殊情况的规定,将该条款适用于所有委托研究开发的预算项目。②

(三)"拜杜规则"与中国的适应性差距

中国财政资助职务发明成果转化的产权归属采用了"拜杜规则"。但中国知识产权的制度和市场,与美国等国家仍存在差距。其一,基于国家设立的高校、科研院所的社会主义公有制属性,授予项目承担单位的知识产权依然是"国有资产"的性质。其二,知识产权规则中对"可实施性"的要求易存在法律规制上的差距。中国高校、科研院所在申请国家科学技术计划项目时,根据学科体系、学术规范和科研范式撰写申请书,依照专家评审结果,获得财政资助。在完成"利用财政性资金设立的科学技术基金项目或者科学技术计划项目"时,应按照同样标准完成项目计划书,并按照计划书完成专利申请。其三,知识产权许可运营服务体系存在差距较大。基于高额的惩罚性赔偿,美国等国家知识产权许可运营市场十分发达。综合而言,作为国有资产,其难以脱离科研人员进行流动,加之后续缺少发达的知识产权许可运营服务市场支撑,其弱财产性、弱可实施性和弱市场激励导致了其产业价值实现的低效率。如果知识产权具有独

① 参见孙远钊:《论科技成果转化与产学研合作——美国〈拜杜法〉35周年的回顾与展望》,载《科技与法律》2015年第5期。

② 《日本知识产权战略大纲》,载百度文库网,https://wenku.baidu.com/view/528558eeaeaad1f346933f53.html,最后访问时间:2018年10月9日。

立的可实施性要求,即知识产权以应用为研发导向,并且能够直接在企业的应用中实施,不需要科技成果完成人的介入,加上收益保障机制,则这一规范亦有可能发挥同样的制度功能。

按照“拜杜规则”,财政资助职务发明成果的处置权和转化义务同时交给了实际上并不实际掌握技术的高校、科研院所科技成果转化机构。在这一背景下,2020 年 2 月 14 日中央全面深化改革委员会第十二次会议审议通过了《赋予科研人员职务科技成果所有权或长期使用权试点实施方案》(国科发区〔2020〕128 号),由科学技术部、国家发展和改革委员会、教育部、工业和信息化部、财政部、人力资源和社会保障部、商务部、国家知识产权局、中国科学院等九部委共同发布。由此,高校、科研单位开始了赋予科研人员职务科技成果所有权或长期使用权的制度探索。

三、职务科技成果转化的赋权改革与“教授特权”

《赋予科研人员职务科技成果所有权或长期使用权试点实施方案》是针对科技成果的使用权、处置权和收益权的改革,目的是通过激发科研人员创新热情的方式,促进科技成果转化。改革的方式是在试点开展赋予科研人员职务科技成果所有权或长期使用权,以弥补现有转化规则下科研人员转化动力不足的问题。该模式在相关政策文件中被称为高校、科研院所知识产权“混合所有制”改革。

将财政资助职务发明成果权利赋予科研人员进行转化的制度,曾被称为“教授特权”。与“拜杜规则”相比,该制度亦有其自身的短板和困境。欧洲曾经实行“教授特权”的国家,亦有改采“拜杜规则”者。中国针对科学技术计划成果中的职务发明的赋权改革并非主体制度的完全改革,而是以所有权或者长期使用权的方式来减少对有转化需求的科研人员的权利限制,有二者兼容并蓄的特征。

(一)财政资助职务发明成果转化的赋权改革

改革试点围绕职务发明知识产权的所有权、使用权和收益权配置进行,同时改革相关的管理和服务机制,实行新的底线和责任机制。《赋予科研人员职务科技成果所有权或长期使用权试点实施方案》的内容包括总体要求、试点的主要任务、试点对象和期限，以及组织实施四个部分。以法学研究方法，对赋权改革实施方案可以从规制逻辑、实体制度、程序制度和责任制度四个方面进行制度分析。

1. 赋权改革的规制逻辑

改革前，科学技术计划项目产生的职务发明成果转化，基本的规制逻辑是以财政的公共投入为基础，形成知识产权成果管理和国有资产管理的规制逻辑。该机制中信息偏在、博弈困境和“公地悲剧”等造成的制度成本和交易费用，形成了对成果转化的阻滞。

改革的逻辑是，在一定条件下，让渡部分拟转化知识产权国有资产的所有权或者长期使用权，支持科研人员进行成果转化，共享转化收益。在创新资源配置方面，赋予科技成果完成人职务科技成果的“所有权”和“长期使用权”，形成与科研人员贡献相匹配的收益分配机制。改革的思路以“只有转化才能真正实现创新价值”和“不转化是最大损失”为基础，来释放职务发明成果的创新价值。改革的方式是“优化”原按照国有资产监管方式所设置的限制和责任，即“破除制约科技成果转化的障碍和藩篱”，以赋予科研人员职务科技成果的“所有权或长期使用权”作为激励政策，期望激发科研人员创新创业的积极性。通过科研人员的积极参与，释放科学技术计划项目形成的职务发明成果的经济价值，最终实现科技与经济深度融合。

2. 赋权改革的管理体制和组织机制

赋权改革涉及多部门的管理和组织协调，形成了横向的管理和组织机制。其组织实施，又涉及各层级的管理，形成了纵向的管理和组织机制。不同领域的科技成果，又形成了专门的管理和组织机制。

赋权改革的管理和组织，涉及国务院多个部门的组织协调，形成了横向管理和组织机制。为进行赋权改革，组建国家科技体制改革和创新体系建设领导小组。具体的组织和管理需在该小组的指导下，由科学技术部会同国家发展和改革委员会、教育部、工业和信息化部、财政部、商务部、人力资源和社会保障部、国家知识产权局、中国科学院等部门建立高效、精简的试点工作协调机制。其职能包括研究重大政策问题,编制赋权协议范本,加强风险防控,加强评估监测,指导推进试点工作。①

由于试点单位的不同归属,对于试点主体的管理,亦需要相关地方政府建立协调机制,推动试点任务落实。试点单位为国家设立的高等院校和科研机构。机构不仅包括中央部门所属高等院校、中国科学院所属科研院所,医疗卫生、农业行业的中央级科研机构,同时包括全面创新改革试验区和国家自主创新示范区内的地方高校和科研机构。具体试点的开展和落实者为试点单位。试点单位需按照实施方案的原则和要求,编制试点工作方案。②

国防领域属于特殊领域。国防领域中,赋予科研人员职务科技成果所有权或长期使用权的试点,由国防科技工业主管部门和军队有关部门制定实施方案,另行开展。③

3. 赋权改革的实体规范

赋权改革的实体规范,围绕职务科技成果的所有权、长期使用权和收益权,来进行主体间的配置。实体规范的内容包括权利配置的主体、客体、行为方式和权利义务分配。同时设置相关的管理、服务、程序和责任制度,以保障试点的实施符合改革目的。

(1)赋权改革试点的主体

在试点主体方面,包括了两个层级的主体。一级主体为试点主体。二级主体为赋权协议主体。从法律关系的结构看,赋权协议主体由试点单位和成果转化的科研人员构成。

赋权改革分领域选择了 40 家高等院校和科研机构开展试点。试点

① 参见《赋予科研人员职务科技成果所有权或长期使用权试点实施方案》(国科发区〔2020〕128 号)。

② 参见《赋予科研人员职务科技成果所有权或长期使用权试点实施方案》(国科发区〔2020〕128 号)。

③ 参见《赋予科研人员职务科技成果所有权或长期使用权试点实施方案》(国科发区〔2020〕128 号)。

单位需为国家设立的高等院校和科研机构。试点单位在中央部门所属高等院校和中国科学院所属科研院所,医疗卫生、农业等行业所属中央级科研机构,以及全面创新改革试验区和国家自主创新示范区内的地方高等院校和科研机构中选择。① 试点单位作为抽象的法人单位,存在内部的管理职权和责任分配,赋权改革又涉及全流程的管理。因而试点单位内部主体划分需从管理权限、流程的角度确立内部管理结构。

赋权协议主体,是试点单位职务发明成果所有权、长期使用权和收益权配置的对象。以直接的法律关系主体来区分,从实体规则的角度,一方为试点单位,另一方为具有成果转化意愿或计划的科研人员。从内部观察,其实质是将原统一的高校、科研单位主体,为实施产权激励,分离出了独立的作为科技成果完成人(团队)的"科研人员"主体。该主体与原"高校、科研单位"主体共享了科技成果的所有权、长期使用权和收益权。内部法律关系的主次和博弈状况会对外部转化关系发生影响。

赋权改革针对的是科研人员计划转化的成果。基于国家设立的高校、科研单位的职能,从法律关系主体的视角看,必然需与第三方企业主体发生外部法律关系。从外部看,针对同一转化对象,存在双主体或者多主体的情况。在决策权、执行权等各方面,会影响到外部成果转化的法律关系。

(2)赋权改革试点的客体

赋权改革试点的客体,是具备相关条件,计划进行成果转化的"职务科技成果"的所有权、长期使用权和收益权的配置。于客体而言,可从对象、条件限制、权利配置的和资产角度进行分析。

从对象的角度来看,客体所针对的对象为"国家设立的高等院校、科研机构科研人员完成的职务科技成果"。从对象的来源来看,该成果不仅包括"利用财政性资金"形成的职务科技成果,亦包括"接受企业、其他社会组织委托"所形成的成果权属归"国家设立的高等院校、科研机构"的职务科技成果。从对象的知识产权形式来看,成果类型包括专利权、计算

---

① 参见《赋予科研人员职务科技成果所有权或长期使用权试点实施方案》(国科发区〔2020〕128 号)。

机软件著作权、集成电路布图设计专有权、植物新品种权，以及生物医药新品种和技术秘密等。国家科学技术计划项目成果有其自身的管理规范。相关规范原则上要求充分提交技术成果，不允许将其以技术秘密的方式保留。虽然这一结论理论上有充分依据，但现实中缺乏对可实施性的限制条件，并不能真正做到无信息偏在或无技术秘密保留。且高校和科研单位受企业和其他社会组织委托产生的基础成果，其成果形式并无技术公布要求。

从条件限制的角度来看，该成果至少具备四个方面的条件。首先，成果的权属清晰，不涉及侵犯第三者的权利。其次，成果应用前景明朗，有明确且具体的产业应用领域，防止后续转化过程可能涉及的法律风险。再次，需有明确的责任主体，科研人员转化意愿强烈，有明确的承接对象，赋权后能够进行转化。最后，并非所有的成果都可以赋权。对事关国家利益和重大社会公共利益的成果，由于其可能影响国家安全、国防安全、公共安全、经济安全、社会稳定，暂不纳入赋权范围。何类成果属于不纳入的成果类型，将通过建立赋权成果的负面清单制度予以规定。

从权利配置的角度来看，其配置的方式，并非统一的、完全的、充分的一次性知识产权资产处置。赋权改革权利配置被确定为“试点单位与成果完成人（团队）成为共同所有权人”“试点单位与科技成果完成人（团队）书面协议，合理约定收益分配”的所有权和使用权配置方式。

从资产的角度来看，国家设立的高等院校、科研机构科研人员完成的职务科技成果所有权属于单位，赋权改革的实质是针对该类成果国有资产管理制度的改革。国有资产管理改革，不仅是高校、科研单位对其成果完成人的科研人员赋权，亦是在国有资产管理体系中，充分赋予试点单位管理科技成果自主权的国有资产管理模式。[①]

（3）赋权改革中的法律行为

并不是所有的成果都可以赋权，也并不是所有的可以赋权的成果都

① 参见《赋予科研人员职务科技成果所有权或长期使用权试点实施方案》（国科发区〔2020〕128号）。

会被直接赋权,这一观点意味着赋权行为存在"有效性"问题。研究赋权改革中的法律行为,明确赋权改革中法律行为的性质,有利于讨论行为的有效性,以判断相关行为的法律后果。赋权行为的法律效力,涉及权利的处分权,其效力可能延伸到成果转化协议中。不同性质的法律行为有不同的法律效力。不同的法律效力会产生不同的法律后果。赋权改革中的法律行为可分为授权行为、管理行为、赋权协议行为、服务行为和监管行为。其中,授权行为、管理行为和监管行为,为行政行为;赋权协议行为和中介机构的服务行为为民事法律行为。

行政法律行为以合法性为基础。民事法律行为的效力基础并不相同。赋权改革中,职务发明成果的国有资产处置行为,不再需报主管部门、财政部门审批。尽管已经通过管理规范将处置权授予试点单位。但试点单位行使的依然是行政权。其合法性受到行政合法性等相关管理规范的制约。

当科技成果完成人根据相关规范,与试点单位和科技成果完成人(团队)签署书面协议,约定双方权利义务时,该协议则难以被认定为行政合同。因为协议的本质是针对某一具有财产价值的资产,所签订的所有权、使用权、处置权和收益权的共享,并约定相关转化事项的民事合同。

(4)赋权改革试点的权利义务分配

赋权改革试点中的权利义务,可从实体制度的主体视域进行分配,分为试点单位的权利和义务、科研人员的权利和义务。

对于试点单位而言,其权利和义务包括两类:第一类是作为试点单位,在对成果这一国有资产处置中,所获得的授权和职权。该类授权和职权来自赋权改革管理规定的授权。授权的内容为,试点单位在处置其科技成果时,作为赋权改革试点的高校和科研机构,对其持有的科技成果,可以自主决定转让、许可或者作价投资。获得该授权后,实施赋权改革,试点单位需承担相应的管理职权。试点单位需建立健全相关管理制度、工作流程和决策机制,形成职务科技成果转化收益分配机制。第二类则是在赋权改革中,试点单位在与作为科技成果完成人的科研人员形成所有权的共有，或者是共享收益权时，依据相关的协议或者规范，所享有的权利和承担的义务。此时的相关权利义务，由双方的协议约定。

对于作为科技成果完成人（团队）的科研人员而言，与试点单位的权利和义务对应，其权利和义务亦包括依照相关管理规范产生的权利和义务，以及依照协议产生的权利和义务。根据赋权改革的管理规定，成果完成人（团队）在纵向科研项目和横向科研项目中所完成的职务发明，本为其所在试点单位的国有资产，则成果完成人根据单位的管理规范，通过“协议”，获得该“职务科技成果”的所有权、长期使用权和收益权。同时科技成果完成人亦需承担相应成果的转化义务，与其所在试点单位按照约定共享收益。同时，赋权行为表现为协议的形式，相关协议亦需对双方具体的权利和义务进行约定。约定事项包括转化科技成果收益分配比例、转化决策机制、转化费用分担以及知识产权维持费用等。

4. 赋权改革的程序规范

从内容来看，其程序性制度的内容包括法定权限、法定形式和法定程序三个方面。从过程来看，程序性规范包括决策程序、审批程序、公示程序、执行程序和监督程序等各项工作流程。《赋予科研人员职务科技成果所有权或长期使用权试点实施方案》授权试点单位制定管理制度、工作流程和决策机制。管理规范仅对公示程序和执行程序提出具体要求。公示程序要求科技成果完成人指定代表向单位提出赋权申请并获得批准后，试点单位需在单位内公示，公示期不少于 15 日。执行程序要求试点单位与科技成果完成人（团队）签署书面协议，对相关事项进行约定，明确各方转化科技成果的权利和义务，并及时办理权属变更、著录项目变更等手续。

5. 赋权改革的责任制度

在责任制度改革方面，为改变原国有资产保值增值责任，试点建立“尽职免责”机制、“容错和纠错”机制，并在纪检监察、审计、财政等监督检查机制中，实行“审慎包容监管”。

赋权改革是将原国有资产的所有权、使用权和收益权，经过法定的权限和程序，授予“科研人员”的过程。其性质为国有资产处置。对试点单位责任人员的责任制度改革,由原国有资产管理,改为"勤勉尽职义务"。只要是严格执行相关实体性和程序性管理制度,且不存在牟取非法利益的情况,则免除追究其在科技成果定价、自主决定资产评估以及成果赋权中的相关决策失误责任。

责任的免除并不意味着放任决策失误。针对决策失误的纠正机制是各地方、各主管部门建立相应的"容错和纠错"机制。探索通过负面清单等方式,制定勤勉尽责的规范和细则,以激发试点单位和科研人员的转化积极性。

针对纪检监察、审计、财政等部门的监督检查机制,赋权改革对其标准进行了完善。即监督检查内容以是否符合中央精神和改革方向、是否有利于科技成果转化作为对科技成果转化活动的定性判断标准。其中,监督检查实行审慎包容监管。①

（二）赋权改革与"教授特权"

在科技成果转化发展历程中,财政资助职务发明成果相关权利的归属,通常有两种选择。一种归属为项目依托单位,由单位的技术转移部门承担成果转化职能。另一种则归属为职务成果完成人,并由其进行成果转化,该种模式被称为"教授特权"。

通过上述对赋权改革管理办法的解析,赋予科研人员职务科技成果所有权或长期使用权的制度,并不完全等同于欧洲的"教授特权"。赋权改革仅是有限地、有条件地放宽职务发明成果知识产权国有资产处置的管理和责任限制。这种依据法律规定赋予科技成果完成人的权利,在"赋权"方面有部分与"教授特权"相似。了解"教授特权"的发展历程有助于理解赋权改革的功能和局限性。后续探讨赋权改革应在何种层面发挥何种功能时,可以进行制度的借鉴和比较,对其进行客观地经济学分析。

在欧洲历史上被称为"教授特权"的制度,源于瑞典。瑞典 1949 年

---

① 参见《赋予科研人员职务科技成果所有权或长期使用权试点实施方案》(国科发区〔2020〕128 号)。

《专利法》规定,雇主有权获得雇员创造成果的知识产权,但该法特别规定,“在此法律中,属于教育系统的大学、学院或其他机构的教师,不应当被视作雇员”。因大学教师身份而被豁免职务科技成果权利归属的规定,使大学教师能够保留职务科技成果所有权,这种制度被称作“教授特权”。后类似的职务科技成果归属制度被引入多个欧洲国家。①

“二战”后“教授特权”在欧洲国家的推广,是受特定历史条件的限制和各种因素的影响所做出的选择。“二战”后欧洲各国政府对大学的持续投入使大学职务科技成果数量迅速增长。“二战”后大学科技成果的领域更加宽泛,与工业生产多有交叉。此时,大学职务科技成果归属问题成为政策关注点。在政府、大学、教师三个可以选择的主体中,欧洲国家的法律条款限制国家持有并运营专利,故而各国的专利法或雇员发明法只能规定职务科技成果在雇主和雇员之间进行分配。缺少办学自主权的欧洲大学作为名义上的“雇主”,不可能承担起知识产权管理的职责。面对相对强势的教授和相对弱势的大学,将该类职务科技成果分配给教师成为唯一选项。

(三)“教授特权”的困境

随着世界进入知识经济时代,大学被赋予了服务经济发展的重要职责。大学的研究能力成为国家发展和赢得全球竞争的重要因素。“国家主义”和“教授特权”由于没有明确的政策导向,也没有设定具体的政策目标和绩效要求,故而执行效果难以保障。“二战”后几十年,欧美国家开始对大学的财政经费投入不能转化为国家竞争力、科学研究与经济发展脱节等问题进行反思。

美国《拜杜法案》取得了突出成绩,而 20 世纪 90 年代欧洲国家却普遍面临经济增发乏力、产业结构亟待转型升级、大学科研服务国家能力不足等问题。与美国在 20 世纪 70 年代面临国家竞争力下降时一样,欧洲

---

① See Pettersson I. ,*The Nomos of the University*:*Introducing the Professor's Privilege in 1940s Sweden.* ,Minerva,Vol. 56:3,p. 381-403(2018).

国家学者据此提出了著名的“欧洲悖论”。欧洲学者和政策制定者们也跟美国当年一样，将经济发展缓慢、科技促进国家建设不足的问题归咎于职务科技成果权属问题。以发明人个人利益为核心、依靠教授单打独斗、与“创业型大学”强调高校主体作用相悖的“教授特权”遭遇了前所未有的挑战。①

丹麦首先在其1999年的《公共研究机构发明法》中取消了《雇员发明法》(1955年)“教授特权”的规定。该法在其第一章表明，立法目的是保证“公共资金支持的研究成果能够被商业开发，以支持国家社会发展”。德国1998年修改《高等教育法》，赋予高校自主权以及促进科技成果转化的职责。之后于2002年废除了《雇员发明法》“教授特权”条款。奥地利(2002年)、挪威(2003年)、芬兰(2007年)等原先施行“教授特权”的国家陆续转而建立“拜杜规则”制度，由大学而非教授获得职务科技成果的所有权。

面对废除“教授特权”的呼声，2004年，瑞典专门成立检讨“教授特权”规定是否合理的一个委员会。2012年，该委员会得出结论认为：“教授特权”让大学研究人员在市场中获得了不公平的优势。但是，随着瑞典经济状况好转，教师群体组织反对，“教授特权”最终还是在瑞典得以保留。

意大利传统上没有明确职务科技成果的归属。20世纪90年代，意大利为鼓励大学科研更好地服务经济发展，采取了与欧洲国家类似的国家资助体系，并增加了大学办学自主权，建立了技术转移体系。与其他欧洲国家抛弃“教授特权”不同，意大利2001年引入“教授特权”，将政府资助职务科技成果权赋予了发明人。②

“教授特权”的发展历程证明，由于作为科技成果完成人的教授直接掌握技术，由其取得成果的权利并进行转化，能避免信息偏在，避免技术

---

① See Mowery D. C., Sampat B. N., *The Bayh-Dole Act of* 1980 *and University-industry Technology Transfer: A Model for Other OECD Governments?*, The Journal of Technology Transfer, Vol. 30:1, p. 115-127(2004).

② See Lissoni F., Pezzoni M., POTI'B., *University Autonomy, the Professor Privilege and Academic Patenting: Italy*, 1996-2007, Industry and Innovation, Vol. 20:5, p. 399-421(2013).

转移部门在成果转化时有心无力的客观状况。然而，虽然“教授特权”能够激发科研人员转化热情，但其亦有客观缺陷。企业的研发有企业产品市场的支撑，高校和科研单位则是国家科学技术计划项目重点支持的科研领域，其投入为具有公共性的财政投入，成果亦为属于“国家科学技术计划”之行政计划的重点布局。该领域具有典型的公共性。如果寄希望于科技成果完成人单个的力量来承担国家经济发展的科技支撑力量，使该领域在个人利益和公共利益之间博弈，则公共目标的实现难免受限。故而，从国家创新战略驱动的效果看，“教授特权”并不是解决高校、科研院所科技成果转化效率的最佳途径。这也是中国赋权改革《赋予科研人员职务科技成果所有权或长期使用权试点实施方案》对赋权成果设置限制条件，建设不宜赋权成果负面清单的根本原因。

四、高校科技成果转化与知识产权运营

综合上述两种成果转化方式的优势和劣势，要发挥科学技术计划项目的创新驱动功能，使其成果能够转化为现实生产力，推动经济建设和社会发展，既需要该制度发挥公共职能，又需排除该过程中“公共性”和“个人理性”之间的冲突，降低“公共物品”性质所导致的信息偏在、“公地悲剧”和博弈困境。在促进成果转化的各种措施中，知识产权运营公共服务平台是一种集合转化模式。该模式为近几年财政政策扶持的重点领域。其核心理念，一方面，是使成果形成知识产权的“专利池”，发挥知识产权资产池对整个产业的技术支撑作用；另一方面，通过知识产权运营公共服务，减少成果转化参与者的博弈成本，拓宽成果转化的社会接触面，以增加转化空间。

从财政扶持政策角度看知识产权运营，该运营模式的建设目标为平台、机构、资本、产业四位一体的知识产权运营服务中介体系。在知识产权运营的现状定位中，该体系并非为“高校、科研院所”的特殊主体设计的，亦并非为财政资助职务发明设计的。因为多数企业知识产权有其自身产品所带来的应用空间。知识产权运营服务平台，作为政府扶持的科

技成果转化平台,为无产品应用空间的高校、科研单位提供转化途径,使其更能接触到企业的技术需求。依托“知识产权信托运营”,该平台构成了高校、科研单位财政资助职务发明知识产权许可市场的基础。

(一)中国的知识产权运营扶持政策和运营业绩

从2014年起,国家知识产权局、财政部开展知识产权运营服务试点。通过中央财政资金引导作用,搭建知识产权运营公共服务平台,培育知识产权运营机构。中央明确目标任务,城市政府作为知识产权运营服务体系建设的责任主体,负责制定工作方案并实施。该建设的基本原则是发挥财政资金引导作用,加强政策集成和资源集聚,着力打通知识产权运营链条和服务体系,促进知识产权运营平台、机构、资本和产业等要素融合发展,推动知识产权运营与实体产业相互融合、相互支撑。

至2018年,知识产权运营服务体系的建设思路更加清晰。财政部办公厅、国家知识产权局办公室《关于2018年继续开展知识产权运营服务体系建设工作的通知》(财办建〔2018〕96号)要提出加快构建知识产权运营服务体系,强化知识产权创造、保护、运用,以实现促进知识产权与创新资源、金融资本、产业发展有效融合的建设目标。建设方式是以创新资源集聚度高、辐射带动作用强、知识产权支撑创新驱动发展需求迫切的重点城市为载体,开展知识产权运营服务体系建设的。用好政府和市场两种调整方式,以知识产权全链条运营为牵引,推动完善知识产权创造、保护和运用体系,培育多元化、专业化知识产权运营服务机构,实现重点突破和示范引领。经过建设,要在重点城市基本构建起要素完备、体系健全、运行顺畅的知识产权运营服务体系。①

该体系的主要任务包括全面加强知识产权保护、强化高质量知识产权创造、完善知识产权运营服务链条。知识产权运营需建立以运用为导向的知识产权创造机制,以高价值知识产权助推产业高质量发展。建立

---

① 参见财政部办公厅、国家知识产权局办公室《关于2018年继续开展知识产权运营服务体系建设工作的通知》(财办建〔2018〕96号),载中国政府网,http://www.gov.cn/xinwen/2018-06/01/content_5295297.htm,最后访问时间:2020年10月25日。

“产、学、研、金、介、用”深度融合的关键技术知识产权创造体系是任务之一。知识产权服务链的完善主要是强化知识产权运营服务供给。[①] 其机构建设是形成“国家知识产权运营公共服务平台”“知识产权运营机构”。

2019 年财政部办公厅、国家知识产权局办公室《关于开展 2019 年知识产权运营服务体系建设工作的通知》(财办建〔2019〕70 号)明确提出了“探索支持高校、科研院所建立知识产权运营中心,积极试点知识产权混合所有制改革”。[②] 2020 年 3 月,中共中央、国务院印发《关于构建更加完善的要素市场化配置体制机制的意见》,明确提出支持自主知识产权市场化运营。[③] 国家知识产权局负责落实中央部署,推进知识产权运营服务体系建设布局,进行业务指导和绩效管理。

政策扶持产生了积极效果。2019 年,国家知识产权局知识产权运营资金支持了 26 个重点城市。截至 2019 年年底,累计为 2.3 万家中小企业提供知识产权托管服务,共开展高价值专利组合培育项目 428 个,实施各类专利导航项目 323 个。在多个重点城市推进地理标志运用促进工程,涉及地理标志商标及产品 43 个。中央财政资金引导设立的知识产权运营基金数量达到 23 支(含重点城市设立的基金),累计投出项目 197 个。一批具有核心知识产权的创新型企业和发展潜力的知识产权服务机构获得了融资支持。9 个国家级知识产权运营平台(中心)挂牌各类知识产权 12.1 万件,注册用户达到 28.4 万个,服务创新主体 8577 个,促成各类知识产权交易 38.9 亿元,全年创造产值 379.7 亿元。[④] 国家知识产权

① 参见财政部办公厅、国家知识产权局办公室《关于 2018 年继续开展知识产权运营服务体系建设工作的通知》(财办建〔2018〕96 号),载中国政府网,http://www.gov.cn/xinwen/2018-06/01/content_5295297.htm,最后访问时间:2020 年 10 月 25 日。

② 参见财政部办公厅、国家知识产权局办公室《关于开展 2019 年知识产权运营服务体系建设工作的通知》(财办建〔2019〕70 号),载中国政府网,http://www.gov.cn/xinwen/2019-05/16/content_5392132.htm,最后访问时间:2020 年 10 月 25 日。

③ 参见中共中央、国务院《关于构建更加完善的要素市场化配置体制机制的意见》,载中国政府网,http://www.gov.cn/zhengce/2020-04/09/content_5500622.htm,最后访问时间:2020 年 10 月 26 日。

④ 参见《统计数据显示:2019 年全国知识产权运营体系建设取得积极成效》,载国家知识产权局网,https://www.cnipa.gov.cn/art/2020/4/20/art_430_43273.html,最后访问时间:2021 年 2 月 10 日。

局建设的高校平台举办了二十余场高校知识产权运营转化对接活动。①2020年,全国知识产权运营服务体系建设重点城市达到37个,批复支持建设的知识产权运营平台(中心)达到16家。知识产权证券化、知识产权保险等金融产品创新实现新突破。②

（二）知识产权运营机构及运营模型

目前,中国知识产权运营处于政策激励、引导发展时期。知识产权运营方面,欧美已形成了成熟的运营模型。作为知识产权流动性中介,其“中心化”的功能,被称为“知识产权银行”或者“专利银行”。目前的知识产权运营,有两面性效果。一方面,知识产权运营提供了发达的知识产权许可市场,使技术创新得到了更多应用机会。另一方面,由于知识产权运营公司通过司法保护和行政保护获得收益,导致其获得了“专利蟑螂”的恶称。具有代表性的专利运营机构——高智发明(Intellectual Ventures),早已进入中国,并与诸多高校磋商合作。但由于知识产权涉及技术的控制权,会影响国家科技安全。

知识产权作为防御性权利,其收益实现机制具有特殊性。知识产权运营机构是应市场需求产生的专业化的知识产权运营机构。作为知识产权的流动性中介,它聚集着知识产权资源和专业人才。它一方面为知识产权权利人提供许可服务市场;另一方面为困扰于知识产权侵权纠纷的企业提供防御性服务,同时为技术需求企业提供知识产权支撑。知识产权运营机构,由于其自身并不实施专利,故被称为“非专利实施实体”(Non-Practicing Entities,NPEs)。NPEs通过专利交易获得大量专利,然后寻找可能侵犯这些专利的公司,要求其支付许可使用费。如果这些公司拒绝支付,则会以专利诉讼威胁,或者提起专利侵权诉讼。在国外,

① 参见《统计数据显示:2019年全国知识产权运营体系建设取得积极成效》,载国家知识产权局网,https://www.cnipa.gov.cn/art/2020/4/20/art_430_43273.html,最后访问时间:2021年2月10日。

② 参见《迎难而上 全面发力——2020年知识产权运营服务体系建设回顾》,载国家知识产权局网,https://www.cnipa.gov.cn/art/2021/3/16/art_428_157844.html,最后访问时间:2021年10月20日。

NPEs 通常被称为 Patent Troll、Non-Practieing Enier Prises,国内被翻译为“专利蟑螂”“专利流氓”。如 3GLieensing、高智发明等 NPEs 拥有大量的专利。这些专利,既有自行研发获得的也有购买专利所得的。高智发明所拥有的专利,主要通过收购所得,其自行研发的很少。NPEs 本身一般不从事产品生产或销售,并没有公司的生产线和产品。由于通常以专利侵权为由发起专利诉讼大战,其内部往往集聚着专利工程师、专利代理人、专利投资人、专利律师等专业人士。NPEs 通过进行专利策略布局,以诉讼或和解授权获取利润。他们在诉前对目标公司长期追踪、分析,在取得关键证据和资料后,再选择有利的时间起诉。

对于 NPEs 的正面效果和负面效果,其评价可以分为两种。一种是肯定其成果转化效果,节约发明人维权和应用成本,促进发明创新的“知识产权运营机构”“专利运营公司”。另一种认为其为滥用专利诉讼权利的“专利投机机构”,是为美国政府所限制的对象,是滥用诉讼权利的“专利主张实体”(Patent-Assertion Entities,PAEs)。

最典型的专利运营公司是高智发明。高智发明等类似的专利运营公司重视从源头上获取创意,进行专利布局。高智发明的理念是“发明是商业食物链中最具价值和最有意思的部分”,所以高智发明重视从发明的开端——优秀的创意开始,来开发技术、进行布局,形成专利池运营专利。这类专利运营公司,对科研有投入,并要求科研成果的产出,对于整个商业链条来说,是合理的。这种 NPEs 对创新或者科技发展有促进作用。

基于知识产权许可服务市场的重要性,借鉴 NPEs 的运营模式,政府或科研单位亦倡导设立专门的知识产权运营服务平台。目前的激励模式是财政、税收、金融等各类宏观调控政策扶持,通过“信托”等法律关系,聚集专利,并作为技术经纪人,增加受让途径。目前在中国,这种机构还是主流。随着立法和司法提高知识产权保护标准,中国亦可能会发展出依靠自身专业服务能力,基于市场知识产权运营服务需求,形成专利授权谈判、侵权诉讼为主的商业盈利模式。

从负面来看,一些机构采用空手套白狼的方式,几乎没有资金投入,或者只有少量的成本资金,进行碰瓷式知识产权申请或者布局,或通过收购、许可获得专利许可运营的权利,然后寻找使用专利技术的对象,大规模地发起授权谈判,或者专利侵权诉讼,以获取高额的赔偿金。这样的运营模式被称为“专利投机”或“专利钓鱼”。

（三）专利运营的典型模式——高智发明

高智发明是典型的专利运营公司。高智发明的网站和宣传资料一直将自身标榜为促进社会科技创新的天使。高智发明通过密集的专利诉讼、收购维持其专利运营,被认为是 NPEs 进行专利运营的典范,也是全球最大的专业从事发明与发明投资的 NPEs。高智发明持有大量的专利,并在诸多高科技领域有完善的专利池。但高智发明并不生产任何产品。这意味着被其诉讼的对手不太可能通过反诉其专利侵权打赢官司或庭外和解。高智发明的模式使以专利许可、转让、诉讼为核心的知识产权运用正在向专业化专利运营的方向发生深刻变化,其新的运营模式已引起中国的关注。

1. 高智发明及其资金布局

高智发明成立于 2000 年。高智发明只交易一样东西——专利。高智发明创始人兼首席执行官内森·梅尔沃德(Nathan Myhrvold)是微软的前首席技术官和战略师。另一位创始人兼公司首席技术官爱德华·荣格(Edward Jung)也曾任微软首席软件架构师。高智发明的业务模式为通过支持研发、购买专利的所有权或使用权,再以专利组合形式对外许可授权,赚取授权使用费,并提供防御诉讼服务。高智发明称其专利组合能帮助技术公司保护自己不受知识产权侵权案件干扰。同时,在形成并维持专利池价值时,它也是一部分高科技公司的“敌人”。①

高智发明最初推出的仅是“专利保护基金”(Patent Defense Fund),加入的投资方更多以建立专利防御系统为目的。随着更多发明者加入,且通过自行研发和购买发明专利的累积,发明专利带来的巨额利润前景

① 参见 https://www.intellectualventures.com/who-we-are,最后访问时间:2022 年 10 月 9 日。

迅速地抢占了对传统的产品和技术的风险投资。越来越多的投资方加入，以追逐发明专利带来的高额利润。较多的风险投资俨然已经将发明专利当成一种新的金融产品。高智发明的主营业务也逐渐成熟。

高智发明通过建立一个包含数万种发明的投资组合，广泛覆盖各技术领域，综合控制风险。高智发明宣传称：其将着眼于未来五年到十年的技术进步，为全世界的发明家提供投资和专业支持，在全球范围内促进发明创新和成果的价值实现。随着专利池的不断扩容，高智发明成长为全世界最大的 NPEs。至 2011 年，高智发明称其已拥有 50 亿美元投资基金，用于在世界范围内购买新创意和新技术的知识产权。其在 2012 年就已经掌握了 3 万多项专利，覆盖通信、电信、计算机、新能源、材料学、食品加工和安全、医疗器械等多个领域。其中 1000 项为自行研发，其他则为收购而来。因而它有能力对众多的高科技公司提起诉讼。

高智发明的基金为私募股权基金。资源来源包括机构投资者和个人投资者。主要投资人包括比尔・盖茨本人、杜邦家族基金、惠普家族基金和以斯坦福大学为代表的大学基金，以及许多财富 500 强企业，如以微软、英特尔、苹果、谷歌、思科、亚马逊、索尼、雅虎、eBay 和诺基亚等为代表的高科技公司。高智发明的主营业务分为三个基金。第一种是以公司内部科学家研究成果为主的发明科研基金（Invention Science Fund，ISF）。在获得知识产权后自产自销，以获得利润。第二种是来自机构和个人投资者的发明投资基金（Invention Investment Fund，IIF）。该基金通过收购具有市场开发潜力的发明创造和专利经营权进行二次开发和组合，然后将专利组合进行许可、转让从中获利。第三种为发明开发基金（Invention Development Fund，IDF）。该基金主要着眼于寻找和孵化有价值和发展前景的发明创意。①

2. 高智发明的商务模式

高智发明认为专利不仅是高科技公司的核心竞争力，更是一种优质

① 参见 https://www.intellectualventures.com/what-we-do，最后访问时间：2022 年 10 月 9 日。

资产。专利投资及运营将成为知识经济时代的核心业务。其专利运营模式分为四类:投资、许可、转让和诉讼。在具体投资时,高智发明会综合考虑可专利性、技术创新性、从技术到市场的时间、相关文献及技术、被市场采纳的可行性等因素。据此通过专利授权、创建新公司、建立合资企业以及建立行业合作伙伴关系等方式使发明成果商业化。

与其业务相对应,高智发明的服务对象有三类:发明家、学术机构和产品制造商。针对发明家,高智发明提供资金,提供有潜力的发明主题,为发明进行市场评估以确定市场前景,提供可靠报酬。高智发明通过系列服务促进发明家产生强大的专利,之后提供知识产权的许可市场,从多种来源聚集发明,通过专利池提升知识产权价值。针对学术机构,高智发明提供资金,为其匹配科学发现领域与产业需求领域,组织专利买卖的交易,并实施专利。针对产品制造商,高智发明提供一站式专利购买服务,并聚集外部发明家以满足产品制造商多样化的需求。高智发明通过提供获取专利的通道以降低诉讼风险,并通过许可市场,实现其获得专利许可或出售专利的意愿。高智发明的运营模式如图 4-1 所示。

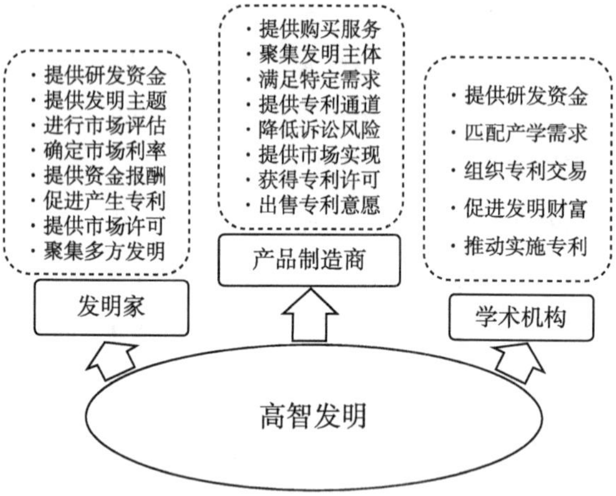

图 4-1 高智发明的运营模式

(资料来源:梁艳编著:《专利攻防战略》,法律出版社 2014 年版,第 168 页。)

3. 高智发明的社会价值

从高智发明的商业布局来看，高智发明亦追求发展一个更加有效和有动力的发明经济，建立一个发明资本体系。高智发明通过建立研发机构、购买和合作等方式取得创造发明的知识产权。随后通过各种许可和项目合作的方式，向创新公司提供这些知识产权。高智发明认为，一个活跃的发明和思想的市场，将会激发技术进步，向更好的方向改变世界。

高智发明将其定位在四种角色上。一是发明的引路人。通过发明需求课题（RFI），引导发明者了解市场需要，激发他们产生发明创意。对于选中的发明，高智发明为发明者支付专利开发的全部成本。对于缺少资金预算的发明人，高智发明承担专利的国际申请和维护费用。二是天使投资人。向发明者支付前期的发明奖金和最终的利润分享，承担国际专利撰写、申请、维护的费用，承担后期专利授权、技术转移过程的全部风险和成本。三是专利代理人，即是一个高质量、不收费、不署名的国际专利代理机构。成功申请发明专利尤其是国外专利，需要具备出色的语言能力、法律知识和申请经验，高智发明提供世界顶尖的专利律师和技术顾问，为发明人的发明撰写完善的专利申请。四是技术转移平台，即一个专业化、国际化、高规格、低风险的技术商业化中介平台。高智发明能够为缺少授权渠道的发明人提供机会。无论是个人还是机构，渠道的缺乏造成许多发明专利长期无人问津。高智发明在全球范围内拥有的庞大的专利转让渠道。高智发明的这些服务，能够使发明人的专利在最短的时间内被顶尖企业采用并产生效益。当然，最大受益者亦是高智发明。

（四）中国对财政资助职务发明开展专利运营的重要意义

知识产权运营服务体系有助于发挥知识产权的集合力量，使具体领域的知识产权通过战略布局引领市场发展。知识产权运营的“中心化”为知识产权资产建立了流动性基础。知识产权运营关系国家安全、国防安全、公共安全、经济安全、社会稳定，不能直接放任国外资本自由收购。因此，建立本国财政资助职务发明的科技成果转化运营服务平台，为财政资助职务发明疏通应用渠道，提供许可市场，创造运营收益，在诸多方面都具有重要意义,具有必要性。

其一,知识产权运营可以集合发挥同一产业领域的知识产权资产池价值,为产业技术发展提供整体技术支撑。国家科学技术计划的本源之义就是通过财政手段的宏观调控职能促进科技研发。诞生于国家科学技术计划项目的财政资助职务发明建立成果的知识产权运营服务体系,是该项职能从科研领域到产业领域的延伸。如高智发明知识产权运营的社会功能,中国自己的财政资助职务发明知识产权运营体系,对整个科研领域的技术研发和技术应用具有同样的价值追求。引导、调整市场机制的部门法是经济法。通过经济法的治理机制,在重点领域试点建立知识产权运营的宏观调控体系,可以引导科技发展,集中科研力量,有序推进科研成果的技术应用。

其二,知识产权运营可以通过知识产权运营机构的"中心化",形成知识产权资产的流动性。中国科学技术计划项目资助领域形成了具有一定自我保护机制的科研体系。科研领域与产业领域之间的技术沟通,虽未必为仅能由科技成果完成人可破的"壁垒",但其也极易成为技术应用企业难以自行突破的"屏障"。该领域主要由高校和科研单位、科研人员、学术权威、学科体系和科研范式构成。即使是跨学科的研究,亦难以被公平对待。高校、科研单位通过邀请专家提供申请指导、初步筛选,保证科研范式。尽管申请指南有鼓励跨学科者的相关内容,但指导专家常指出,评审专家更倾向于挑选其学科特色突出者入选。专家评审下的学术权威使科研领域与产业领域之间缺乏对话的基础。而知识产权运营机构作为"中心化"知识产权运营中介,能够反馈企业技术需求,打破学术屏障,通过知识产权许可收益,建立科研领域与产业领域沟通的基础。

其三,中国需排除国外知识产权运营机构对中国技术控制的潜在危险,以免其掌控知识产权后排除、限制技术引进。由于体制机制限制、资金缺乏、专利运营经验欠缺,一些高校、科研机构的科研成果难以产业化。国外 NPEs(如高智发明)通过专业分析后找出有潜力的发明,提出资助发明人申请国际专利,由其进行科技成果转化的相关合作。但高智发明有其危险一面。起初很少有人知道高智发明是如何收购专利的，即它与谁签署了协议，将哪些专利转让给了哪些公司。英国 Avancept 知识产权咨询公司 2010 年发布的研究报告称，多达 1100 多家空壳公司与高智发明存在关联。高智发明很大程度上存在通过空壳公司秘密收购闲置在市场上并可能产生威胁的专利技术的嫌疑。① 通过空壳公司收购专利，高智发明可以隐藏投资者真实身份，有利于其在专利收购价格上回旋。即便在美国，对高智发明模式不乏抨击者。美国的专利侵权诉讼案在逐年增加，涉案金额少则上百万美元，多则上亿美元。“专利流氓”在美国非常活跃，据统计，仅 2012 年在美国由“专利流氓”发起的专利侵权诉讼就有约 2500 件，占同年美国专利侵权案件的 60%以上，2013 年更是增加了 19%，达 3000 件以上。②

综上所述，对财政资助职务发明，借助中心化的知识产权运营模型，可以活化财政资助职务发明，符合国家知识产权运营政策。该模式能够集中国家科学技术计划项目的科研成果资源；以专利为载体，流动到企业进行技术应用；以许可收益的形式激励研发人员。该模式在专利技术应用的同时确保依托单位和科技成果完成人的回报，从制度设计上吸引各方参与者，提供博弈均衡机制来克服“公地悲剧”、信息偏在和博弈困境，具有可行性。

第三节　财政资助职务发明成果转化机制的法经济学分析

上述不同时期财政支撑的国家科学技术计划科研创新体系，体现了中国不同发展阶段，基于科技创新发展需求与企业技术使用需求，根据国家科技创新能力，以知识产权的立法、执法和司法为调整手段，形成了既

① 参见《专利运营机构的运营案例》，载搜狐网，https://www.sohu.com/a/339124212_740044，最后访问时间：2022 年 10 月 9 日。

② 参见《如何有效应对“专利流氓”？》，载国家知识产权局网，https://www.cnipa.gov.cn/art/2014/3/27/art_2651_167275.html，最后访问时间：2020 年 2 月 20 日。

满足科技创新领域资金投入,又满足产业应用领域技术需求的博弈均衡体系。各不同阶段的转化模式,既包含符合主体利益需求的投入产出方式,又存在博弈过程中所不得不放弃的利益妥协。这种制度环境下的博弈和妥协,形成了财政资助职务发明成果转化现状,体现为财政资助职务发明成果转化的非市场机制及其市场失灵。

本节以法经济学分析方法,来研究法律制度设计中的博弈关系。通过讨论不同阶段中国家、高校和科研单位、研发人员、技术应用企业、后续资源投入者等多方主体在其投入和收益时的博弈,来分析制度产生的影响。博弈的价值基础有不同层次的来源。国家制度设计的价值基础为国家科技创新驱动发展战略的需求。高校和科研单位选择的价值基础,既源于其职能,亦源于法定责任,并影响决策者个人利益。具体来说,高校和科研单位承担国有资产管理责任、科技成果转化管理责任;科研人员个人根据制度选择最大化利益的个人理性;技术应用企业还需考虑成果转化所产生的后续投入和收益需求、社会资本对于该领域的投入和产出的价值预测。在复杂的资本化转化方式中,需考虑企业合作者、投资人、金融中介机构、资产管理人等投入和收益的博弈需求。

基于知识产权系列法律制度的修改,知识产权价值发生变化。基于知识产权的经济结构重塑国家科学技术计划领域财政资助职务发明成果转化的创新体系,亦是该领域治理机制的改革需求。这种改革为“制度的变迁”,即制度从一种均衡向另一种均衡转移。① 现有的均衡态构成了科研领域与产业、金融关系的现实维度。制度改革目标均衡态,则构成了科研领域与产业、金融关系的目标维度。具体来说,现行制度的维度可发现问题、追寻原因。目标制度的维度可寻求改革方向,选择实现目标的法律制度工具。

---

① 参见[日]青木昌彦:《沿着均衡点演进的制度变迁》,载[美]科斯、诺思、威廉姆森等:《制度、契约与组织——从新制度经济学角度的透视》,刘刚、冯健、杨其静等译,经济科学出版社 2003 年版,第 33 页。

一、“公共物品”转化机制的法经济学分析

“公共物品”转化机制是以未申请专利的专著、论文、数据库，或者未被授权的专利申请文献等科学技术作品形式，形成技术公布，进行传播，此时技术的“实施权”为公共物品。这种成果转化机制，为公共物品转化机制。技术应用企业无技术使用成本，即可使用相关技术。国家科学技术计划资助项目，根据其研究计划，仅有专著和论文形式的，所形成的成果为公共物品。申请发明专利未获得授权的，成果亦为公共物品，表现形式为著作权及其他形式的技术公布。技术实施权并不具有专有性和财产性。

前述科学技术部、国家知识产权局对科研领域的科研人员、科技成果、科技成果转化统计的数据，展示了中国科技创新及竞争投入产出作为“公共物品”时的实际效果。通过数据，结合知识产权的投入模式，可以观察到该机制中研发资本及研发成果经济循环中存在的问题。知识产权公共物品属性导致了其财产价值的缺失。财产价值缺失使知识产权许可市场缺乏活力。知识产权进而丧失了创新激励的制度价值。而作为科技成果完成人的科研人员有实现其技术市场价值的需求，但知识产权缺乏财产属性导致其缺乏收益机制的杠杆和媒介。两者的矛盾冲突导致科技成果转化形成了对科技成果完成人的依赖，而非对知识产权的依赖，科研与产业的学术屏障也应运而生。

（一）公共物品属性导致知识产权财产价值缺失

在不同国家环境中，不同的知识产权思维方式和价值结构，形成了当地的知识产权公共价值认识的差别。这种差别导致了知识产权形成和资金支撑模式的差别，因此形成了不同的科技价值创造的经济结构。中国前期的科学技术计划项目形成了公共财政科研创新投入结构。其产出的知识产权，在法理的机制中，对于科研人员而言，几乎沦为“公共物品”。知识产权既无排他性，又无竞争性。职能的分工和权利的交叉分配，致使

整个机制难以有效阻止需求者共同享用该物品。① 从经济学的角度,萨缪尔森将其定义为:将该商品的效用扩展到他人的成本为零;无法排除他人参与共享。② 但知识产权的私权属性,又决定了知识产权难以达到"公共部门"提供公共物品时所应当达到的"理想供给"状态。③ 这一矛盾冲突导致了知识产权的低价值。

知识产权的低价值会引发一系列的制度后果。法理上,知识产权是具有双重承载的法理工具设计。它既是技术价值的载体,又是资本价值的载体。知识产权制度为平衡机制。但知识产权资本价值的降低或者缺失打破了这种平衡。首先,知识产权的创新激励制度价值难以发挥。其次,其作为技术创新资本时,所承载的资本价值功能难以发挥。资本价值的降低,则导致完成该载体的科研人员在完成时会考虑平衡两者之间的价值,即降低市场价值、降低可实施性,使得适当又不完全的技术公布,强迫技术需求者向其寻求实施技术的技术服务。新的平衡形成后,当其他社会资本想要介入进行成果转化的投资时,则会产生技术转移机构认为该领域难以实际进行成果转化的后果。资本价值的不足又导致知识产权与金融体系的融合不畅。这是公知技术知识产权经济结构带来的必然结果。

(二)低价值知识产权丧失激励价值和许可市场

知识产权的制度价值是创新激励功能。知识产权价值是技术流动时形成许可市场的重要支撑。美国、日本及欧洲等国家和地区,通过严格的知识产权保护制度,形成了知识产权的市场价值,进而形成了发达的许可市场,维持了知识产权的高价值。在高昂的侵权成本和专业的许可运营环境中,知识产权能够有效地代表资本。知识产权能够代表

---

① 参见[美]斯蒂文·萨维尔:《法律的经济分析》,柯华庆译,中国政法大学出版社2009年版,第32~33页。

② 参见[美]保罗·萨缪尔森、威廉·诺德豪斯:《微观经济学》(第19版),萧琛主译,人民邮电出版社2012年版,第34页。

③ 参见[美]斯蒂文·萨维尔:《法律的经济分析》,柯华庆译,中国政法大学出版社2009年版,第33~34页。

技术进入商业流通领域，并能够代表技术的资产价值，形成研发人员的有效收益。

中国科学技术计划项目形成的应用技术类成果，在《科学技术进步法》规制体系中，亦有市场流转渠道。但弱化的知识产权资产功能，并没有支撑起知识产权流动性和资产价值的许可市场，因而没有形成有效的成果转化激励机制。《促进科技成果转化法》明确了促进科技成果转化的组织实施机制。即利用财政资金设立应用类科技项目和相关科技项目，有关行政部门、管理机构需改进和完善科研组织管理方式。对应用类科技项目，应当明确项目承担者的科技成果转化义务，并加强知识产权管理，将其作为立项和验收的内容和依据。① 这一规定明确了行政法的部门法属性，也明确了应用技术类项目成果进入市场的渠道和载体，并在后续规定中明确了职务发明成果处置权限和收益分配方式。经济学中将产权分为买卖的交易、管理的交易和限制的交易。经济学理论认为，如果产权交易受到限制，则属于产权的"弱化"，这种弱化将导致产权效率的降低。②

（三）公共物品属性与财产收益需求之间的博弈冲突

公共物品属性仅代表财政资助职务发明知识产权的低收益价值状态，并不代表其技术价值。从国家科学技术计划的重要性、科研人员投入、财政资金投入各方面看，财政资助职务发明的技术价值属性都无法忽略。科技成果完成人会在主观方面寻求收益和知识产权价值之间的新平衡机制。运营高校、科研单位科技成果的知识产权转化服务平台和知识产权运营服务平台的技术经纪人表达该类成果难以转化，亦是由两者价值在原制度价值体系下难以平衡，通过技术秘密形成信息偏在，迫使技术需求方寻求成果完成人技术服务的新博弈均衡态导致的。

学理上看，科学技术计划项目并不允许项目承担者将其研发成果的

① 参见《促进科技成果转化法》（2015 年修订）第 10 条。

② 参见周林军：《经济规律与法律规则》，法律出版社 2009 年版，第 101 页。

技术诀窍以技术秘密保留。无论这种行为在科研领域的普遍程度,规避的容易度,或者科研人员的观点冲突程度,在法理上,这种行为由于与自然科学基金的制度目标相抵触,并违反相关管理规范,亦属于侵占国有资产的行为。不可否认的是,现实中科研人员的冲突观点是存在的。科研人员并不区分“所有”、“占有”、“使用”和“处分”,常常混同经费和技术的所有权、使用权和处置权。如影响力较大的清华大学教授付林案、中国工程院院士李宁案、浙江大学原副校长褚健案等,受到侵占国有资产、贪污罪等刑事指控的院士和教授,及为其请愿的师生,并未充分认识或者尊重科研资金的财政资金属性和科研成果的国有资产属性。

政府财政支持的科学研究,属于行政管理的过程。其法律关系属于行政法治理范畴,而不是自由的经济关系。项目承担单位从项目申报开始就需严格按照计划执行。超越了计划范畴的处置,无论是对资金的处置(褚健案和李宁案),还是对财政资金所购买的资产的处置(付林案),都有可能涉及违纪。构成犯罪的,要依法被追究刑事责任。

(四)知识产权财产属性的资本杠杆效应缺失

财政资助职务发明形成后,其后续科技成果转化仍是一个复杂的商业过程。从国家科学技术计划财政资金投入,到形成依托单位的职务发明技术成果,只是知识产权形成的过程,可将其设定为“知识产权的前端”。从《促进科技成果转化法》转化过程的经济学视角来看,从财政资助职务发明成果形成,到转化为生产力,再到产品市场,中间需要多样化的资本投入(企业资本占多数)。如果仅是技术需求企业,通过与科研人员的技术许可、技术服务或技术开发协议获得技术实施的能力,则原本以技术秘密存在的信息偏在,能够继续保护技术的市场竞争力。事实上,在目前的科技成果转化领域,该模式亦是财政资助职务发明成果转化的主流模式。

但这一情形对以金融资本方式存在的社会资本投入,形成了新的博弈困境。财政资助职务发明成果的公共属性,不能满足资本对于资产的流动性和收益的追求。这也是中国知识产权资本化和科技金融,形成了在政府政策引导和财政补贴下,通过银行资本市场支撑知识产权质押融资的现状的原因。财政资助职务发明难以撬动社会公共资本市场,由其引致的知识产权的低价值则更难以有效发挥资本的杠杆功能。

二、"拜杜规则""准公共物品"转化机制的法经济学分析

"拜杜规则"是基于财政科研投入产出的科技成果为"公共物品"时,由于缺乏转化动力,而被束之高阁,故赋予大学、科研单位职务发明科技成果处置权的转化模式。在欧美等地,基于其发达的知识产权许可市场,科技成果形成专利,之后技术通过许可市场流转进入产业领域,实现成果转化;知识产权的许可收益在大学和研发人员之间分配,形成激励机制。

由于知识产权市场价值,中国知识产权许可市场较弱。中国在财政科研投入领域引进该模式后,由于缺乏知识产权许可市场支撑财政资助职务发明的收益,形成了不同的转化状况。将科学技术计划项目产生的职务发明知识产权授予依托单位,作为政府设立的高校和科研单位,该知识产权具有了国有资产的新身份。在国有资产管理和科技成果转化的双重法律调整下,针对权利和收益的分配,财政资助职务发明成果转化形成了新的内外部多重博弈关系。

(一)财政资助职务发明作为国有资产的准公共物品属性

中国采用公共财政支持国家创新体系建设,其法律制度逻辑是财产属性的逻辑延续。政府财政有公共物品的属性。在知识产权低价值时代,科研投入不能通过市场实现回报。政府财政科研投入,将职务发明的知识产权赋予项目承担者。项目承担者为依托单位。依托单位与项目负责人之间有人事关系上的管理机制。依托单位可以制定管理和奖励政策,在单位内部进行进一步分配,进行奖励激励。事实上,这种投入模式也完成了科技发展和创新能力建设的目标,取得了历史性成就,构成了中国技术引进时期的特色创新发展优势。根据世界知识产权组织发布的《世界知识产权指标 2020》,中国国家知识产权局受理的专利申请量排名

第一。① 根据该组织发布的《2020 全球创新指数报告》,2020 年中国在 GII 排名仍然位居第 14,确立了创新领先者的地位。②

细观该成果转化模式,归属于依托单位的财政资助职务发明成果,其成果的产业价值实现有其特殊性。在内部关系博弈中,高校掌握着法律上的权利,科技成果完成人掌握者对技术的事实控制权。这使对财政资助职务发明成果的控制权夹杂在事实和法律之间,形成了内部多部门博弈。

在对外关系中,作为政府财政资金设立的高校、科研单位,不仅本身是财政事业单位,其职能亦属于教育、科研,由相关的行政法规对其职能和行政权予以规制。科研是高校、科研单位科研人员的本职工作,可通过申请国家科学技术计划项目获得资金支持。但相应技术成果的应用,却并不是。技术成果的应用需要通过与外部第三方,就知识产权资产处置形成新的法律关系,由企业在产业领域中进行应用。知识产权保护需要通过诉讼维持知识产权的市场价值,但高校、科研单位并不愿卷入更多的企业知识产权诉讼纠纷。这意味着如果按照"可实施性"标准进行充分公开,虽然专利权确定,但如果实施企业不可能被追溯,且这一状况成为共识,那么该国有资产事实上就成了任何企业都可以使用的"公共物品"。此处可称之为"准公共物品"属性。此时"公共物品"属性对博弈关系的负面影响同样存在。

(二)国有资产和科技成果双重属性中的内部多部门博弈

从国有资产角度来看,高校、科研单位,作为依托单位,享有财政资助职务发明成果的知识产权。但成果转化是一个复杂的过程。从行为来看,成果转化,是高校的知识产权无形资产处置过程。由于国有资产

① See *World Intellectual Property Indicators* 2020,载世界知识产权组织网,https://www.wipo.int/edocs/pubdocs/en/wipo_pub_941_2020.pdf,最后访问日期:2020 年 12 月 30 日。

② 参见《2020 年全球创新指数:谁为创新出资?》(摘要版),载世界知识产权组织网,https://www.wipo.int/edocs/pubdocs/zh/wipo_pub_gii_2020.pdf,最后访问时间:2020 年 12 月 30 日。

属性的介入，国有资产管理、国有资产处置、国有资产出资责任、国有资产监督等，都会影响决策。而相关职权由高校、科研单位国有资产管理部门行使使得相关主管部门的意见随之介入，成为影响科研单位决策的内部因素。

从科技成果角度来看，在高校和科研单位内部，科技成果的管理权、处置权分别由成果管理部门和成果转化管理部门负责。而现在财政资助职务发明成果处置需新的转化法律关系。多数情况下，以合作开发、委托研发、技术转让许可、技术服务横向科研项目为基础的合同，成了科技成果完成人的横向经费或转化收入。在知识产权受到侵害或者横向合同发生违约时，代表高校、科研单位的维权者为法务部门。复杂的管理规范形成了高校、科研单位的内部博弈关系。

在科研单位内部管理和利益分配机制中，上述系统内人员工作职能、利益机制和责任机制的割裂，导致知识产权的产权激励制度的功能难以发挥。高校、科研院所科研创新体系中，科研项目的来源、科技成果的归属和应用，均基于内部的管理制度和外部的契约关系。这一过程在利益归属、产权归属、应用需求、法律保护等各个环节存在权责益三者的分离。在内部管理制度中，职务科技成果归属的权利人存在主体上、利益上的分离。科技成果完成人作为项目负责人，实际获得主要的横向经费或转化收益。科技成果完成人形成的横向合同，合同的法律主体为科研单位。而享受实际收益的项目负责人没有以高校、科研院所名义进行知识产权诉讼的权利。对于知识产权和契约关系的法律保护，依赖于内部机制。而负责处理法务工作的人员在知识产权保护方面的利益激励机制也不完善。作为权利人的高校并不愿将自己卷入过多的诉讼中，其对国有资产亦有保值增资的管理责任。基于以上因素，在科技成果转化的内部关系中，内部审批流程复杂，交易费用增加，时效性更差。

（三）财政资助职务发明成果转化中的外部多主体博弈

诺斯认为，交易成本是解释经济绩效的关键。国家经济活动中所面临的高昂成本是产生低水平绩效的根本原因。① 观察现实中高校、科研院所的成果转化,其内外部的博弈相互发生影响。内部的管理规范,能够成为科研人员的“指挥棒”,成为外部关系决策的依据,具体来说高校内部的管理程序、利益分配机制、奖励机制、考评规则等,共同决定了科研人员对其掌控技术进行转化时的方式选择。

目前高校科技成果转化中,最为顺畅的机制是以传统的合作开发、委托研发、技术许可转让、技术服务合同为形式直接的知识产权开发、许可或转让法律关系。涉及复杂的资本项目介入时,如投资、作价入股等法律关系,交易费用和博弈困境尤为明显。高校、科研单位在政策扶持下成立的技术转移中心、知识产权运营服务平台、先进产业技术研究院、知识产权持股公司等,其对高校职务发明成果资本化的介入和推动,亦受到上述因素的困扰。

当研发不以产业应用为导向和目标时,则不仅会限制内部(高校、科研院所的科技成果转化服务部门,如技术转移中心、科学技术部、产业技术研究院和知识产权持股公司等)、外部科技中介(技术转移机构、知识产权运营服务平台、技术经纪人等)的专业化服务,还会限制政府促进科技成果转化政策的实施。除了企业为解决生产中的实际问题产生的委托研发,大部分科研项目都是从申请国家和地方政府的科研项目而来。这类研发的目标本就不是产业应用,其成果也是为完成结题,申报奖项,完成高校、科研院所的任务而形成的。2015 年,张江国家自主创新示范区“知识产权价值提升与实现公共服务平台”建设中,运营者评估了上海市高校、科研院所约三百件专利,发现有商业价值的比例不足 5%。②

(四)科技成果完成人的博弈地位及理性选择

前述内外博弈关系中,一个明显阻滞转化的因素表现为“专利的商业

---

① 参见[美]道格拉斯·C. 诺斯:《经济学的一场革命》,载[美]科斯、诺思、威廉姆森等:《制度、契约与组织——从新制度经济学角度的透视》,刘刚、冯健、杨其静等译,经济科学出版社 2003 年版,第 49 页。

② 参见《沪高校、科研院所的专利有商业价值比例“不足 5%”》,载国家知识产权战略网,http://www.nipso.cn/onews.asp? id=29163,最后访问时间:2020 年 12 月 30 日。

价值"判断。该判断属于外部知识产权运营者的商业判断,而并非科技成果完成人的判断。该状况反而体现了科技成果完成人对其成果商业价值的掌控。法理逻辑中,没有技术应用价值的项目,在科学技术计划项目申报中是不能作为应用类技术成果通过苛刻的专家评审的。被运营机构评价为"没有商业应用价值",极有可能是成果完成人利用科研范式和学术屏障进行技术控制的自我保护措施。

在成果转化的外部法律关系中,主体是技术需求企业和高校、科研单位。成果完成人实际以高校、科研单位项目负责人身份出现,没有独立的法律主体地位。成果完成人只能通过掌控技术,即使他人难以通过专利文献实施技术,来保障自己的参与和受益权。这一行为的结果是脱离了科技成果完成人,技术并不能有效地进入产业。此时,知识产权并未发挥真正的作用。科技成果完成人实际主导成果转化,知识产权无独立的流动性。科斯揭示了交易成本一定程度上决定了交易效率的原理。而使用价格体系的成本,谈判的进行、契约的鉴定、监督的实行、解决纠纷的安排等,都构成了交易的制度成本。[①] 通过对一个订单的全过程打出分数,可以得出一个国家制度营商环境绩效。新制度经济学按照一套标准来间接反映交易成本的状况。其研究结果表明,在一个人们互相不信任的社会,必然耗费大量的资源用于界定和实施契约。当人们拥有实施契约的一套行为准则时,交易成本是较低的。[②]

科技成果转化的方式、知识产权价值影响着科技成果产业化效率。当高校、科研院所缺乏机制保护知识产权收益时,科技成果转化项目合作成功与否,通常取决于科研人员与技术需求者的关系。在科研人员看来,合作成功与否,取决于企业对其技术的需求程度。因此,"技术保留"是科研人员科技成果转化或者申请专利时最常用的方式。科研人员常常选

---

① See R. H. Coase, *The Institutional Structure of Production*, The American Economic Review ,Vol. 82:4,p. 713-719(1992).

② 参见[美]道格拉斯·C. 诺斯:《经济学的一场革命》,载[美]科斯、诺思、威廉姆森等:《制度、契约与组织——从新制度经济学角度的透视》,刘刚、冯健、杨其静等译,经济科学出版社 2003 年版,第 52 页。

择在专利申请中保留技术诀窍，让潜在的技术需求者根据专利文献不能实施专利，但可以根据专利文献找到成果完成人，从而迫使技术需求者与其谈判。部分科研人员，在对企业许可技术时，仅许可上一代技术，最新技术常常被保留，作为其与企业支付技术提成和后续合作的谈判筹码。对于费用支付的方式，科研人员更倾向于选择一次性的转化价格、明确研发阶段的分期付款价格，并且他们更关注技术许可的入门费。这种付款方式，科研人员能得到多少经费或者收益，取决于企业能够为这项技术付出多少钱。企业亦会考虑投资风险。在尚未见到市场收益时，知识产权价格会受影响。而当无法以创新产品市场前景决定技术价值时，科研和市场需求的沟通渠道亦会受损。

三、赋权改革转化机制的法经济学分析

赋权改革是目前高校科技成果转化领域中重要的改革措施之一。《科技成果转化法》已经将成果完成人的奖励比例大幅提高，赋权改革则是从权属层面进行的改革。从权属制度来看，赋权改革是混合所有制，其关注到高校与科研人员之间的收益分配。从功能上看，该措施是为了提高科技成果完成人科技成果转化的积极性。通过稳定法律关系和法律地位，在职务发明知识产权股权投资和资本化领域，可以降低高校、科研单位外部谈判的博弈成本。另外，该制度亦有“教授特权”制度的现实问题，使得这种发展模式具有功能局限性。

一方面，科技成果的赋权改革是对科技成果使用权、处置权和收益权的改革。直接目的是与科研人员共享职务科技的成果所有权、长期使用权，共享收益。方式为放松国有资产的监管责任，将高校、科研单位朝着管理、中介的方向发展。这种模式在一定程度上改变了“拜杜规则”确定的高校、科研院所享有权利并承担转移责任的规定。作为科技成果转化的义务承担者和责任主体，高校成果转化部门并不真正掌握技术，亦无法完成协助企业在技术领域的应用，因此会导致技术闲置。而赋权改革从产权的根本问题上解决了科技成果完成人拟进行成果转化的体制机制限

制，在一定程度上舒缓了复杂审批流程中的内部博弈困境。

另一方面，这种目标和发展模式下会产生同“教授特权”类似的制度缺陷。大学被赋予了服务经济发展的重要职责，大学研究能力成为国家科技发展和赢得全球科技竞争的重要支撑力量。由于“教授特权”没有明确的政策导向，难以设定政策目标和绩效要求，执行效果便难以保障。以发明人个人利益为核心，依靠科技成果完成人或其团队单打独斗，需面对专业领域之外的复杂法律机制和市场需求，这也是赋权改革制度所面临的挑战。因此，虽然“教授特权”可以激发科研人员转化热情，但这一机制在宏观上，尤其是从国家科技创新战略驱动来看，并不是提高高校、科研院所科技成果转化效率的优选。

四、知识产权运营机制的法经济学分析

知识产权运营需求，源自高校、科研单位科技成果转化对知识产权许可市场的需求。无权属或者保护态的科技成果，经济学属性是萨缪尔森假设的“公共消费品”。这类物品的天然特征是，任何个人消费不会减少其他人对这类物品的消费，所有人可以共同使用。[①] 科技成果价值实现需要载体。在前述制度后果中，其价值实现载体名为知识产权，实际为科研人员。要提高绩效，制度设计期待知识产权运营充分发挥知识产权权利分置的法律工具价值，以回归制度设计意旨中的双重价值载体。

如果知识产权收益权能够主导、引导研发人员改变研发导向，使技术开发针对市场，且研发成果具有可实施性，则其结构将转变为，技术应用类职务发明对接技术应用领域的研发需求，使技术脱离技术人员，以知识产权形式在产业和金融中发挥技术和资本双重载体功能。知识产权将技术实施权以许可形式流转进入企业；知识产权收益权保障知识产权产品销售提成回到科研领域。知识产权运营机构作为“流动性”中介，负责运营知识产权，提供知识产权许可使用市场。这种模型即为“财政资助职务

① See Paul A. Samuelson, *The Pure Theory of Public Expenditure*, The Review of Economics and Statistics, Vol. 36:4, p. 387-389(1954).

发明成果转化的知识产权运营”模式。

知识产权对于科技成果转化的工具价值在于，当技术脱离发明人和权利人的控制时，知识产权依然能使其获得相应收益。权利人仅掌控知识产权，当技术被按照法律规定的权利内容使用时，就可以获得对应的收益提成，包括获得许可收益或者侵权赔偿。假设后续配套服务完善，研发人员可专注研发，后续所有关于技术在产业应用的交易成本，都可以被节约下来，转化为创新效率。当创新产品的产业化提成收益能够保障时，研发人员为获得更多收益，将致力于更有市场前景的研发。高校、科研院所的科研活动也将接受市场反馈，以市场为导向，进行更有市场应用价值的研发。这样的假设条件下，高校、科研院所等科研领域的知识产权代表技术进入产业，产业应用形成收益回到科研领域，将会形成互促发展的良性循环。由此可以预期，构建知识产权运营中介机构，提供许可运营市场，以知识产权为纽带，可以实现财政资助职务发明在科研与产业间的循环流转。

以知识产权产品收益提成为基础的科技成果转化模式，其收益具有后置性。此时未来收益的变现、研发资金的投入，依然需要法律制度工具利用市场化机制来解决交易成本问题。在法律制度工具的设计中，资产证券化的法律结构专门用于未来现金流的变现。在金融法中，以信托法律关系为基础的投资基金、资产管理、资产证券化等，都是不同模式筹集资金的金融法律工具。金融法律工具是市场化的组织机制，能够调集市场资金；是法律化的组织机制，有法律保障，降低了博弈谈判缔约成本；是可持续、可循环的、稳定的长效机制。金融工具亦有可能用于解决财政资助职务发明后置收益变现的问题，且有可能解决吸引社会资本投入时的制度成本和博弈困境问题。以高校、科研院所财政资助职务发明的知识产权许可未来收益为基础资产对象，可建立科研领域与产业、金融三者循环的市场机制。以国家科学技术计划财政资助为杠杆，以证券化和资管产品为金融工具，带动社会资本共同投资国家科学技术计划领域的应用科研；以知识产权收益对投资者和科研人员进行回馈。该过程需以知识产权金融中介系统为依托，建立资金市场投资高校、科研院所科研的金融工具体系。

综上四种转化模式可知，传统模式下的财政资助职务发明成果转化，法律已经为其设置了转化途径和收益机制。对于多数擅长科研，不擅长谈判、管理和市场应用的研发人员而言，为其建立知识产权信托运营的公共服务路径，保障其后续市场化后的产品提成收益，需要完善“财政资助职务发明”成果转化的知识产权运营服务机制，为其提供许可使用市场。通过许可使用收益，使高校、科研单位和科研人员都能选择将技术交给市场。

政策扶持的重点领域是该机制中的知识产权运营服务体系。国家知识产权局和财政部以财政资金扶持地方政府建设“平台、机构、产业、金融四位一体”的知识产权运营服务体系。其法律工具选择了“知识产权信托运营”，以构建科研、产业和金融互相融合的知识产权信托运营体系。金融架构和金融功能为其提供了工具价值，形成了为财政资助职务发明知识产权创造流动性和资产信用的“金融支持机制”。

第五章　金融支持机制:知识产权流动性和资产信用

目前,如果仅从法律关系主体的角度看知识产权与金融关系,财政设立的高校、科研单位不会作为融资者进行某一项科研成果的转化。高校、科研单位科技成果转化部门经常邀请风险投资基金、股权投资基金、知识产权信托运营基金等各类资本,投资高校、科研单位职务发明成果的转化。依托单位的财政资助职务发明,在科技成果转化及转化融资的过程中,会同时发生权属或者权利的转移。而各方所成立的企业主体,才是进行成果转化的融资主体。

从其发展状况来看,基于高校、科研单位的科技成果转化和知识产权功能的限制,当前科技金融形成了以主体信用为基础构建的特殊范式。而随着知识产权系列法规的修改,其逐渐向资产信用的方向发展。发展中的高校科技金融体系,职能侧重于为高校师生的创新、创业、成果转化拓宽融资途径。

从金融法律制度创制的社会意义来看,金融能够在财政资助职务发明成果转化中起到重要作用。科学技术是第一生产力,金融是现代经济的核心。科技金融,除了能够拓宽融资途径,还有独立、深刻的经济价值。金融体系是货币中介、信用中介和流动性中介的现代化制度体系。如果能充分发挥其金融功能,则亦能为财政资助职务发明的成果转化提供以成果知识产权为核心的知识产权资本中介、信用中介和流动性中介。只是由于转化途径的法律限制,目前并无财政资助职务发明知识产权资产信用和流动性创造的金融工具。

金融经济功能的实现途径由金融法创造。金融法律制度使原本为高风险、高交易费用的社会关系,成了国家强制力保障的金融法律关系。金融法不仅规范了市场化的经营关系,并可以通过金融的市场规制法保障市场秩序,同时通过金融宏观调控法来实现金融支撑经济发展的目的。金融的社会经济功能通过法定金融调控工具来实现。

同样的金融的耦合机制应用于国家科学技术计划项目成果转化领域,便体现为健康的科技金融体系能够引导社会金融资本在科技创新领域进行配置,形成科技和金融的深层次结合。证券化的金融工具,可将资本端链接金融资本市场,资产端链接研发的科研体系,未来收益现金流的基础资产债权端链接产业应用领域。通过证券化金融工具,能够将社会资本引导进入研发领域,能够将高校、科研院所的科研成果以知识产权形式输入到产业领域,产业领域生产销售之后的销售利益提成回馈投资者和研发领域。该机制形成了知识产权的流动性和资本信用的良性循环,宏观上亦能进行创新资源的引导和配置,以契合科学技术计划项目成果转化的金融工具需求。

本章从中国科技金融的发展现状入手,通过现状观察存在的问题。拓宽资金来源渠道仅是金融的融资功能,其他重要经济功能亦可依赖金融工具。金融经济功能实现依赖于金融法调整机制。根据金融的功能,可类推财政资助职务发明成果转化中金融工具的经济功能,以探讨该体系中所需的科技金融机制。

第一节　高校、科研单位科技成果转化的金融概况

基于高校、科研单位成果转化的重要性,各级政府对高校、科研单位成果转化的金融支持模式,体现在诸多中央和地方政府科技产业发展规划和政策扶持文件中。其发展状况受政府关注。科学技术部、教育部和国家知识产权局亦会发布统计数据和调研报告。《科学技术进步法》和

《促进科技成果转化法》的科技成果转化途径设置是以企业为实施主体的。财政资助职务发明的成果转化实施,需通过许可、转让、作价入股等方式,至少使其“实施权”进入企业主体。此时的融资过程,基于出身分类的财政资助职务发明的金融与企业职务发明的金融,从主体视角已融为一体。对高校、科研单位职务发明科技成果的金融扶持和发展状况,通常根据其出身,从与大学科技成果转化的相关度来判断,如对大学科技园、双创基地或科技成果转化基地的政策扶持或政策试点即是通过这些来进行判断的。

一、中国财政资助职务发明的金融调控政策

科技金融调控的法律依据为《科学技术进步法》《促进科技成果转化法》,政策依据为国家知识产权战略纲要、深化体制机制改革、加快实施创新驱动发展战略、推动知识产权金融服务、知识产权强国战略等。科技金融是科技创新驱动发展的重要环节,与知识产权强国战略融为了一体。

国务院《关于印发〈国家知识产权战略纲要〉的通知》(国发〔2008〕18 号)提出以包括金融在内的各种政策促进知识产权的创造和运营,并明确提出了通过引导企业以知识产权质押融资等方式实现知识产权价值。

国务院办公厅《关于转发知识产权局等单位深入实施国家知识产权战略行动计划(2014—2020 年)的通知》(国办发〔2014〕64 号)提出要建立具有产业特色的全国专利运营与产业化服务平台,并初步提出了科技金融的发展方向。该通知明确了科技金融发展的模式,要求支持银行、证券、保险、信托等机构广泛参与知识产权金融服务,鼓励商业银行开发知识产权融资服务产品。具体措施包括:(1)完善知识产权投融资服务平台,引导企业拓展知识产权质押融资范围;(2)引导和鼓励地方人民政府建立小微企业信贷风险补偿基金,对知识产权质押贷款提供重点支持;

(3)通过国家科技成果转化引导基金对科技成果转化贷款给予风险补偿;(4)增加知识产权保险品种,扩大知识产权保险试点范围,加快培育并规范知识产权保险市场。后续的科技金融经营基本上都是在这种调控机制下,依照四个方面全面推进的。①

中共中央、国务院《关于深化体制机制改革加快实施创新驱动发展战略的若干意见》(2015年3月13日)(中发〔2015〕8号)中提出要进一步强化科技金融领域的金融创新。该意见要求,要“发挥金融创新对技术创新的助推作用,培育壮大创业投资和资本市场,提高信贷支持创新的灵活性和便利性,形成各类金融工具协同支持创新发展的良好局面”。该意见还对科技金融经营提出了具体要求。②

国家知识产权局《关于进一步推动知识产权金融服务工作的意见》(国知发管函字〔2015〕38号)总结了科技金融政策和发展的意义、目标、方式和重点发展方向。③

国务院《关于新形势下加快知识产权强国建设的若干意见》(国发〔2015〕71号)将各类科技金融的融资模式和金融工具纳入了“加强知识产权交易平台建设”。④ 国务院办公厅印发《〈国务院关于新形势下加快知识产权强国建设的若干意见〉重点任务分工方案的通知》(国办函〔2016〕66号)更进一步明确了科技金融建设的分工。国家知识产权局、财政部、教育部、科学技术部、工业和信息化部、国有资产监督管理委员

---

① 参见国务院办公厅《关于转发知识产权局等单位深入实施国家知识产权战略行动计划(2014—2020年)的通知》(国办发〔2014〕64号),载中国政府网,http://www.gov.cn/zhengce/content/2015-01/04/content_9375.htm,最后访问时间:2021年1月10日。

② 参见中共中央、国务院《关于深化体制机制改革加快实施创新驱动发展战略的若干意见》,载中国政府网,http://www.gov.cn/xinwen/2015-03/23/content_2837629.htm,最后访问时间:2021年2月10日。

③ 参见国家知识产权局《关于进一步推动知识产权金融服务工作的意见》(国知发管函字〔2015〕38号),载国家知识产权局网,https://www.cnipa.gov.cn/art/2015/4/10/art_381_138241.html,最后访问时间:2021年2月10日。

④ 参见国务院《关于新形势下加快知识产权强国建设的若干意见》(国发〔2015〕71号),载中国政府网,http://www.gov.cn/zhengce/content/2015-12/22/content_10468.htm,最后访问时间:2021年2月10日。

会、中国科学院、国家国防科技工业局、中央军委装备发展部负责构建知识产权运营服务体系,以加快建设全国知识产权运营公共服务平台。由国家知识产权局、教育部、中国科学院、国家国防科技工业局负责推动高等院校、科研院所建立健全知识产权转移转化机构。但在知识产权证券化、知识产权信用担保、投贷联动、投保联动、投债联动、天使投资、风险投资、私募基金等领域,则由中国人民银行、国家市场监督管理总局、国家版权局、国家知识产权局、中国银行保险监督管理委员会、中国证券监督管理委员会按职责分别负责。该分工基本上可以看出科技金融调控的主体及其工作责任分配领域。①

通过前述政策发展过程、所选金融工具和负责协调主管部门的线索可以观察科技金融政策对"财政资助职务发明"成果转化的扶持路径。教育部、科学技术部、中国科学院等部门的参与代表财政投入阶段为对高校、科研院所职务发明的资助路径。处置阶段国有资产监督管理委员会被列入则涉及高校、科研单位知识产权的国有资产管理和处置权。教育、科技等主管部门并不参与后续金融业支持财政资助职务发明成果转化的宏观调控和市场规制。随着法律主体由高校、科研单位变更为企业主体,后续过程脱离教育、科技主管部门的职权范围。由国家版权局、国家知识产权局、国家市场监督管理总局、中国人民银行、中国银行保险监督管理委员会、中国证券监督管理委员会等知识产权、市场、金融监管与规制部门,通过投融资、证券化、质押融资保险等,实施科技金融支持,形成金融扶持路径。

科技金融在重点城市知识产权运营平台的基础上,与知识产权、产业、基金融合发展。国家知识产权局、财政部负责以财政扶持知识产权运营服务平台建设,统计发布知识产权运营服务平台、知识产权质押融资的

① 参见国务院办公厅印发《〈国务院关于新形势下加快知识产权强国建设的若干意见〉重点任务分工方案的通知》(国办函〔2016〕66号),载中国政府网,http://www.gov.cn/zhengce/content/2016-07/18/content_5092397.htm,最后访问时间:2021年2月10日。

发展情况。地方政府亦扶持当地高校知识产权运营服务平台、科技金融服务体系建设。公开发行的知识产权证券化上市交易可以从上海证券交易所和深圳证券交易所的公示信息中获得。

二、高校、科研单位的科技金融发展状况

高校与金融领域的合作,突破了单纯的融资需求。其基本的方式是构建科技金融合作的服务平台。平台一方面支持风险投资、股权投资、银行等各金融行业与本校师生进行具体项目对接;另一方面通过合作发展关系,或谋求共同发展,或谋求共同服务于区域经济。在政府的推动下,双方不仅促进融资项目合作,亦进行教学、科研等非金融关系合作。上海市闵行区政府、上海交通大学、金融机构等举办的"科技成果转化金融论坛"可以诠释这种合作方式。

(一)高校与金融机构的平台合作模式

高校的科技金融多为高校、地方政府、金融机构共同参与的平台合作模式。2021 年 6 月,科技成果转化金融论坛在上海交通大学国家大学科技园创想 600 基地召开。其论坛主题为"金融赋能科技,驱动产能提升",旨在加速高校科技成果转化,促进高校与企业、创投机构、金融服务机构之间的跨领域交流。

论坛由上海交通大学上海高级金融学院、上海交通大学科技园和南滨江投资发展有限公司发起。联合保利资本、金茂资本等市场头部投资机构共同组建的"科技及产业创新中心",在上海交通大学国家大学科技园正式成立。科创产业投资联盟是"科技及产业创新中心"的运营实体。其通过在全球范围内链接企业、高校、资本等节点,致力于成为发掘深层次机会、链接多维度价值的结网型组织,关注国家新兴产业关联的技术创新方向,聚焦信息技术、高端制造、生物医疗、地产科技等领域。联盟通过链接产业资源、催化产学研落地,加速创新企业成长,构建科技、创新、资

本、市场生态创新平台。[①]

（二）校方与金融机构多为非金融关系的战略合作

论坛上进行了多项落地合作签约。校方和合作多以战略合作、教学科研合作为主。以中国银行上海分行、上海交通大学安泰经济与管理学院、上海交通大学科技园的三方签约为例，三方在上海交通大学和中国银行合作的基础上，达成了战略合作意向，将在产业研究、人才培养、校企研对接等方面展开深入合作，形成具有高校特色、投贷联动特色、知识产权特色的全方位产品体系。中国银行将依托集团综合化服务优势，持续深化“中银教育”场景建设，积极促进教育与金融的深度融合和高质量发展。其方式为打造全生命周期的金融产品，探索“信用+园区”的创新模式，创建“环交大”“一揽子”金融合作体系。上海交通大学安泰经济与管理学院、上海交通大学科技园与企查查将在大数据联合行业研究、决策咨询与战略研究、技术研讨、高层次联合培养方面深度合作。

上海市闵行区科学技术委员会、东方证券、上海交通大学科技园，在股权债券融资、财务顾问、结构化融资、项目赋能等方面展开深度合作，致力于促进科技成果产业化和推进高层次人才创新创业，提供高质量、高效率和个性化的服务。上海市闵行区正在建设国家科技成果转移转化示范区，在上海交通大学、华东师范大学等高校周边全力打造“环高校科创带”，着力提升大学科技园在科技成果转化、科技企业孵化、科技人才培养、集聚辐射带动等核心功能。

（三）校、地、金融机构合作平台为校内人员提供融资机会

高校科技金融中的投融资法律关系，是在校内人员与金融机构之间形成的。校内人员既包括教师、研究院等科研人员，也包括创业学生。高校提供平台，为金融机构提供接触高校教师、学生创新创业项目

① 参见《“金融赋能科技，驱动产能提升”——上海交大科技成果转化金融论坛顺利举行》，载上海交通大学国家大学科技园，http://www.sjtusp.com/Article?ArticleID=2345，最后访问时间：2021年6月10日。

的机会。平台举办“创新创业俱乐部”，通过举办技术发布会、“路演”、沙龙等活动，给有融资需求的教师或者学生提供向投资人宣讲其创业项目的机会。高校亦会在大学科技园等创新资源集聚区域建设专业服务水平高、创新资源配置优、产业辐射带动作用强的众创空间，为教师、学生创新创业提供技术研发、孵化空间、信息网络、法律服务和资本对接等服务。

(四)与高校合作的金融组织机制

这种新型科技金融模式具有一定的组织机制。该模式有举办者、确定的功能、活动空间，通常由技术转移机构建设。技术转移机构的职能是整合校内各类技术转移、转化机构，促进高校技术转移机构与市场化第三方技术转移机构在信息、人才、孵化空间、技术转移平台载体等方面的共享、共建力度，以形成集对接市场需求、促进成果交易、投融资服务等为一体的科技成果转移转化服务体系。高校的技术转移机构通常负责高校与地方政府、大型企业共建技术转移机构，积极创建国家技术转移示范机构。

(五)其他职能

高校、科研院所通过其科技成果转化平台参与科技金融。高校往往更注重加大专业人才队伍培养力度。举办论坛亦是为推动组织高校技术经纪人联盟。其常采取特邀讲座、案例研讨、实例调研、参与创新创业竞赛等方式，着力培养既懂技术又懂市场的复合型技术转移转化人才。高校、科研院所常引入国外先进的技术经理人培训课程体系，培养具有国际视野、通晓国际规则的高校技术经纪人队伍，进行技术转移机构管理人员的专题培训，制定并推行《高等学校知识产权管理规范》标准贯彻工作。

三、科技金融主要政策扶持领域的发展状况

以市场为基础的科技金融扶持政策，根据扶持领域，可分为三类。第

一类是以债权关系直接为成果转化提供资金支持知识产权质押融资的扶持政策。第二类是基于知识产权的资本能力，为知识产权质押融资分散风险的质押融资保险。第三类为知识产权证券化的政策扶持。证券化作为具有复杂法律结构，且有强大金融功能的结构融资工具，其政策扶持具有特殊意义。

（一）知识产权质押融资的发展

国家知识产权局数据显示，各类政策扶持下，知识产权质押融资已形成一定规模。2017 年全国新增专利权质押融资金额达到 318 亿元，同比增长 92%。质押项目数 1493 项，同比增长 41%，实现了快速增长。[①] 只是质押融资的真实金融模式，并不是知识产权收益或变现资金的担保，而是基于推广贷款、保险、财政风险补偿集合捆绑抵御风险的知识产权质押融资模式。[②] 2019 年，全国专利转让、许可、质押等运营次数达到 30.7 万次，同比增长 21.3%；专利和商标质押金额达到 1515 亿元，同比增长 23.8%。

（二）知识产权质押融资保险的发展

“中关村模式”是知识产权质押融资保险模式的代表。在北京市知识产权局、中关村科技园区管理委员会、北京银保监局的支持指导下，中国由政府倡导设立了首家专门从事知识产权运营事业的国有平台——北京知识产权运营管理有限公司。该公司为创新风险分散机制，成功打造了知识产权金融服务创新产品“智融宝”。其模式是智融宝知识产权质押贷款向企业放款后，由北京知识产权运营管理有限公司就智融宝项目的风险处置责任风险向保险公司集中投保并缴纳保费。北京知识产权运营管理有限公司与人保财险、建信财产保险公司北

---

① 参见《上半年全国新增专利权质押融资 318 亿元》，载中国经济网，http://finance.ce.cn/rolling/201708/16/t20170816_25041436.shtml，最后访问时间：2022 年 10 月 9 月。

② 参见财政部办公厅、国家知识产权局办公室《关于 2018 年继续开展知识产权运营服务体系建设工作的通知》，载国家政府网，http://www.gov.cn/xinwen/2018-06/01/content_5295297.htm，最后访问时间：2020 年 10 月 1 日。

京分公司、中国人寿财产保险公司北京分公司共同签订了2019年智融宝知识产权质押融资保险合作协议。[①] 但这种模式中，知识产权的估值和价值实现依然是金融活动中的痛点。中国人民保险公司于2019年4月颁发了首个智融宝知识产权质押融资保险项目理赔支票版，赔付金额为996,632.36元。[②]

（三）知识产权证券化的发展

在政府的引导和推动下，知识产权质押融资与证券化成为热点，发展迅速。知识产权保护现状决定了知识产权的资产价值，也决定了知识产权许可市场的繁荣程度，进而决定了知识产权金融的信用基础和风险。由于知识产权基础资产的信用风险，前期中国的知识产权证券化实务基本是以地方政府主导，通过扶持政策调动知识产权资源，结合政府潜在担保、保险等信用增级方式，发行资产支持证券产品。

2018年12月14日，在北京市政府力挺的情况下，首个知识产权证券化产品"第一创业—文科租赁一期资产支持专项计划"（以下简称"文科一期ABS"）在深圳证券交易所上市。[③] 2019年4月深圳证券交易所正式公布。[④] 以北京、上海、广州、深圳等地为首，多地政府成功推动了当地发行知识产权证券化产品。2020年发行达到12单。至2020年年底，全国共17个知识产权证券化项目在上海、深圳证券交易所发行，累计融资规模超过140亿元。深圳地区的发行更为领先，截至2021年3月，深圳

---

① 《知识产权质押融资保险"中关村模式"发布》，载人民网，http://ip.people.com.cn/n1/2019/0415/c179663-31030318.html，最后访问时间：2019年9月21日。

② 《"银行+保险"助力知识产权质押融资，估值"痛点"仍待解》，载上海金融新闻网，http://www.shfinancialnews.com/xww/2009jrb/node5019/node5036/xw/u1ai215620.html，最后访问时间：2019年9月21日。

③ 参见《第一创业—文科租赁一期资产支持专项计划说明书》，载第一创业，https://www.firstcapital.com.cn/upload/20190411/20190411214459628.pdf，最后访问时间：2021年3月21日。

④ 参见《关于为"第一创业—文科租赁一期资产支持专项计划"提供转让服务的公告》，载深圳交易所，http://www.szse.cn/disclosure/notice/bond/t20190411_566157.html，最后访问时间：2021年3月16日。

共9单知识产权证券化产品,发行规模近20亿元,涉及知识产权逾300件,融资企业120多家。①

以"文科一期ABS"为例,该产品由国家知识产权局和中国证券监督管理委员会牵头,专门成立了"推动知识产权证券化试点指导工作组"。北京市委员会宣传部、北京市国有文化资产管理中心、北京市知识产权局和北京市文化投资发展集团有限责任公司(以下简称为"北文投")等部门共同参加,并邀请深圳证券交易所参与。各方就知识产权证券化工作和产品发行等问题多次召开座谈会,进行深入研究沟通。通过各方共同推动,形成了主管部门、发行审核机构和发行主体之间高效顺畅的协同工作机制,才实现了"文科一期ABS"的成功落地。作为发行主体的文化科技租赁成立于2014年,是"北文投"旗下子公司,专业为广大文化科技类企业提供融资租赁等综合性融资服务。② "北文投"是本次债券的差额支付承诺人。该外部增信有效提升了"文科一期ABS"的信用等级和抗风险能力。中诚信证券评估有限公司对全部优先级证券的评级为AAA。③ "北文投"是北京市属的国有独资公司,是首都文化产业发展重要的投融资平台。④ "文科一期ABS"的交易结构如图5-1所示。该结构是中国知识产权证券化的代表。

---

① 参见《拓宽融资路 发展劲头足——"十三五"时期,我国知识产权证券化融资规模超过140亿元》,载知识产权报,http://www.cnipr.com/sj/zx/202103/t20210322_242736.html,最后访问时间:2021年5月1日。

② 参见http://www.bjwkzl.com/index.php/gywm/gsjs,最后访问时间:2020年3月16日。

③ 参见《我国首支知识产权证券化产品在深交所成功获批》,载新华社客户端,http://xhpfmapi.zhongguowangshi.com/vh512/share/5318483?from=timeline&isappinstalled=0,最后访问时间:2020年12月25日。

④ 参见http://www.bjwt.com/,最后访问时间:2020年12月25日。

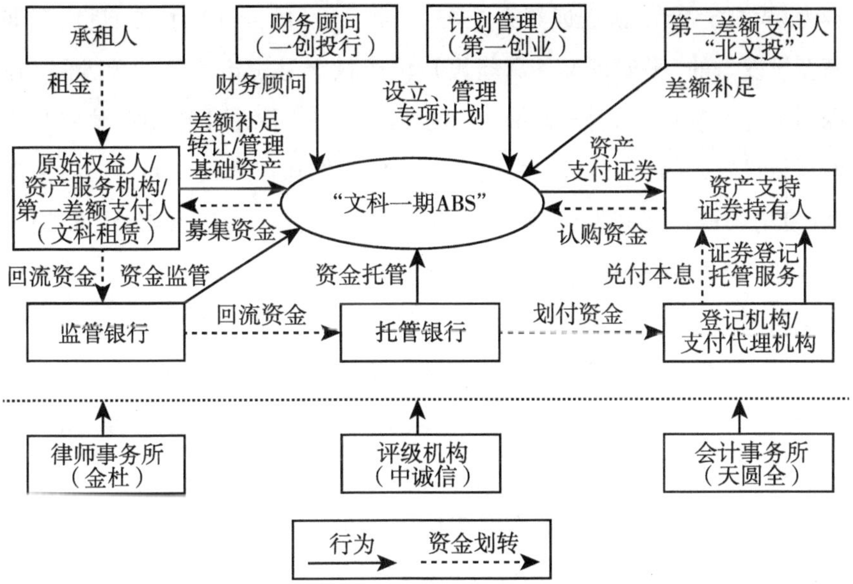

图 5-1　"文科一期 ABS"交易结构

［资料来源：《第一创业—文科租赁一期资产支持专项计划资产管理报告》（2019 年 3 月 28 日～2019 年 4 月 25 日），载第一创业，https://www.firstcapital.com.cn/upload/20190425/20190425091641610.pdf。］

2019 年 9 月 12 日，广东省发行的知识产权证券化业务"兴业圆融）—广州开发区专利许可资产支持专项计划"，也有类似背景和特征。[①] 经广东省广州市领导多次部署，广东省开发区成立专项工作小组，联合区属国企、券商及相关服务机构，共同走访调研六十多家区内科技企业，设计了以民营中小科技企业专利权的许可费用为基础资产的证券化产品。[②] 该项计划的基础资产为 11 份专利许可合同，其中专利许可应收款余额高达 18，130 万元。该债券发行规模为 30，100 万元，其中优先级证

① 参见《关于为"兴业圆融—广州开发区专利许可资产支持专项计划"提供转让服务的公告》，载深圳交易所，http://www.szse.cn/disclosure/notice/bond/t20191120_572068.html，最后访问时间：2021 年 4 月 5 日。

② 参见《广州开发区发行全国首支纯专利知识产权证券化产品　打造专利运营"广州模式"》，载广州黄埔区人民政府、广州开发区委员会，http://www.gdd.gov.cn/hp79/0500/201909/3f48988b01d54799bf21587c48fc5554.shtml，最后访问时间：2021 年 9 月 21 日。

券为28,595万元,次级证券为1505万元。[①] 2019年12月25日,由深圳高新投发行的"平安证券—高新投知识产权1号资产支持专项计划"在深圳证券交易所正式挂牌。[②] 2020年4月9日,深圳市南山区政府和深圳高新投发起的"南山区—中山证券—高新投知识产权1期资产支持计划(疫情防控)"正式发行。[③] 2020年3月6日,在上海证券交易所、浦东新区知识产权局和国务院国有资产监督管理委员会的支持下,由浦东科创集团作为主发起人的"浦东科创1期知识产权资产支持专项计划"(疫情防控ABS)宣布完成了首期发行,优先级发行利率为3.59%,储架规模为10亿元。[④] 2021年2月26日,由深圳市属国企深圳高新投发起的"罗湖区—平安证券—高新投版权资产支持专项计划"成功发行。[⑤] 其基础资产为共计21项知识产权质押债权。15家企业最终融资规模1亿元。在罗湖区政府政策性补贴和深圳高新投费率优惠的共同支持下,入池企业实际融资成本为2.98%/年。[⑥] 2021年5月,由中国技术交易所作为原始权益人,长江资管和长江证券作为计划管理人和销售机构的"中技所—中关村担保—长江—1—10期知识产权资产支持专项计划"在深圳证券

---

① 参见《兴业圆融—广州开发区专利许可资产支持专项计划说明书》,载兴证资管,http://www.ixzzcgl.com/web/views/notice/20191119/14018.html,最后访问时间:2021年3月21日。

② 参见《关于为"平安证券—高新投知识产权1号资产支持专项计划"提供转让服务的公告》,载深圳交易所,http://www.szse.cn/disclosure/notice/bond/t20191225_572854.html,最后访问时间:2020年4月5日。

③ 参见《关于为"南山区—中山证券—高新投知识产权1期资产支持计划(疫情防控)"提供转让服务的公告》,载深圳交易所,http://www.szse.cn/disclosure/notice/bond/t20200409_575833.html,最后访问时间:2021年5月5日。

④ 参见《国内首单知识产权暨疫情防控资产证券化项目在浦东发行》,载上海知识产权频道,http://www.shzgh.org/zscq/mtjj/n2512/u1ai25298.html,最后访问时间:2021年4月20日。

⑤ 参见《关于为"罗湖区—平安证券—高新投版权资产支持专项计划"提供转让服务的公告》,载深圳交易所,http://www.szse.cn/www/disclosure/notice/bond/t20210329_585287.html,最后访问时间:2021年4月21日。

⑥ 参见《深圳高新投助力罗湖区成功落地国内首单版权资产证券化产品》,载深圳政府在线,http://www.sz.gov.cn/szzt2010/wgkzl/glgk/jgxxgk/gyqyyy/content/post_8577422.html,最后访问时间:2021年4月21日。

交易所审核通过。其总规模不超过 10 亿元。该计划为北京市首单专利许可知识产权资产证券化项目。[①] 此外，烟台、苏州、佛山等地均已经推动了当地知识产权证券化的成功发行。更多的地方政府也在积极探索和推动中。

正如深圳证券交易所对知识产权证券化产品的定位，知识产权证券化产品发行是"贯彻落实党中央国务院关于开展知识产权证券化相关部署的创新实践，是资本市场支持国家知识产权运用和保护综改试验的有力举措，有助于进一步探索科技型企业强化知识产权运用有效途径、拓宽轻资产运营科技型企业融资渠道"[②]。知识产权证券化产品发行的政策性目的是"积极促进科技成果与产业资本、金融资源对接，努力提升资本市场服务实体经济能力"。[③]

中国知识产权证券化业务，典型特征至少体现为由地方政府政策扶持形成政府潜在担保。融资结构以双层 SPV，将众多参与的中小企业的主体信用和资产信用，转变为政府投资的国有企业信用。发行规模大，发展迅速，则金融风险累积更快。其多为非公开募集，发行对象主要为合格投资者。其金融风险对金融机构影响较大。综上，这些特征带来了特殊的金融风险。

四、科技金融扶持政策中的金融风险

在政策扶持和巨额财政资金投入的基础上，科技金融取得了迅猛的发展。典型的代表为知识产权质押融资和知识产权证券化。高校、科研

① 参见《北京知识产权证券化项目获批》，载北京市人民政府，http://www.beijing.gov.cn/fuwu/lqfw/gggs/202105/t20210508_2383606.html，最后访问时间：2021 年 5 月 10 日。

② 《深交所稳步推进知识产权证券化　助力国家创新驱动发展战略》，载深圳证券交易所，http://www.szse.cn/aboutus/trends/news/t20190911_570580.html，最后访问时间：2021 年 3 月 21 日。

③ 《深交所稳步推进知识产权证券化　助力国家创新驱动发展战略》，载深圳证券交易所，http://www.szse.cn/aboutus/trends/news/t20190911_570580.html，最后访问时间：2021 年 3 月 21 日。

单位积极参与科技金融,提出了“金融为科技发展赋能”。在科技金融发展过程中,由于政策激励,原金融监管体系中的风险控制监管规则让位给了科技金融发展的政策目标,原金融规制体系的规则限制功能弱化。金融风险问题逐步暴露,对科技金融提出治理需求。

中国由地方政府主导的知识产权证券化与其他资产证券化业务不同。基于为创新产业融资的政策性功能,地方政府以政府投资知识产权资产管理公司和政策扶持提供双重信用杠杆,推动了当地知识产权证券化的成功发行。然而,以政府信用和政策补贴为动力的证券发行,极有可能导致经济责任上的政府兜底,使知识产权证券化实质上将成为政府金融补贴。政府信用和国有资产参与知识产权证券化时,更需关注参与企业变相侵占国有资产的监管缝隙。可以预测,科技金融治理机制将会成为新问题。政府治理知识产权质押融资和证券化的最终目的,是将知识产权的运营和证券化交还市场,以引导社会公众投资科技创新领域。

第二节　金融的经济原理、功能和法律调整机制

金融的基本原理是法律关系对资本的调配,可以使需要它的企业家能够有权利支配不属于他的生产要素。各种融资法律工具在满足各种需求时,使资金集中在实体经济所需要的领域,成为创业资本。这种对资金的调配,通过金融市场、金融工具等途径实现。银行成了中心化的金融中介。并且信贷、证券化都是典型的资金筹集金融工具。

从社会经济关系来看,金融还具有特殊的经济功能。经济法上对金融的定位是“金融是资金运动的信用中介,是现代经济的核心,是宏观调控的重要杠杆”。① 金融法对金融的定位是“金融是现代经济生活的核心”。② 在基本融资功能的基础上,金融还有宏观调控的功能,即通过金融中介机构,实现货币资本或知识产权资产的流动性功能和资产信用功能。

---

① 张守文主编:《经济法学》,高等教育出版社 2018 年版,第 173 页。

② 徐孟洲、谭立:《金融法》(第 4 版),高等教育出版社 2019 年版,第 1 页。

金融的功能通过金融法的调整机制来实现。从工具类型角度来看，金融法包括调整货币、证券、保险、基金、信托等各种金融工具和金融市场的法律制度。从金融功能实现的角度来看，形成了金融法学的理论体系。金融法通过金融市场经营法、金融宏观调控法和金融市场规制法对金融资本市场进行调整，以实现制度宗旨。

一、金融的基本原理

金融的功能在于实现了闲置资金从私人资本向社会资本的转变。这一过程通过金融交易的一级市场（发行市场）、二级市场（金融资本的交易市场）来体现。曼昆提出金融机构包括金融市场和金融中介机构两种类型。① 货币市场与资本市场的发展，使这种资本的流动更加形式多样化，满足经济对资本的多样性需求。金融的基本原理始于金融资本市场的经济功能和金融工具的经济功能。资产证券化的融资工具，是 20 世纪典型的金融创新。

（一）金融市场的基本原理

资本市场是把资金供给分配给希望借款之人的市场。这是一种市场导向的法律机制。该机制包括模式的设置和权利的赋予。一国的金融体系包括所有参与这种转移的机构。② 证券化作为一种金融工具，也是金融工作者创造的融资和转嫁风险方式，法律使其变得稳定并且有保障。金融的目的是使经济的稀缺资源，从储蓄者手中流动到借款人手中。金融系统由帮助协调储蓄者和借款人的各种金融机构组成。③

初步观察金融法律关系，首先看到的是金融市场、金融机构以及交易的金融资产所构成的金融系统。在复杂金融产品的金融交易中，才逐步

---

① 参见［美］曼昆：《经济学原理》（下册）（原书第 3 版），梁小民译，机械工业出版社 2003 年版，第 150 页。

② 参见［美］约瑟夫 · E. 斯蒂格利茨、卡尔 · E. 沃尔什：《经济学》（下）（第 4 版），黄险峰、张帆译，中国人民大学出版社 2013 年版，第 603 页。

③ 参见［美］曼昆：《经济学原理》（下册）（原书第 3 版），梁小民译，机械工业出版社 2003 年版，第 150 页。

发现金融工具的存在。从系统的角度来看,借款人和投资者对融资、投资和风险控制的需求促使了金融工具的创造和创新。而借款人和投资者的需求又源自他们对资产和负债的管理、监管限制、财务会计的考虑、税收考虑等各方面的管理需求。[①] 这些私人决策博弈的结果在实际上直接引导了相关资源的分配。从结构性金融工具的目的和金融创新的价值出发,可以更直观地看到金融机构和金融市场的意义。

为了实现金融关系中的创新价值目标,人们创设了作为法律权利和责任主体的金融机构。它们之间的相互作用体现了法律关系的联结。金融市场中的金融交易引导了金融资源的分配,同时体现了实体经济的需求。无论多少层金融关系的嵌套,对法律关系的研究都要追究到其背后真实经济的交换关系。这虽是一个金融关系的逆向,但能够厘清金融与实体经济的互动作用机理,看到金融法的价值目标和实现方式。只有在这一层次上,才有评价和改进知识产权证券化、进行金融创新的基础。

(二)金融工具的基本原理

通过各种金融法律关系对资金、资产关系进行转化,被称为金融工具。金融工具创造的结果为金融产品。金融产品亦能表征法律关系结构,即以金融机构为主体,运用金融法律关系,发行金融产品,并且结果的状态可以表明金融法律结构的创新程度。

发行债券、管理资产收益、承诺偿付的法律主体被称为金融资产的发行人。金融产品的消费者通过金融市场购买金融产品,成为金融资产的所有者,被称为投资者。金融资产是标准化债权的象征,代表了对某种未来收益的合法请求权,即对未来现金流的要求权。不同于单个的债权法律关系,金融产品所代表的现金流请求权可以是金额固定的,主要为国债、金融债券、企业债券、资产证券化产品等债务关系。无固定收益的金融资产通常是股权类金融资产,是权益要求权,即要求发行人依据企业获

---

① 参见[美]弗兰 · J. 法博齐、弗朗哥 · 莫迪利尼亚:《资本市场:机构与工具》(第4版),汪涛、郭宁译,中国人民大学出版社2011年版,“前言”第1页。

得的经营利润向权益主体支付投资收益。在证券形式更多样化的国家，优先股股东通常也会有固定收益。这是法律和经济层面的基础表象。

表象背后的经济、法律和价值关系，体现为金融资产与生产关系的联结。股票、企业债券、资产支持证券，其收益通常与实体企业的经济关系直接相关。证券中请求权代表的现金收益来源，理论上首先是发行人真实生产过程中的经济收益或者其真实的财产权益。也就是说，最终是实体经济为金融法律关系创造了现金流。

在这个过程中，金融资产承担着两大主要功能。第一项法律功能是将拥有盈余资金一方的资金通过金融中介机构转移给需要资金投资于实体企业的一方。第二项法律功能是在转移资金的同时，金融中介机构将与实体企业创造的现金流相关的不可分散风险在寻求资金和提供资金的各方之间进行重新分配。所以，金融市场上的某些金融机构就承担了金融中介的功能，它们通过金融法律关系把企业、金融机构实际发生（含未来发生）的债务关系转变为社会公众更偏好的其他金融资产。这一过程能够使证券持有人财产请求权与经营性资产的最终需求者通过法律关系实现再分配。[①] 无论是否体现真实实体经济关系中的权益代表，金融产品的法律交易都实现了资金转移和风险转移两大最基本的目标价值。

在金融法律关系中，金融机构在引导资金从资金盈余者（资金提供者）转向资金短缺者（资金需求者）的过程中起着关键作用。并且，金融机构在金融市场的业务活动中也担任了重要的经济角色。

（三）证券化的基本原理

证券化是一个非常重要的金融创新，是一种常用的金融工具。从金融法最广泛的视角去理解，如信贷资产证券化，是将债权人与银行的金融债权关系转换为债券发行人与投资者的金融交易法律关系的过程。金融交易同时来自两个以上的机构。金融法律关系则用以描述它们之间的存

---

① 参见［美］弗兰·J. 法博齐、弗朗哥·莫迪利尼亚：《资本市场：机构与工具》（第4版），汪涛、郭宁译，中国人民大学出版社2011年版，第5页。

在状态。如发放给一个公司的贷款是一种金融信贷的法律关系，一旦贷款成为一种可交易的债券，就成了金融交易的法律关系。股票的创造，代表着对一个公司的所有权，其对公司组织形式的发展意义重大，是早期最重要的证券化的过程。信用良好的贷款证券化、商业票据都是证券化的代表。① 资产证券化，则是金融机构对他们的信用风险、利率风险和流动性风险进行套期保值的机制。②

这些早期代表性证券化金融交易的法律关系，对社会发展贡献意义巨大。公司借款的唯一来源和渠道曾经只能是银行，但证券化将融资的渠道从银行借款转向公开市场借款，将借款的方式从一对一的借款法律关系转变为面向公开市场出售债券。从一开始只有信用等级高的公司可以发行公司债券，到即使信用非常低的公司，也可以从公开市场借款。虽然这种债券被称为投机债券、垃圾债券、高收益债券，但这些公司在推动科技发展中起到了重要作用。正是通过在金融市场上出售债券的融资方式，让我们的生活变得丰富多彩。但如果让它们向银行借款，尤其是借款规模如此巨大，估计会困难重重。

为了与股票和企业债券相区别，如今的证券化被称为“资产证券化”。资产证券化特指将未来能带来确定现金流的债务工具集中到一起，通过成立特殊目的的公司，将这些能带来稳定现金流的债务工具转化为新的证券产品。未来实现的现金流用作偿还投资者债券及利息。虽然和股票、公司债券一样是为了融资，但其融资渠道比较特别。它是通过出售资产实现的，构建了“资产信用”。虽然结果是获得了融资，但法律关系上并不是融资或者借款，而是出售一定数量的现金流，且这些现金流是公

① See Frank J. Fabozzi, Vinod Kothari, *Securitization: The Tool of Financial Transformation*, Yale ICF Working Paper No. 07-07, https://papers. ssrn. com/sol3/papers. cfm?abstract_id=2267560.

② 参见[美]安东尼·桑德斯、马西娅·米伦·科尼特:《金融市场与机构》(原书第6版),韩国文、张彻主译,机械工业出版社2017年版,第634页。

司的未来收入。[①]

二、金融的经济功能

在金融调配资本、提供投融资市场的基本功能的基础上，金融形成了强大的经济功能。金融的经济功能，使金融在一定程度上脱离了基础资产的价值，形成了金融自身的价值。通过由金融中介、金融工具、金融资产等构成的金融市场，形成了金融机构的金融中介功能、金融工具创造的金融资本的流动性功能和金融对实体经济的宏观调控功能。

（一）金融机构的金融中介功能

金融中介机构是金融市场主体的中心。从具体的融资法律关系来分析，如果没有金融机构存在的话，前述两大转移依靠直接交易都会产生诸多问题。即使有直接交易的金融市场也不能解决这些问题。

在没有金融中介机构作为交易主体的法律关系中，金融市场上资金提供者和资金需求者之间的资金流动水平十分低下。于借贷法律关系而言，资金提供者以其手中闲置的货币投资换取了金融求偿凭证，他们就需要对资金的使用情况进行监督——既要确保借款人没有直接盗用资金，又要求借款人管理企业时没有将资金浪费在低收益的亏本项目上。这种监督通常需要花费巨大的精力、时间和费用去收集信息。于投资法律关系而言，股权类的求偿权需要长期持有。针对股东收益权的类型，股东在长期持有证券和持有现金两者之间进行选择时，会因为流动性的原因而选择持有现金。进一步假设，即使可以在金融市场上交易其所持有的长期证券，他们仍然面临销售时的价格风险。由于这些监管成本、流动性成本、价格风险的存在，对于想要投资的资金持有者而言，直接购买金融求偿权并不会有太大的吸引力。所以如果没有金融机构作为法律关系的主

---

① 参见［美］弗兰·J. 法博齐、弗朗哥·莫迪利尼亚：《资本市场：机构与工具》（第 4 版），汪涛、郭宁译，中国人民大学出版社 2011 年版，第 37 页。

体,金融活动的水平将十分低下。[①]

金融法律关系为投资者向资金使用者转移资金设计出了间接的投资方式,即通过金融中介机构将资金间接转移给资金使用者。金融中介机构作为金融法律关系中的中介,为资产转换者提供金融服务。对于资金供给者来说,金融中介机构的功能是多重的:①降低监督成本:金融机构的资金总量使其有更大的积极性和能力去收集并管理与法人或者个人有关的经济信息和信用信息,并进行监督。金融机构相对较大的规模,使它能够以更低的平均成本完成这项工作并承担法律责任。②降低流动性风险和价格风险:金融机构能够以最优的流动性和最低的价格风险向家庭储蓄者和投资者提供金融求偿权凭证。③提供交易成本服务:金融机构的规模经济效应能在金融交易成本方面带来规模经济效应。④期限中介:金融机构能够更好地抵御其资产与负债的期限不匹配所带来的风险。⑤面值中介:金融机构(如共同基金)能够使小投资者克服购买金融资产过程中所面临的较大的最低面值限制。[②]

(二)金融市场的流动性功能

金融市场是资金流动的场所,是金融资产交易的场所。尽管金融市场并不具体创造和交易金融资产的条件,但大多数情况下,金融资产都是在某种有组织的金融市场法律框架下被创造出来,并在该市场上进行交易的。不同的金融机构功能不同,在金融体系中承担的功能和角色也不同。在金融资产和金融机构功能的基础上,金融市场形成了对"货币资本"流动性创造的特有价值。金融市场作为金融资本的流动性创造功能,成了金融系统不可或缺的组成部分。

金融市场对金融资本流动性创造的制度价值,至少体现在三方面。第一,证券法建立了金融市场价格发现的法律机制。金融市场上的买方

---

① 参见[美]安东尼·桑德斯、马西娅·米伦·科尼特:《金融市场与机构》(原书第6版),韩国文、张彻主译,机械工业出版社2017年版,第11页。

② 参见[美]安东尼·桑德斯、马西娅·米伦·科尼特:《金融市场与机构》(原书第6版),韩国文、张彻主译,机械工业出版社2017年版,第12页。

与卖方的博弈结果决定了交易资产的价格，从而确定了金融资产的必要收益率及资金应如何在各自的金融资产之间分配。第二，证券二级交易市场的法律结构为投资者出售金融资产提供了途径和场所，这使金融资产具备了流动性。尤其是当投资者环境所迫或主动出售金融资产时，较高的流动性市场就有很大的吸引力，否则他们就要被迫持有债务工具，直至到期或者直至公司的解散清算。第三，金融市场减少了直接交易法律关系中的搜寻成本和信息成本。有组织的金融市场不需要投资者自行花费时间和精力寻找交易对象，也不需要其自行评估价格。在有效市场中，价格反映了所有市场参与者收集到的全部信息。①

金融市场和金融中介机构所创造的"流动性"功能，对财政资助职务发明成果转化具有重要意义。高校、科研单位的财政资助职务发明，最稀缺的不是科技成果转化过程中的资金，而是具有创造知识产权资产流动性的科技金融中介和科技金融许可市场。这一论断源于在前述科技成果转化部分的分析，并在后续法经济学分析和规制建议中进行了使用。

（三）金融对实体经济的宏观调控功能

随着金融经济功能的逐渐强大，金融成为国家宏观调控的工具。金融与财政、税收、计划调控一起，形成了国家宏观调控体系。金融调控通过金融调控工具，调整货币供应量，并通过市场化的资金使用机制，引导资本流向，支持或者落实国家发展规划和发展计划。中央银行的货币政策和金融政策，通过金融中介机构及金融市场向实体经济延伸，以实现金融宏观调控。金融中介承担了货币政策传导的职能，在整个经济过程中扮演着关键性的角色。中央银行决定、执行并控制本国的货币政策。中国人民银行的法律功能包括拟定金融业改革和发展战略规划，依法制定和执行货币政策，制定和实施宏观信贷指导政策。② 美国的联邦储备系

---

① 参见［美］弗兰·J. 法博齐、弗朗哥·莫迪利尼亚：《资本市场：机构与工具》（第4版），汪涛、郭宁译，中国人民大学出版社2011年版，第10页。

② 参见《中国人民银行职能》，载中国人民银行官网，http://www.pbc.gov.cn/rmyh/105226/105436/index.html，最后访问时间：2022年10月9日。

统是美国的中央银行。国家的货币政策行为要通过金融机构作为传导机制,对整个金融系统和国民经济产生影响。

由中央决策,通过金融市场和金融中介机构实现“金融调控”的制度机制,对财政资助职务发明成果转化的宏观调控工具亦具有重要借鉴意义。高校、科研单位的财政资助职务发明源于国家科学技术计划项目。科学技术计划项目产生的成果,需要通过经济领域实现其制度目标。在目标实现过程中,需要相应的宏观调控工具,引导财政资助职务发明,从教育科研领域向产业经济和实体经济领域流动。科技金融宏观调控机构、科技金融中介和科技金融许可市场,能够通过其所创造的知识产权资产流动性,使国家科学技术发展规划在产业领域中转变为现实生产力。

三、科技金融的法律调整机制

通过区分微观层面的金融法律关系,形成调整金融关系的法律体系,能够将宏观、整体和融合的金融关系条理化、具体化、清晰化。将法律体系与原理和功能对应,梳理法律规范对金融市场调整机制,就形成了有组织、有秩序的金融法律体系。此处研究目的并非针对金融法体系,而是针对财政资助职务发明成果转化所需要的金融支持机制。因此本书将以金融法的体系和范式来研究科技金融体系,探讨科技金融制度设计,研究科技金融的特殊问题。

(一)科技金融的特殊制度结构

对科技金融的研究结构和研究体系进行研究,可以借用金融法的结构和体系来分析。科技金融的研究体系依据科技金融的发展状况确立,并在此基础上构建金融经营法、金融调控法和金融监管法。

1. 以科技金融发展为依据确立研究体系

科技金融与金融法体系有明显区别。金融法是针对货币资本的金融调整体系,是货币的融通。科技金融法是针对知识产权资本的金融调整体系,是技术类知识产权资本和货币资本两类资本的融通。两者功能和体系上可以借鉴,但各有各自的需求和问题。

按照金融法学研究的逻辑，金融法的调整体系常常被划分为金融市场经营法律制度、金融调控法律制度和金融监管法律制度。为了服务于财政资助职务发明成果转化的科技金融机制，科技金融法将分别纳入科技金融经营法律制度、科技金融调控法律制度和科技金融监管法律制度。

2. 以科技金融内容为依据确立金融经营法

科技金融的政策调控体系，以知识产权、股权关系和债权关系为纽带和基础，融合了风险投资基金、知识产权质押贷款、知识产权证券化、政府引导基金、风险补偿积极、知识产权质押融资保险等各种金融经营模式。各类模式的发展基础为财政资金和风险分散，并在此基础上来构建主体信用的责任机制。随着发展的深入，科技金融调控政策将所有金融模式融入了地方政府的知识产权运营、科技成果创造服务平台，并通过宏观调控和财政资金支持平台建设的方式来实施。理论上看，知识产权运营服务平台侧重于创造资产价值。

科技金融经营法的体系，是依据客体的逻辑来划分的研究体系。在研究体系中，可区分研究对象，明晰不同对象的不同功能和地位，并根据不同的客体分析其法律关系、信用基础、制度功能和调整机制。

3. 以科技金融政策为依据确立金融调控法

在宏观调控法方面，科技金融宏观调控的宗旨和目的，更侧重科技面。虽然货币资本面的宏观调控目的和宗旨也都在货币金融调控体系内，但是科技金融的宏观调控与货币金融的宏观调控在目的、宗旨、主体、客体、调控工具等各方面，均有本质的不同。国务院领导下的科技金融调控法，已彻底融入科技创新驱动发展领域，而非货币金融领域。两者的研究重点和研究次序也不相同。

在宏观调控方面，科技金融不同于货币金融。科技金融与货币金融有不同的金融目标和金融功能。基于科技金融的功能，科技金融被赋予了引导社会资本流入科技创新领域、支撑科研创新发展、支持科技成果转化等更多的支撑科技发展的功能。在此基础上形成的科技金融宏观调控目标与货币政策的宏观调控目标是分属不同领域的。针对财政资助职务发明成果转化的科技金融宏观调控目标,是为了实现国家科技发展规划,实现创新驱动发展战略,配置国家创新资源,使科学技术计划项目成果流转至产业应用领域。

4. 政策扶持下科技金融的金融监管法

科技金融的本质亦是金融。借鉴金融监管,对科技金融的监管,可在资本层面和市场层面进行研究。资本的层面涉及国家金融安全和经济安全。市场的层面关系到市场的经营规则和市场秩序。

在资本层面,科技金融的发展源自国家的宏观调控和政策补贴。经国务院领导下各部门的协调、中央和地方的政策支持、地方政府的介入,金融监管部门给予了科技金融更加宽松的发展环境。在中央政策的引导下,地方政府通过风险补偿基金、政策和资金投入,形成了科技金融市场。这使得前期知识产权质押融资和知识产权证券化并不是源自知识产权资产价值变现的市场自发需求。因而虽有政策扶持,在市场形成知识产权高价值共识前,由于前期知识产权资产价值问题,存在与贷款价值相对应的担保价值缺陷。知识产权真实价值和知识产权融资价值之间的差额则构成了金融风险。并且这种金融风险会随着扶持政策的深入进一步加大。基于金融市场的脆弱性、信息不对称、风险传递等特征,资本层面的科技金融监管亦需重视金融系统性风险的防控和宏观审慎监管。

在市场层面,进行中的科技金融基于知识产权的特征建设知识产权信托运营服务平台、科技成果转化平台等基础资产价值形成的新市场机制,在现有市场条件下展开。在金融特别市场规制法中,基于国家安全和公共政策的需要,国家对金融市场主体和交易活动设置了特殊规则,构成了现科技金融市场规制法的基础。新的知识产权运营服务平台和科技成果转化平台,形成于政府财政扶持的政策体系中。经营规则和市场秩序尚在建设。正如国家知识产权局总结的那样,目前就其性质、服务和产品等各方面,尚需在经营规则和治理机制方面达成共识。该过程中,货币金融市场规制法的市场经营规则、争议解决机制和消费者保护等规则,可在新领域中讨论适用性。

(二)科技金融的市场经营法

金融市场经营法研究的是金融关系中的市场行为,包括各种金融市场要素。从法学研究角度来看,该体系包括对主体、客体、行为、权利、义务、责任的规制规则。从金融市场的角度来看,该体系包括金融中介机构、金融工具、金融资产、金融产品、金融消费者等各种参与要素。金融经营法,是为规范金融经营者行为、保护金融经营关系所制定的金融市场经营法律规范。

科技金融经营法的研究,是在金融经营法基础上,按照金融经营法的基本原理和方式,对国家科技金融经营状况的梳理和总结。科技金融是在国家宏观调控和政策扶持下开展的。

1. 创业投资等投资基金领域

在企业初创期,科技金融政策扶持发展对科技企业的天使投资,对投向种子期、初创期等创新活动的投资,给予相关税收支持政策。例如,结合国有企业改革设立国有资本创业投资基金,完善国有创投机构激励约束机制,并按照市场化原则研究设立国家新兴产业创业投资引导基金,以带动社会资本支持战略性新兴产业和高技术产业早中期、初创期的创新型企业发展。又如,完善外商投资创业投资企业规定,有效利用境外资本投向创新领域。再如,研究保险资金投资创业投资基金的相关政策。

2. 资本市场对技术创新的支持

在资本市场领域,科技金融支持政策提出要加快创业板市场改革,健全适合创新型、成长型企业发展的制度安排,扩大服务实体经济覆盖面,强化全国中小企业股份转让系统融资、并购、交易等功能,规范发展服务小微企业的区域性股权市场,并加强不同层次资本市场的有机联系。在资本市场支持方面,发挥沪深证券交易所股权质押融资机制作用,支持符合条件的创新创业企业发行公司债券;支持符合条件的企业发行项目收益债,募集资金用于加大创新投入。推动修订相关法律法规,探索开展知识产权证券化业务。开展股权众筹融资试点,积极探索和规范发展服务创新的互联网金融。

3. 拓宽技术创新的间接融资渠道

在银行领域，科技金融政策提出选择符合条件的银行业金融机构，探索试点为企业创新活动提供股权和债权相结合的融资服务方式，与创业投资、股权投资机构实现投贷联动。即：政策性银行在有关部门及监管机构的指导下，加快业务范围内金融产品和服务方式创新，对符合条件的企业创新活动加大信贷支持力度；稳步发展民营银行，支持面向中小企业创新需求的金融产品创新；建立知识产权质押融资市场化风险补偿机制，简化知识产权质押融资流程；加快发展科技保险，推进专利保险试点。

4. 高校、科研院所通过平台建设实现人才、技术、金融的融合

针对高校、科研单位的科技成果转化创新创业活动，依据现行规定，国家设立的高校、科研院所不会为某项科技成果转化以自己名义发生债权关系，但可以其经营性资产管理公司或者知识产权持股公司为主体，对外发生以知识产权为出资的投资关系。在支持师生的创新创业活动中，高校、科研院所与金融形成了教育、平台、人才建设的多层次、多方面结合。如上海交通大学国家大学科技园，通过构建“交大技术转移中心+科技创业中心+国家大学科技园+创投平台”四位一体的科技成果转化与科技创业孵化支撑体系，有效促进了学校教育科研和区域科技产业优势资源的整合和互通。高校科技成果转化需要金融作为有力支撑，以加速高校科技成果转化，让更多科学落地产业。这种金融合作模式是上海市闵行区为落实国家创新驱动发展战略、构建专业化成果转化服务体系、推进科技创新源头释放、推进科技成果转化所进行的平台建设。金融是科技创新产业发展的重要抓手，是科技成果创新和转化运用的重要资本引擎。地方政府、高校、金融机构都在加强高校交流合作，探索“政府、学术、产业、资本”协同赋能，探讨解决高校科技成果转化过程中的投融资问题。

（三）科技金融的宏观调控法

理论上，科技金融宏观调控法，是调整实现科技金融政策目标的科技金融调控手段的法律规范的总称。该制度不可或缺。然而，在科技金融

领域，尽管有较多的政策支持，但并未形成独立的科技金融调控主体、科技金融调控目标和科技金融调控工具。目前对科技金融的宏观调控，只能通过金融、国家科学技术计划和相关主管部门的调控主体、调控目标与调控工具进行。为促使其长远发展，后续需在此制度内讨论独立的科技金融宏观调控法构建。

1. 金融调控与科技金融调控

金融调控法是调整国家在金融调控中发生的金融宏观调控法律关系的总称。金融调控有成熟的调控模式和法定的调控手段。在金融法体系中，金融调控的模式以中央银行制定和实施货币政策为主导，通过调节货币供应量、利率和汇率，间接调控金融市场。在经济法体系中，金融调控主要由中国人民银行，通过制定和实施货币政策，与财政调控、计划调控、税收调控，共同承担国家经济发展的宏观调控，以促进实体经济的发展。金融调控依据人民银行法所确定的法定调控手段进行金融调控。金融调控工具主要为存款准备金制度、基准利率制度、再贴现制度、再贷款制度、公开市场操作制度和常备借贷便利制度。金融调控的目标是货币币值的稳定和促进经济发展。

科技金融的宏观调控，既属于金融调控，又有其因科技发展目标所决定的特殊性。一方面，科技金融的金融调控亦属于金融调控的特定领域。国务院、科学技术部等部门所确立的科技金融的调控目标，亦需要在金融调控的体系中，以金融调控的手段执行。另一方面，科技金融的发展目标，源于国家利用财政、金融、税收、计划等宏观调控手段，支持高校、科研单位的科技成果转化，并支持其所形成的科技型企业和创新型产业的发展。各种调控政策和调控目标的提出，其中教育部、科学技术部、财政部、国家知识产权局与国家发展和改革委员会等部门起到主导作用。整体来看，科技金融调控具有多头调控和复合型调控的特征。通过科技金融调控的调控政策，可以观察到其调控目标、调控主体。目前虽有调控体系的雏形，但尚未形成完善和独立的调控体系，也未形成法定的调控手段和调控工具。

2. 科技金融调控的意义与目标

国家知识产权局《关于进一步推动知识产权金融服务工作的意见》(国知发管函字〔2015〕38 号)提出,知识产权是国家发展的战略性资源和国际竞争力的核心要素,金融是现代经济的核心。加强知识产权金融服务是贯彻落实党中央国务院关于加强知识产权运用和保护战略部署的积极举措,是知识产权工作服务经济社会创新发展、支撑创新型国家建设的重要手段。[①] 通过科技金融宏观调控促进知识产权与金融资源的有效融合,有助于拓宽中小微企业融资渠道,改善市场主体创新发展环境,促进创新资源良性循环。科技金融宏观调控能够建立基于知识产权价值实现的多元资本投入机制,可通过增值的专业化金融服务扩散技术创新成果,全面促进知识产权转移转化。科技金融宏观调控可以引导金融资本向高新技术产业转移,促进传统产业的转型升级和战略性新兴产业的培育发展,提升经济质量和效益。

科技金融的宏观调控要求各地知识产权管理部门站在全局和战略高度,积极会同有关部门,深化和拓展知识产权金融服务工作,引导和促进银行业、证券业、保险业、创业投资等各类金融资本与知识产权资源有效对接。科技金融的宏观调控有助于加快完善知识产权金融服务体系,切实落实国家对中小微企业发展金融扶持政策,为深入实施创新驱动发展战略和知识产权战略提供有力保障。

3. 科技金融调控的主体

科技金融调控主体亦需从金融层面和科技层面进行区分。在金融层面,其与货币金融的金融调控相同。在科技层面,其所针对的对象为构建知识产权运营服务体系、知识产权转移转化体系和对后续创新企业的金融支持体系。对各功能领域的宏观调控均在现有的职权范围内协调进行。

---

① 参见国家知识产权局《关于进一步推动知识产权金融服务工作的意见》(国知发管函字〔2015〕38 号),载国家知识产权局网,https://www.cnipa.gov.cn/art/2015/4/10/art_381_138241.html,最后访问时间:2021 年 2 月 10 日。

在加快建设全国知识产权运营公共服务平台建设方面，知识产权运营服务体系和知识产权运营公共服务平台的建设由国家知识产权局、财政部、教育部、科学技术部、工业和信息化部、国务院国有资产监督管理委员会、中国科学院、国家国防科技工业局、中央军委装备发展部负责。①

在科技成果知识产权转移转化方面，财政部、国家知识产权局负责细化会计准则规定，推动企业科学核算和管理知识产权资产。国家知识产权局、教育部、中国科学院、国家国防科技工业局负责推动高等院校、科研院所建立健全知识产权转移转化机构。国家知识产权局、国家发展和改革委员会、工业和信息化部、中国证券监督管理委员会负责支持探索知识产权创造与运营的众筹、众包模式，促进“互联网+知识产权”融合发展。国家知识产权局、科学技术部、财政部负责运用财政资金引导和促进科技成果产权化、知识产权产业化。②

在对知识产权技术转移后的企业融资支持方面，中国人民银行、国家市场监督管理总局、国家版权局、国家知识产权局、中国银行保险监督管理委员会、中国证券监督管理委员会按职责分别负责创新知识产权投融资产品，探索知识产权证券化，完善知识产权信用担保机制，推动发展投贷联动、投保联动、投债联动等新模式。这些主管部门同时引导全面创新改革试验区域引导天使投资、风险投资、私募基金加强对高技术领域的投资。财政部、国家知识产权局牵头，工业和信息化部负责深入开展知识产权质押融资风险补偿基金和重点产业知识产权运营基金试点。③

4. 科技金融调控的制度体系和调控工具

虽然国务院及各部委的科技创新驱动发展战略、推动知识产权金融服务工作政策中有科技金融调控体系的雏形。然而，根据金融调控法的

① 参见国务院办公厅印发《〈国务院关于新形势下加快知识产权强国建设的若干意见〉重点任务分工方案的通知》（国办函〔2016〕66号）。

② 参见国务院办公厅印发《〈国务院关于新形势下加快知识产权强国建设的若干意见〉重点任务分工方案的通知》（国办函〔2016〕66号）。

③ 参见国务院办公厅印发《〈国务院关于新形势下加快知识产权强国建设的若干意见〉重点任务分工方案的通知》（国办函〔2016〕66号）。

基本原理,从调控主体、调控客体、调控手段、调控规则等各方面,尚难认为形成了独立的调控制度体系。

从调控主体方面来看,目前科技金融的调控尚未形成独立或有效的调控主体制度。从客体方面来看,科技金融调控的客体也来自各种货币金融经营体系。通过主体信用和资产的信用结合,股权、债权、基金、保险各种金融客体,尚难以认为构成独立的科技金融客体制度。知识产权金融的激励政策和宏观调控都散落在科技创新驱动发展战略、推动知识产权金融服务工作、科技成果转化等科技发展政策之中,尚未形成独立的调控体系,更没有法定的调控手段和调控工具。

科技金融的宏观调控体系尚在发展和形成过程中。其发展方向和未来有多重可能性。宏观调控作为国家发展政策目标实现的重要方式,作为国家经济管理的重要手段,需要在科技金融宏观调控中发挥引导作用。结合科技金融调控的目标和发展,地方科技创新驱动发展战略、科技成果转化的需求,以及金融调控的基本原理,来探讨独立、有效并且完善的科技金融调控体系,选择适当的调控工具,有助于逐步形成科技金融的宏观调控法。

(四)科技金融的金融规制与监管法

科技金融的发展处于政策扶持中,金融风险逐渐显现。对科技金融的金融监管和金融市场规制,与货币金融和证券的规制与监管是一体化的。两者之间的关系,是以科技金融和证券发行扶持政策,来突破现行金融和证券监管的监管限制的。银行的金融风险由银行内部风险控制兜底。因而知识产权证券化发行中金融风险的累积,对金融监管体系提出了新的挑战。

1. 资产证券化发行规制与监管

中国知识产权证券化以《证券公司及基金管理公司子公司资产证券化业务管理规定》(以下简称《管理规定》)及《证券公司及基金管理公司子公司资产证券化业务信息披露指引》(以下简称《信息披露指引》)、《证券公司及基金管理公司子公司资产证券化业务尽职调查工作指引》(以下简称尽职调查指引）为发行依据。根据《管理规定》，资产证券化业务管理人应当自专项计划成立日起 5 个工作日内将设立情况报中国基金业协会备案，同时抄送对管理人有辖区监管权的中国证券监督管理委员会派出机构。①

对于科技金融中的知识产权证券化，结构化融资法律关系的设计依然是依照《管理规定》发行的资产支持证券。然而，以信息披露为基础的资产证券化发行监管制度设计并不完美。信息披露有层次的规定，而知识产权证券化长链条法律关系的设计，将真正的风险延伸到了发行监管信息披露之外。在知识产权证券化的信息披露中，尽管通过融资租赁、许可、质押融资等协议表明了债权的未来现金流，但参照法院知识产权司法判决的赔偿水平，其基础债权合同约定的价值仍与市场价值有较大差距。加上发行规模大，参与企业多为中小企业，多向合格投资者发行，导致其风险在金融业内部累积。

2. 信息披露证券发行监管的理论基础

以信息披露为基础的发行监管既有优势亦有缺陷。证券监管从严格的核准制、注册制到备案制不是中国独有的历程。这种理念之争，美国自 20 世纪初就开始了。在美国国会立法之时，一种观点是采用严苛的反欺诈法，认为“任何预防性的法律，即使是纯禁止类型的法律，也不会奏效，只会阻碍诚实的业务”。另一种观点是一直履行“实质标准”型“蓝天法”的人，赞同“蓝天法”的披露理念。这种观点推崇“公开是救治一般社会行为和行业疾病的良方”“阳光是最好的消毒剂，点灯是最有效的警察”“恐怖手段是达到持续控制最无力的工具”。罗斯福总统最终选择了披露理念。② 美国证券法规的监管逻辑是将金融市场作为理性投资者的聚集地，如果提供足够的信息，并有结构合理的诱因，则投资者就可以做出

① 参见《证券公司及基金管理公司子公司资产证券化业务管理规定》，http://www.csrc.gov.cn/newsite/flb/flfg/bmgf/jj/gszl/201510/t20151012_284996.html，最后访问时间：2020 年 9 月 22 日。

② 参见［美］路易斯·罗思、乔尔·赛里格曼：《美国证券监管法基础》，张路等译，法律出版社 2008 年版，第 25～32 页。

理性的决策。中国关于资产证券化业务的《管理规定》基本上采用了类似的逻辑,并通过《信息披露指引》《尽职调查指引》进一步规制信息披露的要求。

3. 信息披露证券发行监管的弱点

学界对于以信息披露为基础的证券监管规则进行了深入分析。信息披露规则的根本宗旨在于解决信息不对称。基于金融创新的复杂性,仅靠信息披露是否足以完成对金融产品发行的监管不断受到质疑。美国一些著名公司的财务丑闻,如内部交易、虚假财务记录等欺诈性事件越来越多。2002 年安然事件引发了《萨班斯-奥克斯利法案》,该法案强调通过提高公司依据证券法律做出披露的准确性和可靠性来保护投资者。[①] 研究者不断提及信息披露的不足之处。西瓦兹以对安然公司表外特殊目的机构的质疑为例提出,需要提供一个基本尺度,以区分哪些交易应被允许,而哪些是应该被限制的。此间,两难的问题是某些结构性融资的交易非常复杂,以至于发起交易的公司对其投资者的信息披露非常不完善,要么过分简化了交易过程,要么就是复杂到超出多数机构投资者和证券分析师的理解水平。这种复杂性迫使公众对证券法长久以来的信息披露模式进行重新思考。[②] 这种情形正如柠檬原理中"将优质和劣质加以区分的困难,历来为商业界所固有"一样。[③] 沈伟通过香港雷曼兄弟迷你债券事件来揭示信息披露制度的缺陷和弱点。金融交易越来越多地使用证券化、各种信用风险转移、金融衍生工具,导致金融交易变得更加复杂。产品的复杂性,不仅增加了信息的数量,还导致了信息披露不充分、被披露的信息难以消化等问题。[④]

---

① 参见[美]桑加伊·安南:《萨班斯-奥克斯利法案精要》,曾嵘译,中国时代经济出版社 2017 年版,第 10~11 页。

② See Steven L. Schwarcz, *Rethinking the Disclosure Paradigm in a World of Complexity*, University of Illinois Law Review, Wntr, Vol. 2004:1, p. 1-37(2004).

③ See George A. Akerlof, *The Market for "Lemons": Quality Uncertainty and the Market Mechanism*, The Quarterly Journal of Economics, Vol. 84:3, p. 488-500(1970).

④ 参见沈伟:《复杂结构金融产品的规制及其改进路径—以香港雷曼兄弟迷你债券事件为切入点》,载《中外法学》2011 年第 6 期。

第三节 财政资助职务发明与金融关系的法经济学分析

法律体系中的财政资助职务发明与金融的关系,在经济关系中,可以翻译为国家财政资助科研领域的科技创新与金融的关系。财政资助科研领域的科技创新成果,借助金融关系,筹得资金,进入产业领域。该过程需要通过法律规制和监管的路径去实现,这一路径即为科技金融法的机制。现实中的主体基于这些规范进行理性选择,两者发生作用。其中宏观和微观层面的博弈关系分析,即为财政资助职务发明与金融关系的法经济学分析。此处法经济学分析,是从具体的科技金融关系,来探讨该金融关系中的风险累积和风险分配,进而分析财政资助职务发明对金融工具创新的需求,以期寻找化解阻滞因素的金融工具。

一、中国知识产权证券化发行中累积的金融风险

根据已发行知识产权资产支持证券的说明书可知,金融风险的累积在信息披露中有充分体现。说明书以参与者的信用状况和知识产权资产评估报告替代了知识产权未来收益现金流状况披露。其具体特征表现为在至少三个方面。

第一,知识产权资产支持专项计划均通过知识产权融资租赁债权、许可债权、质押融资债权和供应链债权来重塑现金流,具有双层 SPV 结构的性质。通过双层 SPV,将本应是知识产权未来收益现金流的基础资产信用,转变为作为知识产权资产管理服务机构和差额支付承诺人的政府潜在信用。如“文科一期 ABS”,其基础资产就成了资产服务机构——文科租赁的应收债权。

双层 SPV 资产证券化的法律逻辑并不是知识产权证券化的创举。双层 SPV 资产证券化最早在发行于 2014 年的海印股份信托受益权专项资产管理计划中使用。该计划通过创设信托受益权作为发行的基础资产重塑现金流,以提高产品的高信用评级。多设一层 SPV,表面上使融资结构符合了《管理规定》的要求,但这种模式实质上改变了证券化的资产信

用融资属性。它从法律关系上改变了承担债权本息偿付的责任主体,同时还改变了结构融资过程中风险的形成和传导方式。现金流需经过双层法律关系才能到达投资者手中,信息流也同样需要经由借款企业、信托受托人和专项计划管理人之手才能最终被知晓和公开。这便形成了从贷款端到信托端再到证券端的长链条资金、信息传递过程。①

第二,中国主流的知识产权证券化业务呈现“资产信用+政府信用”的模式,并以政府信用为主。政府信用体现在由政府牵头、国有企业的资产管理、差额支付承诺担保的信用增级、政策补贴等多个方面。这种模式“将国有企业的强信用传导到底层资产中,与中小企业的创新能力绑定在一起,让企业从单打独斗找融资,变成了国资机构背书服务,整体打包获贷款”。②

在“文科一期 ABS”中,资产信用的基础是文科租赁在其政策融资租赁业务中与各承租人签订的 10 份《融资租赁合同》。10 份合同本息余额为 810,362,666.75 元。该计划的说明书中公示了 10 份合同的基本内容。基于该合同发行的债券额度为 7.33 亿元。③ 同样,“广州专利许可专项计划”发行规模 3.01 亿元,基础资产为原始权益人所享有的广州开发区内 11 家科技型中小企业专利许可合同债权,底层专利类型包含发明专利与实用新型专利。④ 两份说明书中均含有具体每项知识产权收益的现金流,其资产的价值均以资产评估报告为法律依据。就其金额而言,至少没有在同时期中国知识产权的司法判决实践中体现出对应的知识产权

① 参见洪艳蓉:《双层 SPV 资产证券化的法律逻辑与风险规制》,载《法学评论》2019 年第 2 期。

② 《国内首单知识产权暨疫情防控资产证券化项目在浦东发行》,载上海知识产权频道,http://www.shzgh.org/zscq/mtjj/n2512/u1ai25298.html,最后访问时间:2021 年 4 月 20 日。

③ 参见《第一创业—文科租赁一期资产支持专项计划说明书》,载第一创业,https://www.firstcapital.com.cn/upload/20190411/20190411214459628.pdf,最后访问时间:2021 年 3 月 21 日。

④ 参见《兴业圆融—广州开发区专利许可资产支持专项计划说明书》,载兴证证券资产管理有限公司,http://www.ixzzcgl.com/upload/20191119/20191119161449273.pdf,最后访问时间:2021 年 3 月 21 日。

收益能力。这意味着现金流的实现途径依然存在问题。发行良好的信用评级，主要由于其差额支付承诺人为含有地方政府国资背景的资产管理人和差额支付承诺人。

第三，诸多的知识产权证券化产品真正融资者虽均为中小企业，但规模却很大。这意味着偿债风险较高。基于政府的扶持和补贴，知识产权证券化业务发展迅速。这意味着更多的政府投入和金融风险累积。多数产品为非公开募集，向合格投资者发行。这意味着金融风险可能在金融业内部流动。即使通过理财产品、资管产品可以向公众投资者流动，但通过差额支付承诺等担保和保险的信用增级，金融风险仍被限制在差额支付承诺人和保险人等担保人构成的金融体系内。

从知识产权证券化融资的政策需求来看，要吸引社会资本对创新产业投资，知识产权证券化需经历政府主导到知识产权资产信用融资的过程。该过程对知识产权证券化信用基础的需求是“资产信用”的逐步增长，以及“政府信用”的逐步消减。故该过程亦是政府信用的退出过程。当政府信用完全退出知识产权证券化的融资结构，资本市场就可以替代政府支持来完成对科技融资的支撑。

政府信用作为知识产权证券化偿债的结果为金融的溢出效果。资产证券化又是“影子银行”规避监管的代表。其金融风险已有美国次贷危机的前车之鉴。双层 SPV 再次规避《管理规定》，进一步将知识产权基础资产的信用风险设置在监管体系之外，容纳在金融体系之中。如果对其不加以特殊关注，不仅金融风险难以控制，还将给知识产权证券化留下监管缝隙，给证券欺诈提供发展的空间。这也不利于政府知识产权证券化政策目标的实现。

二、知识产权证券化中的金融风险分配

中国知识产权资产证券化重塑了证券化的信用基础，即借助主体信用来完善资产信用。在知识产权证券化双层 SPV 的结构中，原始权益人、资产管理人、发行人均具有了金融中介的经济功能。经过知识产权融

资租赁、许可、质押融资、供应链等法律关系重组,原始权益人已经不再是知识产权权利人,而是债权关系权利人。金融中介参与知识产权证券化融资时,不仅承担了知识产权运营的角色,还帮助底层企业知识产权资产实施了信用担保。这一功能纳入政府信用担保时,便会弱化知识产权基础资产的资产信用。

真正的资产信用状况在目前的知识产权证券化中并没有被纳入信息披露范畴,在债券发行的文件中亦未查到其来源,因而使得这一结构形成了监管缝隙。从规制层面来看,监管对象从作为融资租赁、许可债权主体的原始权利人开始,包括资产重组、发行、信用增级过程的信息披露。信息披露的基础资产多以表格形式列明债权协议的主体和金额。债务人的清偿能力、清偿来源并未披露。知识产权许可、融资租赁、质押融资等合同也未在说明书中披露,而仅列出了交易金额。对于基础资产的"交易对价公允性"的评价,不是来自知识产权的市场交易,而是资产评估报告。①

根据交易结构可知,知识产权证券化的金融风险基本上分配给了为推动知识产权证券化而成立的"原始权利人/资产服务机构/第一差额支付承诺人"。资产证券化是典型的"影子银行"。它更多的是通过利用金融市场和金融产品的创新来进行信用功能转换。比如,将政府辖区内企业的知识产权,通过与具有政府信用的资产管理人之间形成融资租赁协议,将知识产权的资产信用,转化为资产管理人的信用,并通过资产管理人的差额支付承诺,形成潜在的政府信用担保。若监管缝隙和信用转换被不断地利用,则信用错配的风险将不断放大。对于这种"非银行投资管道、工具和结构组成的、具有杠杆效应"的融资模式,如果将其"放纵养大",则有可能发生"灰犀牛"事件风险。②

---

① 《第一创业—文科租赁一期资产支持专项计划说明书》,载第一创业,https://www.firstcapital.com.cn/upload/20190411/20190411214459628.pdf,最后访问时间:2021年3月21日,第183页。

② 参见朱慈蕴:《中国影子银行:兴起、本质、治理与监管创新》,载《清华法学》2017年第6期。

这一状况的出现对科技金融的发展提出了金融风险治理的问题。理论上，监管机制的选择对知识产权证券化的发展至关重要。监管机制决定金融工具的信用基础。而信用基础决定金融风险。事实上，自由市场和市场监管之间并不易达成平衡。有效监管和金融创新之间亦存在悖论。治理机制的选择，一方面要鼓励知识产权金融的金融创新和发展，需要包容性金融治理；另一方面又需控制金融风险，防止监管失灵。

三、财政资助职务发明对金融工具创新的需求

熊彼特在其“创新理论”中提出创新对经济的巨大推动力。他将创新划分为“过程创新”和“产品创新”。过程创新是已有产品的再造，或者与已有产品相比，能够提供更有效率的服务。产品创新则是重新创造一个新产品，或者提供一种新服务，这些产品或者服务在当前市场中并不存在。①

从法律功能创新的角度对金融创新进行分类，加拿大经济委员会将金融创新分为三大类。①市场拓展工具：其作用是通过吸引新的投资者进入市场，并为借款人提供新的机会来进一步增加市场的流动性，增加市场上的可使用资金。②风险管理工具：这种工具可以把金融风险重新分配给爱好风险或者刚好持有方向相反的风险对冲敞口的投资者，以及有能力更好地承担风险的投资者。③套利工具与套利过程：投资者和借款人可以利用不同市场间成本—收益的差异进行套利交易，这种金融工具源于并且反映了不同风险、信息、税收和监管等方面的差别。②

国际清算银行提出了另外一种划分金融创新的分类体系。它按照应对特定风险，通过法律关系结构的创新，创造出特定功能的工具来分类。

---

① 参见[美]约瑟夫·熊彼特：《经济发展理论——对于利润、资本、信贷、利息和经济周期的考察》，何畏、易家详等译，商务印书馆 1990 年版，第 64~105 页。

② See *Globalization and Canada's Financial Markets*, *a Research Report Prepared for the Economic Council of Canada*, Economic Council of Canada, 1989, p. 32.

①价格风险转移型创新:这种创新为市场参与者提供了能够更有效地应对价格风险或汇率风险的方法。②信用风险转移工具:为市场参与者提供了重新分配信用风险的工具。③流动性创新:这种金融创新的作用是增加了市场的流动性,为借款人创造了新的资金来源,帮助市场参与者成功地规避监管当局规定的资金限制要求。④信用创造型工具:以多重法律关系实现主体的变更,或引入担保法律关系等,来增加可为借款人所用的借贷资源。⑤权益创造型工具:有助于增加金融机构以及非金融机构的资本金(权益资本)规模。①

对待金融法律结构的创新,有两种极端的观点。一种认为是为了逃避监管(或套利)以及寻找税收管理制度的漏洞。另一种则坚持认为创新的实质是为了引入更有效的金融模式,便于在市场参与者之间重新分配风险。② 事实证明,许多经受住了时间考验的金融创新确实提供了有效的对风险进行重新分配的操作方法,如各种类型的资产证券化。所以,金融创新的目的也不能一概而论。

资产证券化通过法律结构的创新实现了价格风险转移、流动性创造、信用风险转移,也是信用创造型工具。这些金融创新的功能是评价金融是否需要在现有功能上重组金融法律关系的价值判断依据。

证券化的金融创新并不止步于未来现金流变现。如果将其视为支持对象的金融组织规则,对于中国等没有未来现金流的知识产权融资,就有了创新的需求。金融资产是被广泛认可的另一种无形资产。许多金融资产产生于证券化等金融法律结构,是一个金融规则创新的过程。由于通过法律结构其间接代表了有形资产,拥有了严密的监管制度和成熟的交易机制,因而被广泛接受。③ 根据熊彼特的经济发展理论,金融在经济的

---

① See *Bank for International Settlements*, *Recent Innovations in International Banking*, Basle:BIS(April 1986),https://www.bis.org/publ/ecsc01.htm.

② See Ian Cooper, *Financial Innovations*, *New Market Instruments*, Oxford Review of Economic Policy,Vol. 2,Issue 4,1 December 1986,p. 1-17.

③ 参见[英]菲利普·伍德:《国际金融的法律与实务》,姜丽勇、许懿达译,法律出版社2011年版,第4页。

循环流转中是为了解决资本问题而存在的,为各种实现融资目标的金融工具可以看作为“创新”目的提供的各种信贷。给企业家提供的信贷,构成了经济发展的要素。① 金融目标的实现有赖于法律结构、法律责任的保障。

在本书讨论的范畴中,针对财政资助职务发明,将法经济学分析范畴限定在科研、产业和金融中介机构之间,根据实际的经济关系,构建实现价值目标的法律关系与法律结构,形成该类发明“知识产权信托运营金融中介”,有可能为财政资助职务发明知识产权创造一个无门槛、特殊结构的金融证券市场。该市场就有能力为财政资助职务发明创造资产信用,提供流动性。综上,重塑财政资助职务发明流入产业领域的途径,可以完善科技研发资金与知识产权市场循环的法律机制,进而完善财政资助职务发明的成果转化机制。

---

① 参见[美]约瑟夫·熊彼特:《经济发展理论——对于利润、资本、信贷、利息和经济周期的考察》,何畏、易家详等译,商务印书馆 1990 年版,第 115 页。

第 三 编

完善财政资助职务发明成果转化机制的研究

第六章　完善财政资助职务发明成果转化机制的探讨

形成于行政法规制的财政资助职务发明，在国有资产和成果转化双重行政管理过程中，以民商事法律关系进行成果转化及转化融资。整个转化过程中，多主体、多重法律属性和多头决策机制形成了财政资助职务发明成果转化的各类博弈成本和交易费用。研究交易费用，有可能找到解决交易费用的方法。在现有的制度机制中，国家知识产权局主持“平台+机构+资本+产业”的知识产权运营，致力于拓宽科技成果转化渠道。但该机制对财政资助职务发明而言，资产信用和流动性缺失，加上信息偏在等各种因素，导致了其成果转化的市场失灵。

完善知识产权运营服务体系，需针对财政资助职务发明成果转化的市场失灵原因，设计完善建议。理论上看，如果借助现有法律体系中制度工具优势，针对财政资助职务发明的特征和特有问题设计改造，完善知识产权运营服务体系，能够解决财政资助职务发明成果转化的市场失灵问题。其完善的路径是构建“中心化”的财政资助职务发明知识产权信托运营体系。该体系需为财政资助职务发明构建流动性机制；通过流动性形成市场，创造财政资助职务发明知识产权的资产信用；以信托法律关系统一未转化财政资助职务发明成果的知识产权运营管理权；对科研单位、科研人员、知识产权运营机构和投资者各参与方，借助标准化的证券化金融工具，以“收益率”分配“知识产权产品市场销售提成收益”；构建金融基础设施,建立财政资助职务发明“知识产权产品市场销售提成收益”实现模式。

知识产权运营服务体系需要法律保障。经济法致力于解决市场问题。财政资助职务发明的知识产权运营服务体系,需在经济法的调整机制中实现,并由经济法提供秩序保障。知识产权信托运营服务体系的法律实现机制包括市场机制、宏观调控机制和市场规制机制三个方面。在市场机制方面,借助金融“中心化”的“金融中介”工具,将流动、信用、融资和分配等市场功能集中于“中心化”的知识产权信托运营体系,其执行机构为“知识产权信托运营金融中介”。在宏观调控方面,基于财政资助职务发明在国家科学技术计划中的地位,“知识产权信托运营金融中介”可以借鉴银行体系,开发研发导向、基础设施、标准化服务、标准化产品和收益率等调控工具,形成科技金融的宏观调控法。在市场规制方面,以准入机制、经营规则、市场监管、争议解决和消费者保护制度构建市场规制法,保障市场安全有序。

第一节 财政资助职务发明成果转化的交易费用

经济学的分析是建立在诸多理论假设基础上的。以经济学为基础的法经济学分析亦是如此。科斯的交易成本理论、组织理论,波斯纳等关于知识产权交易结构的分析等都有其理论基础。本章法经济学分析建立在新制度经济学和经济法学框架中。新制度经济学与假设“零交易成本”“完全理性”的古典经济学有不同的理论基础。本节首先根据新制度经济学明确交易费用的决定因素;其次将其应用于财政资助职务发明成果转化的特殊领域,研究引起市场失灵的交易费用和阻滞因素;最后分析其对现行成果转化改革的影响。

一、交易费用的决定因素

正如熊彼特所言,社会过程实际上是一个不可分割的整体。在经济的洪流中,研究者需要通过分类抽象出经济事实,分析经济活动的循环流转。熊彼特以经济行为、经济主体、经济动机、经济力量等广泛的抽象概念来讨论经济的发展,探讨它们的一致性或者如何去理解它们的关键。这些抽象的因素对应法律关系中的主体、客体、对象以及法律的价值目标等因素。熊彼特把它们看作“未知的事物”,是需要加以研究和探索的东西,应去对它们追本溯源,直到相对来说是“已知的事物”。在此基础上才能将相关的行为和数据连接起来,阐明它们之间的逻辑,研究事物的本质。① 在经济学中,熊彼特提出经济学家的任务是研究到“原因作用的现象是非经济现象时”,经济学家的问题就解决了。② 而法经济学研究的责任是,尽可能将分析的时空维度延伸到经济规则主导和法律规则引导下资源分配理性选择的价值分析及合理性选择的建议。在对经济根源进行探究时,采用分析框架和价值规范,可以从经济社会、制度和个人理性三个层面讨论。

(一)经济社会中的交易费用

经济社会被认为是“关于个人以及将认可的产权赋予社会每一成员的一系列规则或惯例”。经济学上的产权包括了使用权、收益权、对第三人关于某种行为的要求权。这种要求权不仅包括基于财产而产生的权利,也包括“签约权”,即通过合同要求第三方兑现的诺然行为。新古典经济学排除了社会中运营物质力量或者其他形式的强迫力量进行的产权转让。他们不关注那些为了改善内部成员的福利,通过诸如利用政府权威之类的手段来牺牲体制中他人利益的团体。新古典经济学仅考虑根据自愿结社和自愿交易的原则,能够为其成员带来帕累托改进的运作行为,其中起支配作用的是竞争和自由选择。因此,收益(包括税收、技术许可)等的转移被理解为一种在合作性集体内部所进行的自愿转移。③

---

① 参见[美]约瑟夫·熊彼特:《经济发展理论——对于利润、资本、信贷、利息和经济周期的考察》,何畏、易家详等译,商务印书馆1990年版,第5~64页。

② 参见[美]约瑟夫·熊彼特:《经济发展理论——对于利润、资本、信贷、利息和经济周期的考察》,何畏、易家详等译,商务印书馆1990年版,第7页。

③ 参见[美]埃里克·弗鲁博顿、[德]鲁道夫·芮切特:《新制度经济学:一个交易费用分析范式》,姜建强、罗长远译,格致出版社、上海三联书店、上海人民出版社2006年版,第7页。

任何制度或者组织,都需要投入真实的资源去建立和运行,使这些制度规则能够被遵守。形成或者遵守这些制度规则所需要的费用,在制度经济学中被称为"交易费用"。[①] 交易费用放弃了"无摩擦"发生经济关系的假设。新制度经济学交易费用的分析认为,财产或者合同的执行不可能存在没有阻碍以及在不使用任何资源的情况下得以界定、监督和执行。财产权和合约的转让,均不可避免地要发生交易费用。使用市场也存在搜寻、谈判等交易费用。在科层组织内部也存在管理协调的费用,包括科层组织建立的费用。[②] 对于法律、产权、货币和其他制度的影响,经济学家将它们建立在一系列假设基础上,进而形成不同的理论观点。

科斯认为,法律、产权、货币和其他制度的影响被认为是中性的。法律权利究竟是赋予产生外部性的一方,还是受到外部性损害的一方,其影响是中性的。无论怎样配置,因为"只要能够带来生产上的收益,人们总能够在没有成本的情况下为获取、分割和组合这些权利进行谈判"。[③] 同样还有与交易费用有关的制度。生产组织是通过市场上的价格机制还是在一个科层结构的企业组织内部,生产要素的使用是自己拥有还是租用,拥有生产要素产权的是个人还是社会等制度问题,都是中性的。同样,企业的所有权和控制权是否分离,企业使用的生产要素是通过贷款还是股份来融资,交易是仅在相互陌生的双方间进行还是在熟悉的双方间经常进行,一种产品是由垄断者还是由大量的独立企业提供,一个经济体到底是基于分散个体的运行还是依赖于命令式结构,都被定义为中性。

波斯纳则认为,法律经济分析是关于法律制度下理性选择的科学,是

---

① See R. H. Coase, *The Problem of Social Cost*, Journal of Law and Economics, Vol. 3, (1960).

② 参见[美]埃里克·弗鲁博顿、[德]鲁道夫·芮切特:《新制度经济学:一个交易费用分析范式》,姜建强、罗长远译,格致出版社、上海三联书店、上海人民出版社2006年版,第9页。

③ R. H. Coase, *The Problem of Social Cost*, Journal of Law and Economics, Vol. 3, (1960).

关于资源使用的学问，也是分析法律问题的有力工具。[①] 稀缺资源如何在竞争性的用途之间进行配置，是微观经济学的研究方法。它通过效用的最大化、均衡、效率等工具，为人们提供如何做出选择的通用理论。[②] 法律的经济学方法则试图回答法律规则的两个基本问题。一是法律规则对行为的影响和后果。二是法律规则的社会欲求性。[③] 顺应经济规律的制度选择，需要根据创新发展目标和各参与者的社会欲求，构建不同层次的公共服务体系，形成互相依赖的博弈均衡，从而通过当事人的理性选择，实现市场调节机制。

（二）制度、治理结构和组织

关于什么是制度，有研究者将制度定义为"一组正式或非正式的规则，以及规则的执行安排"。制度的目的是为个人行为沿着特定方向发展提供指引。制度为日常生活提供一种行为准绳，以降低不确定性。

关于制度如何建立起来，文献中有两种基本情况的解释。一种情况下，制度被认为是基于个体"自发"产生的。这种情况下，他们可能会在没有任何协议，没有任何法律上的压迫，甚至不考虑公共利益的情况下将自己组织起来。这被称为演化理性（Evolutionanry rationalism）。另一种情况下，制度可能是人为设计的一种产物。一些权威（国会、独裁者、企业家、团队等）具有完全理性，能够引入被认为是合适的某种具体制度结构。这种情况被称为"人为秩序"，与前一种极端的"自发秩序"或"习惯秩序"对应。对这两种行为，研究者分别将其称作"目的性"（intentional）和"自发"治理（spontaneous governance），也有研究者将其称为"构建"和"自发"社会组织。

---

① 参见［美］理查德·A. 波斯纳：《法律的经济分析》，蒋兆康译，中国大百科全书出版社 1997 年版，第 3～13 页。

② 参见［美］罗伯特·考特、托马斯·尤伦：《法和经济学》（第 6 版），史晋川、董雪兵等译，格致出版社、上海三联书店、上海人民出版社 2012 年版，第 12～14 页。

③ 参见［美］斯蒂文·萨维尔：《法律的经济分析》，柯华庆译，中国政法大学出版社 2009 年版，第 1 页。

制度的运用取决于运用它的人,所以制度构建不大可能是完备的。制度需要很好地设计,并适时地养护。对制度的研究,不仅在于制度的性质,还在于如何使得它成为经济关系的重要组成部分。因此,制度的内生化是关键。

在任何时候,一个经济体存在的产权结构是由治理结构(Governance Structure)或秩序(Order)界定和保护的。后者可以被理解为一套规则体系和用来执行这些规则的工具。一般地,一个秩序可以通过"完全主观"的机制(理性价值、宗教等)或者"对具体的外部效应的预期"来执行。制度经济学常常讨论的是第二种情况——通过使用法令限制个人行为的体制。这种法令本身或者是由法律或者是由惯例(包括伦理和道德的行为约束)建立起来的。①

制度与那些受益于制度的人在一起,被称为组织。组织被认为是制度中关于人的方面,即"制度的人性方面"。组织与"制度"演化的两种解释相对应。在构建主义情况下通常是正式的组织,如企业、政府等。而在自发主义的情况下,通常是非正式组织,如一个市场、社区。在现实世界中并不存在纯粹的正式或非正式组织。正式组织被定义为"追求某种共同目标,最大化一个目标函数的一群个体"。组织的控制问题是秩序。而秩序是精确地按照最大化组织的目标函数建立起来的。

(三)个人主义、利益最大化与个人理性

方法论上的个人主义重新解释了个人决策的基础。方法论上的个人主义强调人是不同的。每个人均具有不同的、变化的偏好、目标、目的和想法。社会、国家、企业等组织形式不能被理解为个体行为人那样的集体。组织、集体不是关注的焦点。方法论上的个人主义理解社会现象,是从个体成员的认识和行为出发的,认为个体成员的行为产生了我们所要

---

① 参见[美]埃里克·弗鲁博顿、[德]鲁道夫·芮切特:《新制度经济学:一个交易费用分析范式》,姜建强、罗长远译,格致出版社、上海三联书店、上海人民出版社 2006 年版,第 7 页。

研究的现象。

个体被假定能够观察到他们自身的利益，并在现有的约束条件下追逐他们的自身利益，实现效用最大化。所谓“现实约束条件”，是指现存的制度结构。效用最大化假设扩展到所有的个体选择，形成了个体选择的效用最大化理论，终结了消费者选择理论和企业理论的两分法。个体选择的效用最大化理论认为，一个决策制定者，无论是对企业的管理还是政府的管理，都被假定为是在他所处的制度结构这样一种约束下做出自己的选择，并追逐自己的目标。

新制度经济学对于“个人理性”概念，至少有两种。一些研究者坚持传统的“完全个人理性”，假设所有决策制定者，无论是消费者、企业还是政府，都具有一致的、稳定的偏好。这种情况下所有个体表现出一种有目的、有理性的最优化行为，认为一个完全理性的个体有能力预测到可能发生的所有事件，并可以在各种可行的行为中进行评价，做出最佳选择。这种完全并且完美的个人理性假设曾在早期的制度经济学中出现，并且在代理理论、法律的经济分析、公共选择理论中占主流地位。

为了更接近真实世界的情况，经济学家亦关注“不完美个人理性”。其决策制定者的偏好被认为是不完全的，并且会随着事件发生变化。当交易费用理论被引入微观经济模型，其所考察的就是一个动荡不定的世界，决策制定者的认识是不应该被假定为“完全”的。考虑到未来的发展，获取无止境的知识要么存在太多的费用，要么是根本不可能发生的。当存在交易费用，个人掌握信息以及制订计划时便存在有限的能力。“有限理性”认为，决策者并非无所不知，而是在信息加工方面存在实际的困难。尽管人们可以被看作意欲理性，但他们并非超级理性。

交易费用的分析方法、较近时期的财产权理论、新制度经济学等研究方法均采用“不完美个人理性”的假设。交易费用在经济关系中具有重要地位。“有限理性”意味着所有经济交易无法由市场合约来组织。“有限理性”在面对复杂世界时，期待合同在所有相关地方面面俱到是不可能的。一个“有限理性”的个体试图实现效用最大化的成本太高。他可以在事前作出规定，以应对事后出现不可预见的或然事件，只是他当然无法预期所有可能事件。这就形成了不完全合约理论。

二、财政资助职务发明成果转化的交易费用和阻滞因素

制度经济学可用来分析财政资助职务发明成果转化的交易费用和阻滞因素，因为成果转化的制度路径中存在大量直接交易费用和博弈成本。另外，由于制度的组织机制和利益最大化的个人理性，导致的信息偏在、博弈困境、“公地悲剧”等，亦构成了经济社会中的阻滞因素。

（一）财政资助职务发明成果转化的直接费用

财政资助职务发明成果转化的交易成本，产生于财政资助职务发明形成与转化的全过程，如图 6-1 所示。高校、科研单位作为技术供给方，其主动性并不强。从有技术需求的企业家视角来看，其搜寻技术、技术匹配、交易谈判、技术应用、市场风险、资金成本等都构成了其在购买技术时所考虑的交易成本问题。

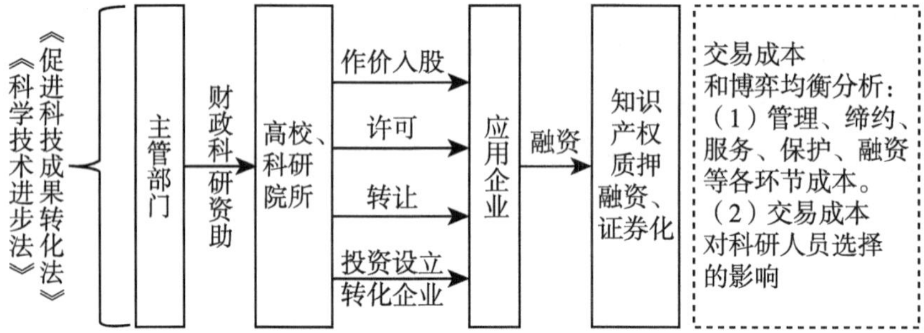

图 6-1　财政资助职务发明形成与成果转化的交易过程

（二）组织机制中的机会成本

在“创新链”和资源配置的过程中，财政科研投入制度是“创新链”的起始端。创新资源可以视为一个整体。在整个科研创新体系中，从组织的角度来观察，组织机制某种程度上决定了科研创新的产业价值实现过程。如果将高校、科研单位的人才培养等其他功能忽略，可仅在创新资源

的法律分配机制中考察组织机制的影响。

在经济社会的组织结构中,企业形式的法人是第一种创新主体。高校、科研单位为第二种创新主体。对于第一种,企业同时组织生产,有生产资质,从而有技术实施基础。企业创新,至少本企业的实施和产业化利润能够实现其对创新成本的支撑,从理性选择的角度会有创新的动力。而对于第二种,主体通常是国家设立的高校、科研院所及独立的研发部门形成的研究机构。鉴于企业设立的研究机构成本由企业支撑,所以在分析时将其归类为企业研发一类。而对于国家设立高校、科研院所和研究机构,这类单位的创新成本主要源于政府财政。高校、科研院所的科研人员也可以从市场获得。市场获得和财政获得,从机会成本的角度,成为研发人员选择获取资金时衡量的天平两端。研究人员或者研发单位实际得到的资金支持,成为研发人员选择的基础。从经济选择和社会分配的角度来讲,许可和转让的价值并不需要大于研发成本和合理的利润的总和。当研发人员形成擅长的领域时,基于个人理性,其并不擅长的另一技术应用领域,有可能会成为被放弃的机会成本。

(三)公共物品导致的科技成果"死亡之谷"

表面上看,企业支持的创新研发和国家财政支持的科研,似乎都是研究。只要是有投入,无论何种投入,都是资金来源的构成方式而已。但从法经济学角度进一步分析时,事实并不如此简单。财政科研管理的价值结构,有其管理和评价的体系,并不以应用为目标。制度选择的经济后果是,财政支持的科研离技术的实施和产业化还有一段难以克服的距离。正如美国众议院科学委员会副委员长弗农·埃勒斯(Vernon Ehlers)指出的,联邦政府重点资助的基础研究与产业界重点推进的产品开发之间存在一条沟壑。[①] 这条沟壑被形象地比喻为"产学研"合作研发的"死亡之

---

① See Ehlers, V., *Unlocking Our Future, Toward a New National Science Policy*, A Report to Congress by the House Committee on Science, https://www.gpo.gov/fdsys/pkg/GPO-CPRT-105hprt105-b/pdf/GPO-CPRT-105hprt105-b.pdf.

谷”(Valley of Death)。[①] 中国也在探索解决这一问题的组织机制。中国的“产学研”合作被普遍认为缺乏动力和机制、缺乏合作的通道和纽带、缺乏市场化和专业化的服务体系,政府层面缺乏组织和协调。[②] 两种研究的价值目标和评价结果截然不同。这也意味着国家财政支持的研发,并不代表有效地促进国家产业发展的价值投入。

该问题的原因,亦包括政府为维持技术低价,采用公共投入的模式。财政支持公共研发机构的工作,所获得的成果低成本或者无偿地流入生产领域,也是促进创新的一种自发秩序。这种模式在法经济学的研究视野中被称为“理想供给”。如果某物品对于个体的价值大于供给的成本,社会就希望提供公共物品。因为,如果由私人部门提供,公共物品将会不足。理由是如果提供公共物品的人不能排除他人使用公共物品,私人提供者不能从中获益,则没有人愿意提供该服务。[③] 但“公共供给”选择本身就存在权力寻租、与市场脱节等问题。知识产权的公共供给,过度使用时的壅塞、由于缺乏接触而产生的脱离市场等问题,都是知识财产法哲学的理论基础。[④] 在缺乏市场导向的模式中,政府权力分配公共资源法律制度的合理性屡遭质疑。

(四)组织机制导致的信息偏在

知识产权的低价值亦会损害专利制度促进技术传播和进步的功能。从研发成果转化为知识产权流入生产的环节,知识产权低价值的社会共识,会导致成果完成人申请专利等知识产权时,并不充分进行技术公开,不可实施、保留技术诀窍将成为成果完成人掌控技术的工具。

---

① 参见孙远钊:《论科技成果转化与产学研合作——美国〈拜杜法〉35周年的回顾与展望》,载《科技与法律》2015年第5期。

② 参见孙海鹰:《产学研结合的困惑和出路探讨》,https://www. sohu. com/a/127185728_466843,最后访问时间:2018年8月7日。

③ 参见[美]斯蒂文·萨维尔:《法律的经济分析》,柯华庆译,中国政法大学出版社2009年版,第33~36页。

④ 参见[美]威廉·M.兰德斯、理查德·A.波斯纳:《知识产权法的经济结构》,金海军译,北京大学出版社2005年版,第16~26页。

研发人员由于缺少激励，基于“个人主义”和“利益最大化”，常会选择利用专利申请制度漏洞的迂回手段。中国极少见由于不可实施而宣告专利无效的案例。即使是发明专利的实质性审查，也不包括实际实施。即使由于不可实施专利被宣告无效，对于权利人来说也并没有影响。权利人的专利申请，一是为了完成财政科研项目中的工作计划结题；二是为了让潜在的受让人了解其研发内容和实施效果，与其进行横向合作的磋商。这对被许可人也没有影响。技术许可或转让的交易中本身包含了技术秘密，并且常常是以产业化实施为条件的分批付款模式。缺失的技术诀窍都会在后续的产业化服务过程中被填补或校准，因而受影响者是专利的市场价值。对于希望依靠专利技术文献进行“搭便车”的行为得到控制，他们必须重新开发，或者寻找权利人协商技术使用许可。

在知识产权十分重要的化工产业、制药产业、生物产业、电子信息等开发成本极高的领域，为完成科研项目而形成的专利等知识产权，追求专利的授权是首要价值选择。市场价值和市场功能难以成为专利申请时的价值首选。且有教授反映，将技术的实际情况完完全全写入专利文献时，如有正在谈判中的项目，使用项目一方看到专利文献公开后常会终止谈判。只有当他们知道自己不能实施时，才会向研发人员寻求横向项目合作。

这是《科学技术进步法》中财政资助职务发明转化途径市场失灵的原因。这也是在高校、科研院所的科技成果转化中实施“赋权改革”试点的根本原因。只有项目完成人实际掌握技术的实施和应用，科研单位的知识产权运营、专业机构的知识产权运营、科技金融，都只能作为技术中介。知识产权运营和科技金融，均与知识产权流动性紧密相关。没有知识产权的流动性，知识产权运营机构和科技金融只能接受“技术经纪人”的角色，将实际的科技成果转化工作交由“成果完成人”和“企业”。此时，知识产权的权利分离功能设计失效，使本来可以脱离发明人独立流转的技术载体和权利载体，被限制了流动性，失去了载体功能。

三、科研领域促进科技成果转化的努力和改革

“科技成果转化的死亡之谷”困扰科研领域已久。在政府层面，中央和地方政府均致力于科技成果转化的改革，并致力于促进科技成果转化的市场机制建设。在高校、科研单位层面，亦致力于通过“政产学研”各种促进模式，搭建科研与产业的沟通机制，致力于促进科技成果转化。基于法律调整机制中的客观问题，在制度建设层面，仍需要解决知识产权资产信用和流动性问题。

（一）国家知识产权局知识产权运营体系建设

在政府的科技成果转化改革中，路径如何优化亦为问题关键。2014年，国家知识产权局开始探索以市场化方式推进知识产权运营。通过政策扶持和逐步规范，知识产权运营机制持续创新，体系建设不断推进，运营绩效逐步提升。① 前述国家知识产权局的知识产权运营统计数据，是“中央财政对每个城市支持 1.5 亿元，其中 2020 年拨付 1 亿元，剩余资金根据中期绩效评价结果进行分档拨付”②的财政资金引导效果。

国家知识产权局就知识产权运营服务体系建设中各地方不同程度上面临的问题和困难进行了总结。相关文件对如何推进知识产权运营、政府行为与市场主体行为的关系、推进知识产权转化实施的导向、知识产权供需信息不对称、供需对接渠道等各方面的问题进行了梳理。③ 在此基础上，国家知识产权局《关于促进和规范知识产权运营工作的通知》（国知发运字〔2021〕22 号），提出了以转化实施为目标的知识产权运营导向；

---

① 参见国家知识产权局《〈关于促进和规范知识产权运营工作的通知〉政策解读》，载国家知识产权局网，https://www.cnipa.gov.cn/art/2021/7/30/art_66_166312.html，最后访问时间：2021 年 12 月 20 日。

② 财政部办公厅、国家知识产权局办公室《关于做好 2020 年知识产权运营服务体系建设工作的通知》（财办建〔2020〕40 号），https://www.cnipa.gov.cn/art/2020/4/30/art_429_156083.html，最后访问时间：2021 年 12 月 20 日。

③ 参见国家知识产权局《〈关于促进和规范知识产权运营工作的通知〉政策解读》，载国家知识产权局网，https://www.cnipa.gov.cn/art/2021/7/30/art_66_166312.html，最后访问时间：2021 年 12 月 20 日。

并以此为主线,提出了完善激发知识产权转化活力的激励制度、分类指导优化知识产权运营服务供给、拓宽渠道推进知识产权供需对接、促进知识产权融资服务支撑转化、加强知识产权运营平台管理以规范运营等十二个方面的针对性政策措施。①

国家知识产权局主持建设的知识产权运营服务平台,恰体现了财政资助职务发明成果转化改革的趋势。该制度结合专利法中的"开放许可"制度,将可能成为国家知识产权运营服务体系的制度基础。该体系建设目标具备匹配技术需求者、降低缔约成本、保障知识产权收益的制度功能。为了更好地运营知识产权,该服务体系还涉及技术开发的布局、为筹集开发集成技术资金而进行的金融功能。其功能越齐全,越能减少中介环节,发挥集合优势,提高运营绩效。

(二)高校"政产学研"合作促进科技成果转化

尝试解决科技成果转化效率低的问题,推动科技成果转化或者进行产业技术转化的研究,是许多高校科研管理部门的重要工作。高校通常联合政府推动"联合研发平台"建设。管理者们常用的办法是建立"政产学研联合体",把地方政府、大学、国家实验室转化成为面向市场的"产学研"联合体。② 上海交通大学前党委书记马德秀曾提出大学与企业紧密合作的四种模式。一是与大型企业建立战略联盟;二是与行业龙头企业建立联合研发实体,企业提出问题,承担研发资金,与学校联合成立研发平台;三是面向未来新兴技术,成立新兴产业技术研究院;四是面向中小企业发展需求,建立共性技术研发平台。③ 这四种模式都强调了以"联合

① 参见国家知识产权局《关于促进和规范知识产权运营工作的通知》(国知发运字〔2021〕22 号),载国家知识产权局网,https://www.cnipa.gov.cn/art/2021/7/29/art_429_166576.html,最后访问时间:2021 年 12 月 20 日。

② 参见[美]威廉·M.兰德斯、理查德·A.波斯纳:《知识产权法的经济结构》,金海军译,北京大学出版社 2005 年版,第 16~26 页。

③ 参见马德秀:《瞄准需求　突破障碍　大力推进产学研用结合》,载《中国高等教育》2010 年第 12 期。

体”代替松散、单项短期合作。[①] 有研究者提出中国不仅要建立技术转移中心、科技园、孵化器、风险基金等，还要借鉴美国概念验证中心，进行概念验证、市场定位和商业策划。[②] 还有研究者综合美国、日本等经验，提出请政府推出一部跨部委、提高科技成果转化率、促进基础研究成果产业化的综合性法案，比如“中国‘竞争’法”。[③] 这些方法，从组织根源上，依然可以归结为知识产权运营和科技金融结合的平台模式。

（三）科技成果转化对知识产权资产信用和流动性的需求

在知识产权运营中可观察到知识产权系列法规修改之前遗留的历史影响。知识产权制度需与国家经济发展和创新能力相匹配。随着国家创新能力提升，知识产权系列法规的修改，意味着知识产权激励机制的变迁。知识产权系列法规的修改，也意味着知识产权市场价值激励时代的开启。

知识产权的资产信用和流动性，是财政资助职务发明成果转化体系的基础，是知识产权运营的职能和工具。知识产权制度的设置，亦是通过知识产权资产信用，创造技术的流动性，来实现科技创新驱动经济发展。只是该制度的应有之义，在财政资助职务发明领域，由于诉讼决策、诉讼执行、国有资产管理、成果转化管理、转化收益各项权利严重分裂，作为诉讼主体的高校、科研单位，其主要职责为教育、科研，其知识产权保护意愿不高。

在财政投入政策激励失效时可观察到，制度、组织机制上的激励机制是根本。在高校、科研院所科技成果转化改革体系中，经济关系导致的市场失灵问题需在至少两个方面进行调整。其一，需解决知识产权资本信

① 参见《建立新型研发平台　助成果转化　越过“死亡之谷”》，http://www.stdaily.com/cgzspt/gjkjcgz/2017-03/06/content_521748.shtml，最后访问时间为：2018 年 8 月 7 日。

② 参见肖广岭：《跨越“死亡之谷”的新尝试——美国“概念验证中心”及对中国的启示》，载《中国科技论坛》2014 年第 2 期。

③ 参见周程、张杰军：《跨越创新过程中的“死亡之谷”——科技成果产业化问题刍议》，载《科学学与科学技术管理》2010 年第 3 期。

用的问题。其方式是协调科研成果的公共物品属性,在社会公共利益、研发单位、研发人员之间形成知识产权收益分配的内部利益平衡。这意味着成果转化收益需在产业领域、科研领域、金融领域、投资领域形成外部关系的利益均衡。利益均衡是博弈均衡的基础,利益均衡方能吸引各方参与。其二,需解决技术的流动性问题。技术流动性的载体是知识产权。知识产权对技术流动的制度保障和法律标准是可实施性。保障可实施性的经济条件为“利益均衡”。这意味着需将产业利益与研发建立利益分配的沟通工具。产业应用导向的科研,需要研发成果能够脱离科研人员,通过信托结构,由知识产权信托运营金融中介机构的信托关系管理,直接输入到产业领域。

第二节　知识产权运营服务体系的完善建议

在国家知识产权局知识产权运营体系中,针对财政资助职务发明成果转化的市场失灵原因,运用制度工具,可形成适配财政资助职务发明特征的知识产权运营体系。制度中的交易费用问题,可通过“信托”关系交由“知识产权运营中介机构”。各参与方的博弈困境问题,可借助标准的证券化金融工具,以“收益率”模式分配知识产权产品销售收益。资本信用问题,可以运用证券化金融工具,变现知识产权许可费,构建资本信用。流动性问题,可以通过标准化工业大数据,建立技术需求与研发收益的对接关系。针对收益难的“公地悲剧”,可以在流动性和资产信用基础上,构建金融基础设施,建立销售收益提成结算模式。可将各类金融工具汇聚到“中心化”的“知识产权信托运营金融中介”,完善财政资助职务发明知识产权运营服务体系。

“知识产权信托”“证券化的标准化服务和产品”“收益率”“金融基础设施”“知识产权信托运营金融中介”构成了完善知识产权运营服务体系的法律工具,共同构成了“中心化”的“知识产权运营”体系。该体系如图6-2所示。

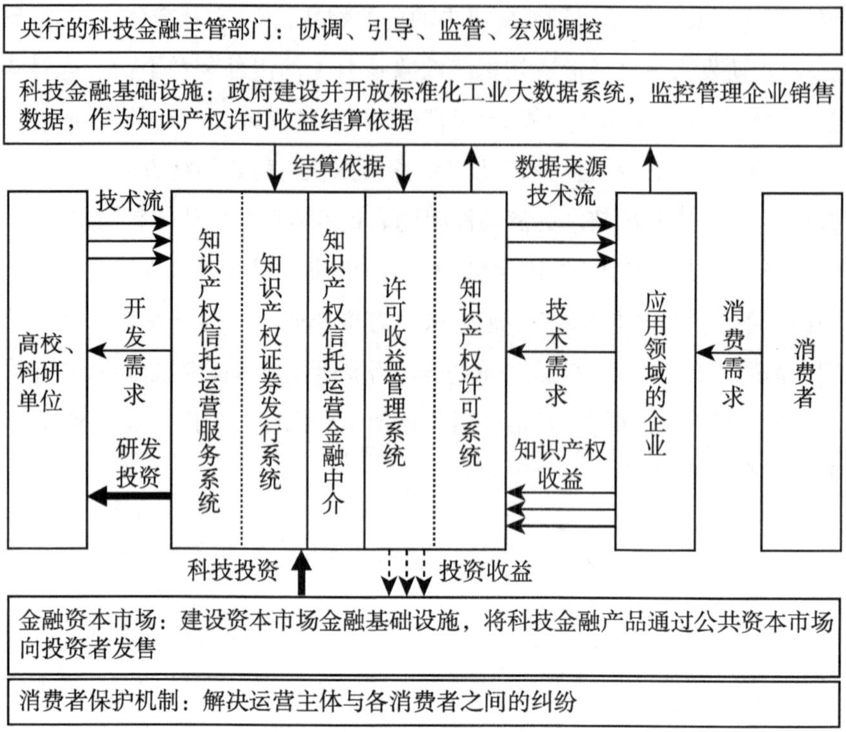

图 6-2　财政资助职务发明的知识产权运营系统

一、"知识产权运营"的成果转化市场

为集中管理财政资助职务发明成果转化中的技术匹配、谈判、缔约、资金成本、技术实施、市场风险、收益保障等一系列交易费用，可以知识产权产品市场销售提成收益为基础，设计知识产权许可运营公共服务体系。

根据新制度经济学的原理，均衡的变化有两种方式，一种是"演进出自发的秩序"，另一种是"由一种法律的共同设计，或者由一类新型的参与人或组织的设计所推动"。[①] 在古典自由政府的情形中，这两种类型的正式制度分别是法律意义上的制度和权利意义上的制度。法律意义上的

① 参见[美]科斯、诺思、威廉姆森等：《制度、契约与组织——从新制度经济学角度的透视》，刘刚、冯健、杨其静等译，经济科学出版社 2003 年版，第 33 页。

制度,由法律完全执行。由于相关规定被遵守,法院无须花费资金和时间。即使需要进入诉讼,法律可以预先指导法院判决。因为存在完美的信息、完美的法律、合约,诉讼程序甚至可通过互联网进行。此时,由于决策者了解体制中的情况,可以完全理性地行动,所以没有必要进行诉讼。当然,这只是一个完美的假设。以宪法、法律、合同构建的法律制度,必然是不完全的,故需尽可能为非正式的规则自发发展留有空间,以适应不可预见的状况,减少不确定性和信息不对称带来的问题。①

知识产权运营体系的市场化变迁过程,需要法律制度的共同设计。现有机制中,产品的市场风险与购买技术的资金成本直接相关。技术转移主要以转让费或者入门费为实现方式。对技术合同也主要采用成交额(合同约定金额)来统计情况。国家知识产权局关于专利许可合同的统计金额,产品提成并未计算在内。② 这种交易机制受限于企业可接受的市场风险、资金成本、资金能力。因而这种对接模式需要在知识产权运营体系内优化。

"知识产权信托运营中介"可以将需求和供给"中心化"。在中心化的知识产权运营系统内,通过标准化分类,可以设计研发需求和技术供给的数据匹配机制。对向输出,则可以形成科研创新领域与产业应用领域的需求与供给的互动。该机制可引导科研领域改变其研发导向,以产业应用需求为目标。

"中心化"的"知识产权信托运营中介"有成熟的法律制度机制。法律工具源自知识产权和金融领域,有成熟的制度和金融工具体系。该机制能够为企业解决市场风险,控制技术引进的资金成本,同时能让科研工

① 参见[美]埃里克·弗鲁博顿、[德]鲁道夫·芮切特:《新制度经济学:一个交易费用的分析范式》,姜建强、罗长远译,格致出版社、上海三联书店、上海人民出版社 2006 年版,第 18~20 页。

② 参见《知识产权统计简报:2017 年涉知识产权技术合同成交额超 5500 亿元》,载国家知识产权局网,https://www.cnipa.gov.cn/20190219151811335223.pdf;《专利统计简报:2011 年专利实施许可合同备案逾万件》,载国家知识产权局网,http://www.sipo.gov.cn/docs/pub/old/tjxx/zltjjb/201509/P020150911515261386555.pdf,最后访问时间:2018 年 11 月 1 日。

作者关注产品市场，研发更适合市场需求的产品，使其易获得更高的收益，免受企业资金成本的限制。由“知识产权信托运营中介”来运营并管理，以知识产权产品销售提成作为价格机制，是帕累托最优的选择。

“中心化”的“知识产权信托运营中介”亦有成熟的市场机制。欧美发达的知识产权运营有成熟的市场模型。财政资助职务发明的知识产权形成、运营和保护可都交给市场，即专业的知识产权信托运营公共服务平台。产业化的知识产权运营便于打通全产业链的技术体系，可以集中技术开发的优势力量，形成知识产权应用组合。资产池的模式能够发挥集合功能，最大化知识产权运营收益。技术需求者能够从中获得完整的技术许可。知识产权信托运营为知识产权提供可获得、应用广泛、收益有保障的流动性渠道。信托集中管理知识产权，通过基础设施建设，还可解决交易成本、保护机制问题。中心化的知识产权信托运营中介，可以让研发人员专于研发，让知识产权信托运营管理人研发筹集资金、寻找市场、保障收益、提供技术开发的市场导向。

二、证券化金融工具创造资产信用和流动性

知识产权证券化为知识产权创造流动性。财政资助职务发明需要利用知识产权证券化为其成果疏通“流动性”渠道。证券化可以引导知识产权形成流动性，承担知识产权资产价值功能。只是流动性同时鼓励了投机，可能会导致知识产权资本价值的异常波动。知识产权证券化中，如果不能实现知识产权与知识产品销售收益现金流的实际联系，则知识产权证券化将难免陷于投机和泡沫风险。滥用会导致金融系统性风险的加剧。当前，各国政府都面临着金融系统性风险的挑战。①

当国有主体控制市场时，对国有资产管理的责任可能会在一定程度上抑制其负面作用。但在市场准入机制中，市场主体进入时，可能会导致知识产权的价值泡沫和投机。过度的套利空间有害金融稳定。故只有将

① See Iman Anabtawi, Steven L. Schwarcz, *Regulating Systemic Risk: Towards an Analytical Framework*, Notre Dame Law Review, Vol. 86:4, p. 1349-1412(2011).

知识产权证券化的偿债来源架构在知识产权产品销售提成收益中，适当赋予金融杠杆，才能以知识产权运营为主轴构建知识产权资产信用。只有受保障的未来收益，才能保障知识产权证券化的金融安全，使创新技术及知识产权具有真正的市场能力。

知识产权许可收益可以通过证券化的金融工具变现。知识产权信托运营中介机构为原始权利人，是知识产权的资产管理机构。知识产权信托运营中介机构一方面可为财政资助职务发明提供知识产权运营和变现分配未来收益的证券化服务，另一方面可以将知识产权以知识产权许可输入到产业应用领域。知识产权产品的市场销售提成为作为许可收益。知识产权运营机构在结算许可费的金融基础设施中获得被许可企业知识产权产品销售数据，结算许可合同约定的提成收益。该未来收益现金流是证券化对象，是基础资产，是偿债来源。知识产权运营机构可将该资产重组为 SPV，作为发行人，发行债券。证券化融资结构如图 6-3 所示。

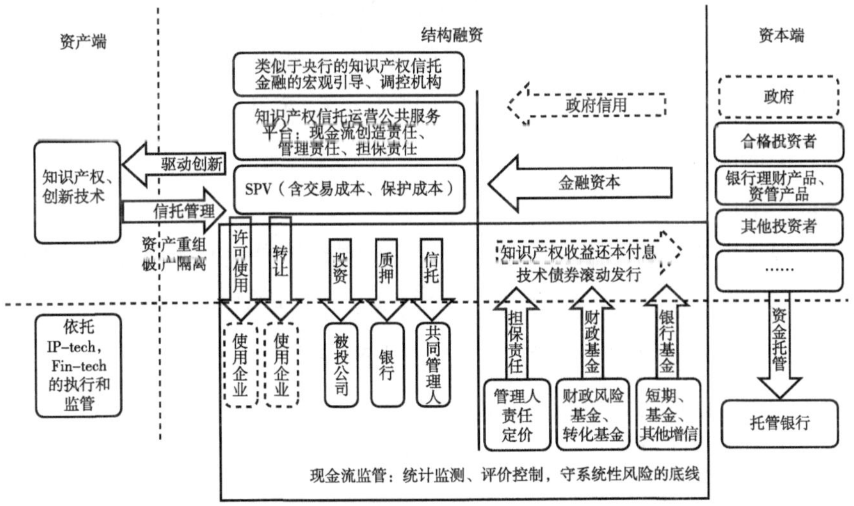

图 6-3　财政资助职务发明知识产权证券化融资结构

（资料来源：梁艳：《知识产权直接证券化的逻辑与进路——以驱动科技创新为视角》，载《中国科技论坛》2019 年第 2 期。）

三、许可费结算金融基础设施保障资产信用

构建中心化的财政资助职务发明知识产权信托运营金融机制，其前提和基础是知识产权的资产信用。即在财政资助职务发明成果转化知识产权运营体系中，需有明确的知识产权收益来源，并提供法律制度的保障。即使该机制可以不具有行政或者司法的强制执行功能，至少需具备权威的证据链条和有效的执行机制。知识产权资产信用的实现路径可由知识产权许可费结算的金融基础设施公共服务提供。

金融基础设施具有重要的制度支撑功能。在常规的金融基础设施基础上，财政资助职务发明的知识产权信托运营，还需要形成知识产权许可收益结算的金融基础设施。首先，该金融工具最直接的功能是保障知识产权许可收益，结算表现为知识产权产品市场销售收益提成的许可费。其次，该工具还可以在科研和产业两个领域调节技术创新的收益分配，以宏观调控对科研创新的支持力度和支持领域。最后，该数据还能够承担知识产权运营的监管和治理功能，判定金融杠杆的力度，抑制金融泡沫。适度比例的融资杠杆可以调节知识产权价值对融资额度的限制。适当比例的限制也能有效地抑制知识产权证券化的投机和泡沫。知识产权许可收益不仅要通过合同确立，更要建立在知识产权许可使用的产品生产销售市场中。

现有经济管理体系中有知识产权许可费结算实现的数据基础。在已建立的“互联网+政务”领域，形成了成熟的企业管理数据基础。知识产权产品销售提成收益的计算，以产品的生产、销售数据为依据。只要政府经济管理体系中有该数据，则可以通过该数据建立收益统计和结算，形成知识产权许可收益登记结算的金融基础设施。

2020年5月，工业和信息化部发布的《关于工业大数据发展的指导意见》（工信部信发〔2020〕67号），即是该制度的数据基础。该意见以支持工业企业实施设备数字化改革为途径，采集工业企业研发、生产、经营、运维等全流程数据，统筹建设国家工业大数据平台，建立多级联动的国家

工业基础大数据库。[①] 工业大数据是工业领域产品和服务全生命周期数据的总称,包括工业企业在研发设计、生产制造、经营管理、运维服务等环节中生成和使用的数据,以及工业互联网平台中的数据等。工业大数据是推动制造业数字化、网络化、智能化发展的关键生产要素。未来三年到五年,随着5G、工业互联网、人工智能等的发展,工业大数据将从探索起步阶段迈入纵深发展阶段。[②] 知识产权产品销售收益可以从工业大数据中获得数据接口,作为公共服务体系建立许可费结算的金融基础设施。

将知识产权的收益与使用知识产权的产品建立数据关系,可形成治理和监管基础。将数据汇集到金融监管部门,构建Fin-tech在知识产权金融领域的回应型监管,能够实现对知识产权运营现金流的监控和预警机制。这种模式可以有效地控制知识产权资产证券化投机的空间,并引导投资进入最有市场前景的科技创新领域。

四、标准化证券产品分配收益

标准化服务和标准化产品是财政资助职务发明知识产权信托运营不可或缺的要素之一。在去交易费用、去博弈寻租、治理和监管等多个方面,都具有重要的工具价值。

财政资助职务发明知识产权运营的复杂机制中,产权问题、利益分享机制、契约关系、交易安全保障机制等,都需要法律制度提供保障。依照法经济学分析的逻辑,构建一个完善合理的法律制度,可以降低交易费用,消除私人谈判达成协议的障碍。[③] 新制度经济学的结论认为,交易成本越低,制度的生产效率就越高。交易成本依赖于规制该交易过程的治

---

① 参见工业和信息化部《关于工业大数据发展的指导意见》(工信部信发〔2020〕67号),载工业和信息化部官网,https://www.miit.gov.cn/zwgk/zcwj/wjfb/rjy/art/2020/art_26215715909c41b788afd 4117893cd08.html,最后访问时间:2022年12月28日。

② 参见工业和信息化部《〈关于工业大数据发展的指导意见〉解读》,载工业和信息化部政务服务平台,https://ythxxfb.miit.gov.cn/zcwj/art/2020/art_f09b37ef79e0426fbf9d8fcf47961f12.html,最后访问时间:2022年12月28日。

③ 参见[美]罗伯特·考特、托马斯·尤伦:《法和经济学》(第6版),史晋川、董雪兵等译,格致出版社、上海三联书店、上海人民出版社2012年版,"译者序",第3页。

理结构、组织机制等制度;制度决定绩效。[①] 在知识产权运营体系中,以去交易费用、去博弈寻租的方式作为金融中介机构的标准化服务和标准化的产品。标准化产品意味着经营机制在经营开始前已经被系统性地开发设计,并被模式化。原有的交易费用由运营收益囊括,作为知识产权信托运营金融中介的运营成本,被核算为该主体的成本和投入。交易过程尽量减少参与主体博弈机会和寻租空间。方式是匹配参与主体的贡献度,确定各方收益率,形成分配收益的标准化证券产品。各方基本上无其他途径压榨他方利益,亦不会被他方夺取利益。参与者可专注于制度分配的专业任务。

标准化服务和标准化产品亦是宏观调控工具和市场规制工具,共同构成金融治理的基础。且基于市场的缺失,国家投资经营的介入,治理需构建明确的、法定的治理工具。根据金融基本原理,标准化的服务和标准化的产品体系,是治理工具的不二选择。

治理是一种内涵十分丰富的现象,至少涉及目的性行为、目标导向的活动和规则体系。治理理论创始人之一罗西瑙认为,治理是由共同目标所支持的,这个目标未必出自合法性及正式规定的职责,也不一定需要依靠强制力量克服挑战使别人服从。它既包括政府机制,也包含非正式、非政府的机制。随着治理范围的扩大,各类参与者得以借助这些机制满足各自的需要并实现各自的愿望。[②] 在金融治理领域,金融治理的目标在于推动依据市场规则、市场价格、市场竞争等配置金融要素,以实现经济整体效益最大化和效率最优化。[③]

对于监管模式而言,研究者会有意无意地强调行政的作用,关注命

---

① 参见[美]罗纳德·H.科斯:《新制度经济学》,载[美]科斯、诺思、威廉姆森等:《制度、契约与组织——从新制度经济学角度的透视》,刘刚、冯健、杨其静等译,经济科学出版社2003年版,第12页。

② 参见[美]詹姆斯·N.罗西瑙主编:《没有政府的治理》,张胜军、刘小林等译,江西人民出版社2001年版,第4~5页。

③ 参见陆磊:《市场化、法制化、国际化下的中国现代金融治理》,载《中国外汇》2020年第11期。

令—服从式的控制型行政监管关系。但政府并非万能的，相较于市场失灵，政府失灵和监管失灵的后果更为严重。金融属于典型的严监管领域，监管俘获、监管空隙、监管竞次、监管套利等一系列监管失灵现象长期存在。①

金融市场是自适应的复杂系统，由数百万独立的经济行动者组成，行动者会对价格走势、信息以及竞争者的行为作出实时反应，其管理需接受其自发和紧急行为所固有的不确定性和模糊性，也需接受市场不为特定的目的或政策目标服务的现实。②

以标准化服务和产品为知识产权运营监管的工具，则是采用经济法的调整方式来建立法定的监管工具。法定的监管工具，将行政机制中行为的行政合法性监管，转移到通过标准化服务和标准化产品，对市场合规和金融安全的监管，更契合市场机制。因此，财政资助职务发明知识产权信托运营的金融治理，标准化服务和标准化产品，适合作为法定宏观调控和市场规制的治理工具，是帕累托最优选择。

第三节　财政资助职务发明知识产权运营治理机制改革

完善财政资助职务发明成果转化机制，需在证明契合该体系的基础上，将各类市场、调控和规制工具，通过法律制度进行确定，并将其实现。基于实现过程的经济性，需以经济法治体系为依托。即在经济法治理体系中，实现科研创新体系与产业、金融融合。通过知识产权信托运营许可市场，实现国家科学技术计划项目成果在产业中的应用。

经济法调整机制，为该制度机制提供了市场模型、调控工具和规制工具等完整的治理机制。该创新体系包括：①科技金融市场经营法：国家投资经营市场化、中心化的科技金融中介体系，主导市场机制，构建零交易费用标准化服务和产品体系；②科技金融宏观调控法：开发流动性工具，

① 参见许多奇：《从监管走向治理——数字货币规制的全球格局与实践共识》，载《法律科学（西北政法大学学报）》2021年第2期。

② 参见沈伟，张焱：《普惠金融视阈下的金融科技监管悖论及其克服进路》，载《比较法研究》2020年第5期。

开发标准化收益的产品和服务，开发科技金融监管工具，开发公共服务基础设施，平衡并保障各参与主体的利益分配，形成宏观调控工具，落实国家科学技术计划发展目标；③科技金融市场规制法：构建市场准入、经营规则、市场监管、争议解决和消费者保护等机制，保障市场的稳定和秩序。其制度目的是以资本信用和流动性为工具，建立市场机制，使国家科学技术计划中产生的财政资助职务发明，以知识产权为载体，在产业、金融关系中循环流转。

一、调节创新资源配置的市场决定性机制

财政资助职务发明知识产权运营的市场机制是由全部市场要素组成的财政资助职务发明知识产权运营系统构成的。市场要素包括知识产权运营的市场主体、运营对象、运营的客体和运营行为。财政资助职务发明知识产权运营主体包括全部市场参与者。知识产权运营的对象为国家科学技术计划项目产生的项目成果。知识产权运营的客体为表征各主体权利和收益的标准化知识产权证券化产品。知识产权运营行为是标准化产品和标准化服务，包括信托、运营和证券化。

（一）财政资助职务发明知识产权运营主体

财政资助职务发明知识产权运营的主体以“知识产权信托运营金融中介”为中心；前端为研发领域，对接主体为高校、科研单位和科研人员；后端为技术应用的产业领域，对接技术应用企业；同时吸引社会资本投入科研开发领域，对接资本市场。知识产权运营过程中，有仅靠市场主体自身力量难以完成的环节，需要公共管理权的介入，形成该体系的金融基础设施公共服务，则许可费登记结算公共服务机构亦需为参与市场的主体。

将知识产权运营主体与证券化发行主体组织在一个法律主体工具内，作为“知识产权信托运营金融中介”，主要有两方面原因。一方面，改革目标中的知识产权运营服务主体承担知识产权未来许可收益管理、变现和分配职能。作为融资还款来源的管理和执行者，同一法律主体的设计，能够将法律行为与法律责任相统一，并节约交易成本。另一方面，为

提高绩效,减少科研人员的谈判缔约成本,教育科研创新体系科技成果到产业输出的过程要脱离研发人员,由知识产权运营服务机构完成。此时,知识产权运营服务机构需要为产业应用建构自己的研发导向和开发标准,故而需要具有管理相关投资基金的职能。这种机制的经济模型是高智发明等英、美知识产权运营公司。它们有定向投资基金,可以支持大学的科研人员,其还有技术布局、知识产权申请、对外许可的知识产权运营能力。①

知识产权信托运营金融中介为国家科学技术计划知识产权运营的中心化机构。"知识产权许可登记结算机构"代表国家知识产权运营公共服务的金融基础设施。两者前期均需为中央或者地方政府代表国家投资建设,以落实宏观调控目标。"知识产权信托运营金融中介"和"知识产权许可登记结算机构"并非个别市场主体可以完成,需要国家行政权力的介入。加之其作为市场机制的中心,需要由国家投资经营来补充完成该市场机制。其重要性可与货币、证券和保险并列。"知识产权信托运营金融中介"模式可以参照银行的中心化机制,设计集中统一管理标准化服务、标准化产品。进而形成知识产权运营的标准化服务体系,形成与银行、保险、证券并列的科技金融系统。

现有的知识产权运营服务机构的业务并没有规范化、标准化,不易于形成市场共识。故建议由中央级别的"知识产权信托运营金融中介"借助"知识产权许可登记结算机构",开发针对不同客户(教育科研单位及其科研人员、投资人、技术应用企业)、满足不同需求(包括集成技术的前瞻布局、成熟技术的许可、个性的研发需求等多种介入阶段)的标准化服务产品。越是标准化的模型,越能够在前期市场机制不完善的情况下降低交易成本,控制市场。

(二)财政资助职务发明知识产权运营对象

理论上依托单位及科研人员具有处置权的"财政资助职务发明"成

① 参见 https://www.intellectualventures.com/,最后访问时间:2022 年 10 月 9 日。

果,均可以通过信托关系委托给知识产权信托运营金融中介。该类成果目前主要体现为两部分。其一,在赋权改革中,由于事关国家利益和重大社会公共利益,可能影响国家安全、国防安全、公共安全、经济安全、社会稳定,成果更适宜通过国家设立的财政资助职务发明知识产权信托运营金融中介,或者农业、军工等相关主管部门设置的知识产权信托运营中介运营。其二,为《科学技术进步法》第 32 条中规定的产生于财政资助职务发明,依托单位"在合理期限内没有实施且无正当理由的"。知识产权产品有市场,则有收益;无市场,则无收益。知识产权产品市场销售收益,为研发人员的研发目标。

财政资助职务发明的未来知识产权许可收益现金流,为知识产权证券化的对象。知识产权产品销售提成许可收益,是知识产权与金融资本发生关系的基础条件,是证券化融资法律关系的基础资产,是融资后的还款来源。如果还将该体系架构在知识产权司法保护制度上,由法院来保护,则整个高校、科研单位科研创新体可能依然面临效率的限制。如果有新的组织机制能够完成"知识产权产品销售提成许可收益实现"功能,则可从根本上改变困境,实现市场调节。

(三)财政资助职务发明知识产权运营客体

财政资助职务发明知识产权运营客体为国家科学技术计划项目成果的知识产权。知识产权制度是为智力成果各项权利的分离而设计的制度工具。专利权等应用技术类职务发明的知识产权,分离出成果的"产权"和"实施权"。通过"许可"的法律行为,产权人分享实施者的收益。对于国家科学技术计划项目产生的财政资助职务发明,《科学技术进步法》规定的产权归属、处置渠道、实施主体明确;法理上知识产权的管理权和收益权亦明确;科技成果完成人的收益权属于科研单位的内部奖励或分配。在将其以信托关系中心化到"知识产权信托运营金融中介"时,对成果的知识产权运营,至少包括了产权、资产管理权、实施权、运营管理权、收益权的复杂创新资源配置机制。

这种复杂机制的制度设计,最大的问题是科技成果的知识产权、管理权、实施权的配置与收益分配机制的法律关系结构。基于目前专利权可实施性的客观状况，前期的知识产权运营，由于存在多样化需求，不宜强行统一规定；法律调整机制宜为知识产权运营、金融服务机构设置业务模型的多样化，将不同的产权归属设计不同标准化产品；将业务选择权交给该系统使用者。运营管理权配置给知识产权运营机构的，该机构与权利人之间的关系，根据不同的情形，可能同一，也可能分离。在分离时，为了法律关系和资产的稳定性，最佳法律结构是信托关系。知识产权的实施权，配置给产业领域的企业，其法律关系在知识产权许可登记结算系统形成之前，客观上难以统一。如果建设金融基础设施，通过“知识产权许可登记结算机构”统一管理分配知识产权许可费，则企业整体技术需求的许可有可能标准化。

收益分配的模式可以借鉴电影产业模式。电影的售票与票房收入均计入“国家电影事业发展专项资金管理委员会办公室”指定的“全国电影票务综合信息管理系统”（网址：https://gjdyzjb.cn/）。全国任何一家电影院必须安装此系统。每一部影片的实时票房数据便得以即时汇总到该系统。在此基础上，电影产业构建起了不同类型影片的票房分账规则，将总体收益在投资方、制片方、发行方、院线、影院等多方主体之间进行分账。同样，知识产权信托运行在投资人、产权人、管理人之间，探索利益分配达到博弈均衡态，这一环节适宜采用价格法的政府定价机制、提供标准化的知识产权运营服务和标准化的金融产品。这部分事宜需要由宏观调控法和市场规制法通过制度建设形成。

（四）财政资助职务发明知识产权运营行为

中心化的财政资助职务发明知识产权运营，至少包含了信托、资产管理、知识产权运营和证券发行行为。用户主导的单方法律行为即可发生法律关系。知识产权运营开始于高校、科研单位对其知识产权资产的信托行为。知识产权信托运营金融中介，与高校、科研单位和科研人员之间的知识产权信托关系，是知识产权信托运营金融中介的标准化服务，构成了知识产权信托运营金融中介的“知识产权信托资产管理行为”。知识产权信托运营金融中介为技术需求企业提供以“专利池”为基础的知识产权许可服务,是知识产权运营行为。知识产权信托运营金融中介变现知识产权运营收益,发行标准化证券产品,提供研发资金,通过金融产品向研发领域和投资者分配收益,是知识产权资产证券化产品发行行为。

知识产权运营通过金融行为改变了科技成果转化法律关系。目前《科学技术促进法》和《促进科技成果转化法》中,财政资助职务发明成果转化通过科研单位与企业之间的知识产权的许可、转让和投资的民商事法律关系进行。在“中心化”的财政资助职务发明知识产权运营模式中,形成了以“知识产权信托运营金融中介”为中心的金融行为。前者的法律关系强调双方基于自由谈判所形成的博弈合作。后者的法律行为更侧重表达单方行为的法律效力。即两法中的科技成果转化,无合作则无转化。而在知识产权信托运营中,基于标准化服务和标准化产品,单方利用知识产权信托运营金融中介,办理相关业务,单方法律行为即可发生法律后果。

在科研单位、科研人员,与知识产权信托运营金融中介机构之间,“标准化”的知识产权运营信托关系最为适宜。信托关系中,科研单位的财政资助职务发明并不发生财产权的主体变更。知识产权产品市场销售提成为许可费结算依据,由宏观调控机构依照法定的权限和程序确定后,无须博弈。信托关系中对信托资产的资产隔离机制,能够保护后续知识产权运营和证券化的资产安全。

在技术应用企业与知识产权信托运营金融中介机构之间,技术应用企业寻求服务即可发生知识产权许可法律关系。基于知识产权集中运营,该行为更适合表述为“系统性”“整体性”“标准化”的技术许可供给服务。这意味着技术使用企业在进入某一产业领域后,其所需的技术许可,都无须花费前期成本,而是向知识产权信托运营金融中介机构寻求“整体”以“技术集成”的方式提供,按产品销售结算许可费,反馈开发需求。潜在的专利侵权指控,亦由知识产权信托运营中介机构承担。

知识产权信托运营金融中介可通过发行证券吸引社会投资者投资科研领域，来变现知识产权未来许可收益，回馈研发领域。此时，不可忽略的主体为科研人员。科研人员本身可能并不参与许可模式的成果转化。如果在知识产权运营机制中，仍需要科研人员的技术服务，则意味着知识产权缺乏流动性。无流动性的知识产权，其资本信用自然受限。如果在该收益机制中排除科研人员的收益权，则极有可能加剧信息不对称。此时，证券化的收益分配机制必然要形成足以鼓励科研人员形成“本领域普通技术人员能够实施”的“可实施性”标准。即需对科研人员形成分配许可收益分红关系，以证券为工具，对其发行收益凭证。

上述法律机制可形成知识产权运营、金融体系的组织机制。由“知识产权信托运营金融中介”为教育科研的应用研发提供集中输出渠道；管理知识产权许可收益；提供应用研发资金、研发需求、研发标准；通过发行标准化的金融产品，来变现未来收益、筹集研发资金。由于财政资助职务发明成果转化知识产权运营服务体系难以在现有体系中自发形成，或者待其自发形成需漫长的过程，因而需通过宏观调控法和市场规制法进行建设，引导其形成。

二、财政资助职务发明知识产权运营的宏观调控法

基于国家科学技术计划项目成果知识产权控制权的重要性，在国家宏观调控法体系中，设立以其为对象的调控体系，引导、扶持、规范该类知识产权信托运营金融体系的发展，具有重要意义。该宏观调控体系的构建，至少包括宏观调控目标、宏观调控机构、宏观调控权的配置和宏观调控工具构建。

（一）财政资助职务发明知识产权运营的宏观调控目标

根据经济法评价标准，财政资助职务发明知识产权运营宏观调控目标可以分为政治、经济、社会和法律四个层面。

在政治层面，财政资助职务发明知识产权信托运营体系的宏观调控目标为提供高质量科技供给、实现国家科技投入的产业化价值、构建系统

创新链、应对国际科技竞争,最终形成知识产权的全链条保护。财政资助职务发明知识产权运营宏观调控目标建立在国家关于知识产权强国战略、创新驱动发展战略的基础上。两者一为建设目标,一为实现路径,在宗旨和原则上保持高度一致。财政资助科研投入的产业价值实现,同时对于国家创新能力建设、突破欧美在核心关键领域对中国技术封锁、应对国际科技竞争都有重要价值。

在经济层面,财政资助职务发明知识产权运营宏观调控的经济意义在于协调系统创新链,使处于不同个体目标下的行为形成宏观上统一的合力,以创造最优的经济效果。其方式是克服现行高校、科研单位科研创新体系财政资助职务发明形成与转化低效率的弊端。但其并不妨碍基于不同技术价值和功能的单独转化需求,因为不同层次的机制设计是高校、科研院所科研创新体系多样化、多层次需求的体现。

在社会层面,财政资助职务发明的知识产权运营同时为社会提供了高质量的技术供给,提高了社会整体福利。财政资助职务发明的知识产权运营,通过知识产权信托运营中介机构,供给技术应用企业。该机制将知识产权的使用权配置给从事生产和服务的企业主体;企业生产知识产权产品,通过市场惠及消费者;知识产权信托运营中介机构通过发行债券,变现知识产权未来现金流收益,或者筹集研发资金投入研发。因而通过市场机制,来发挥金融中介机构的资源配置功能,可以促进社会整体福利的提高。

在法律层面,财政资助职务发明知识产权运营的宏观调控,使该类成果的知识产权价值与知识产权系列法规的修改契合。当知识产权法对知识产权价值定位低时,公共科研投入产出公共物品,是适当的选择。当知识产权价值定位大幅提高,通过财政资助职务发明知识产权信托运营中介机构、标准化的知识产权证券化产品,形成知识产权的流动性,可以降低自由市场路径中的交易费用和交易成本,提高绩效。宏观调控法可以使“财政资助职务发明形成与转化机制”符合国家既定的科技目标,也可以通过宏观调控调节知识产权的市场价值,防止垄断和不正当竞争。

（二）财政资助职务发明知识产权运营的宏观调控机构

宏观调控机构，是宏观调控法中具有宏观调控权，执行宏观调控政策的主体。宏观调控机构需具有对相关领域的宏观调控职能，有相应的法定宏观调控工具。财政资助职务发明知识产权运营的宏观调控机构，承担着依照宏观调控目标，选择宏观调控工具，执行宏观调控政策，运用政策手段、调控措施引导财政资助职务发明知识产权运营市场化的宏观调控职能。

财政资助职务发明成果转化的知识产权运营，是国家科学技术计划在产业领域实现其价值功能的后续程序。实现过程涉及诸多业务主管部门。目前该领域的宏观调控，是科学技术计划项目的调控部门、产业调控部门、金融调控与监管部门、知识产权管理部门、教育主管部门、工业和信息化部门、财政部门等各部委的协调机制和联动机制。根据相关政策和法定的权限，由国务院领导下的科学技术部、国家发展和改革委员会、教育部、工业和信息化部、财政部、国家知识产权局、中国人民银行、中国银行业保险监督管理委员会、中国证券监督管理委员会、商务部，以及人力资源和社会保障部、中国科学院等各部委和职能部门的联动。基于多头行政管理的"反公地悲剧"效应，财政资助职务发明成果转化的知识产权运营，需要进一步集中宏观调控权，形成主导和辅助并存的调控机构体系。

（三）财政资助职务发明知识产权运营的宏观调控权

宏观调控权是宏观调控机构执行宏观调控职能时所行使的法定权力。目前宏观调控机构的宏观调控职能预设源自各职能部门对其主管领域的行政管理权和宏观调控权。对财政资助职务发明知识产权运营的宏观调控权，需根据宏观调控目标、调控职能和调控工具，确立宏观调控机构的权能。

新宏观调控权形成的过程亦是各职能部门现行宏观调控职能与统一运营财政资助职务发明知识产权的目标相结合的调整和集中过程。该权利在现有的《科学技术进步法》和《专利法》等部门法中已有授权规范。

关于其实施,国家知识产权局对知识产权运营问题总结中提出知识产权运营的实施机制尚未系统化。

目前知识产权运营建设由国家知识产权局主持,科学技术部负责主管国家科学技术计划项目,教育部主管持有财政资助职务发明的高校,国家发展和改革委员会主导产业调控,金融调控与监管部门主导金融体系。欲将其功能付诸实施,需要确立主导部门,来协调各部委,并逐步让渡权力,集中调控权。

(四)财政资助职务发明知识产权运营的宏观调控工具

财政资助职务发明知识产权运营的宏观调控需选择法定调控工具。法定的调控工具需能够调控科研领域、产业领域和金融领域各参与主体的行为。调控的目标为使国家科学技术计划项目成果以技术集成的方式在产业领域完成技术应用。以此为目标,"中心化"的"知识产权信托运营中介",对该体系的标准化服务和标准化产品,以及知识产权许可收益登记结算系统对技术和资本流动的数据监管,能够成为财政资助职务发明知识产权运营的宏观调控工具。

知识产权信托运营金融中介,对研发领域的高校、科研单位,提供标准化"知识产权信托运营服务"。该标准化服务能够以市场需求来调整研发导向和研发方向。该服务体系能够提供应用领域的研发需求,可集中力量解决共性技术、关键技术、瓶颈技术。该体系将科学技术计划中的技术应用类研发与市场结合,适合作为调控国家科学技术计划实现的宏观调控工具。

知识产权信托运营金融中介将许可运营与许可费变现结合在了一起,形成了标准化金融产品。对产业中的企业主体,其通过知识产权许可登记结算系统反馈知识产权产品的市场收益。技术许可使用费提成比例实际上承担了分配研发与生产之间收益的调控功能。该提成比例能够反馈调节各方需求,适合作为调控工具,来调节控制宏观上增加研发投入还是宏观上控制研发成本。作为标准化产品的证券,既需要代表社会资本投资科研领域的收益能力,又需要承担对科研人员的收益激励,某种程度上可以调节社会资本的投资意愿,亦可以调节科研人员选择该知识产权运营体系的意愿。作为宏观调控工具,通过调整不同主体的收益分配比例,实现宏观调控目标。故标准化金融产品、收益分配比例、许可登记结算系统,适合作为财政资助职务发明知识产权运营产业价值实现的宏观调控工具。

三、财政资助职务发明知识产权运营的市场规制法

市场规制法的重要性在于通过市场规则形成市场的治理秩序,保障市场健康有序发展。市场规制法还可以增强参与主体对其行为的可预测性。在市场规制法的禁止范围之外,保障市场主体的自主权利。市场规制法的体系由市场规制法的目标、市场规制机构、市场规制权和市场规制制度构成。

(一)财政资助职务发明知识产权运营的市场规制目标

根据经济法的评价标准,财政资助职务发明知识产权运营市场规制法的目标,包括政治、经济、社会和法律四个层面。

在政治层面,市场规制法是政府对财政资助职务发明知识产权运营的经济管理权。政府通过市场规制法,建设该领域的实施路径和市场秩序。其目标是以市场规则为基础,来实现产业、科研、金融等不同市场经济体系之间的融合,形成完整的创新服务链条,以最终实现国家科学技术计划项目成果在产业中的流动。

在经济层面,政府希望借助财政资助职务发明知识产权运营市场规制法以克服现行高校、科研院所财政资助职务发明成果转化低效率的弊端。"知识产权信托运营金融中介机构""知识产权许可费登记结算的金融基础设施",是利用市场规律和市场机制,发展知识产权许可市场及其配套的服务体系形成的。通过财政资助职务发明知识产权运营服务体系,能够改善现行规制机制中的交易成本和交易费用,改善交易机制,提高绩效。

在社会层面,财政资助职务发明知识产权运营的市场规制法,通过知

识产权信托金融中介机构的资源配置功能,实现了社会整体福利的提高。也可以说,市场规制法是市场秩序的维护者,提供了秩序价值。

在法律层面,财政资助职务发明知识产权运营的市场规制法,将证明具有适当性的交易习惯和行业规范上升为法律规则,通过法律的强制力,维护财政资助职务发明形成与转化机制中知识产权运营和科技金融的市场秩序。国家科学技术计划领域诞生的财政资助职务发明,关涉国家经济安全、科技发展、国计民生,对宏观经济影响重大,又有特殊的市场风险,应属特别市场规制领域。

(二)财政资助职务发明知识产权运营的市场规制机构

在经济法的市场规制法体系中,市场规制机构是市场经济公平、自由和竞争秩序的忠实卫士。市场规制机构主要为专业性、相对独立的国家机构。[①] 财政资助职务发明的知识产权运营,具有较强的专业性。其市场准入、经营规则、风险监管、消费者保护等各类主要问题,均具有行业特色的特殊制度结构。对该领域的市场规制并不宜纳入市场监督管理局的常规市场监管,更适宜设立专业性的市场监管机构。“知识产权信托运营金融中介”的企业主体登记常规属于市场监督管理局。对其市场准入、治理和监管等其他市场规制职权的设立和分配,更适合在国家知识产权管理部门和金融监管机制中协调,集中管理权限,设立专门管理该领域的特殊市场规制机构。

(三)财政资助职务发明知识产权运营的市场规制权

市场规制权是市场规制机构在进行市场规制行为时所行使的法定职权。市场规制权的配置,与宏观调控权在多个职能部门间协调的情况不宜相同。市场规制权过度分散,容易导致规制权和规制标准重合、冲突等不协调。因而市场规制权集中统一赋予负责其市场准入的主管部门更为适当。

宏观调控权的多机构协调机制,是基于宏观调控目标源于且需实现

---

① 张守文主编:《经济法学》(第2版),高等教育出版社2018年版,第67页。

于各职能部门的。尽管在经济法的调整机制中，仅在特殊领域，可观察到宏观调控权与市场规制权的分置。然而多数情况下，宏观调控权和市场规制权，属于经济法学理上的划分，在多数职能部门的行政管理中，宏观调控和市场规制并未泾渭分明。

财政资助职务发明成果的知识产权信托运营及其金融机制比科技成果转化制度设计更加复杂。财政资助职务发明的知识产权信托运营机制，上游以国家科学技术计划贯穿财政、金融、税收、计划等各宏观调控法领域，下游以产业应用贯穿整个市场规制法领域。如果还原到现所属行政部门管理中继续行使其管理职权，则行政管理的“反公地悲剧效应”成为阻滞机制。在市场规制法中，通过上位法让渡管理权，将财政资助职务发明知识产权运营市场规制权统一行使，为财政资助职务发明“知识产权信托运营金融”体系设立市场规制的主管部门，更为适合市场规制法的需求。

（四）财政资助职务发明知识产权运营的市场规制制度

市场规制机构行使市场规制权，需以市场规制制度为法律依据。市场规制制度的范围，为市场规制权介入并干预的范围。除此之外，为市场主体自由竞争的自主经营权范围。依据金融市场规制体系，财政资助职务发明知识产权运营的市场规制制度，包括市场准入制度、市场经营规范、金融监管和治理、消费者保护和争议解决等。准入制度、经营规则、消费者保护制度，均需围绕市场监管和治理展开。

根据市场规制法基本原理，对知识产权信托运营金融体系的监管制度包括三个方面。一是市场准入监管；二是监管体制的设置；三是监管规则。“知识产权信托运营金融中介”具有中心化金融中介的特征，性质上属于“金融机构”。市场准入规制亦适合准用金融机构关于注册资金、业务范围、人员场地等审批条件的设置。对于监管体制，由于尚处在探索期，适宜与主导其的宏观调控机构统一。待机制成熟后，再讨论分置宏观调控机构与市场规制机构。对知识产权资产管理和证券化的金融资产风险监管，由于许可费登记结算基础设施的介入，知识产权许可收益现金流更加直观。故在监管规则方面,可准用资产管理、资产证券化、投资基金等金融业务监管规范。财政资助职务发明知识产权运营,从政府主导到市场运营的发展阶段中,金融监管和治理机制需要针对知识产权的特殊性补充市场机制。通过金融监管科技和穿透式监管,将知识产权运营作为监管主轴,可有效抑制知识产权基础资产的泡沫和投机。

财政资助职务发明知识产权运营体系,其市场机制、宏观调控法和市场规制法的经济法调整机制,结构如图 6-4 所示。

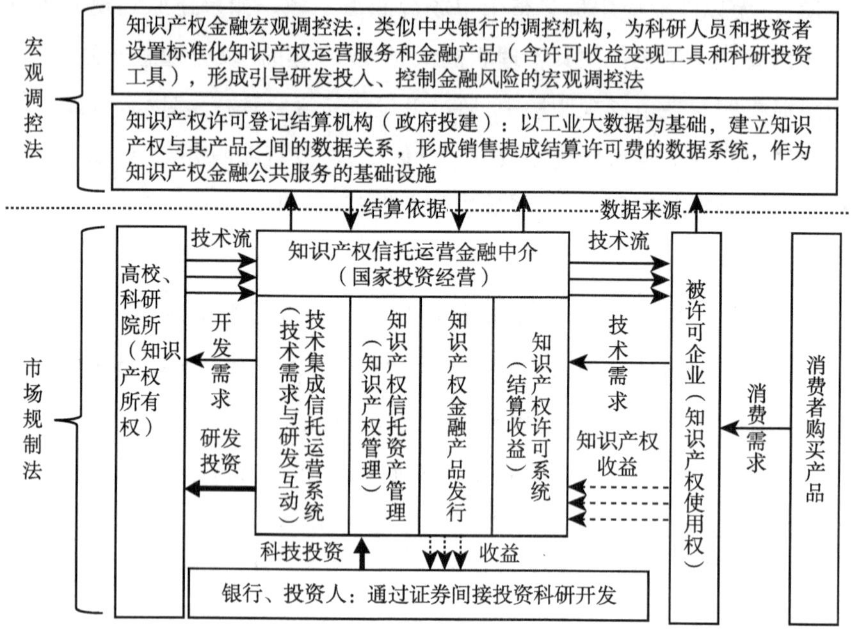

图 6-4　财政资助职务发明知识产权运营的经济法调整机制

参考文献

一、中文著作(含译著)

[1][澳]彼得·德霍斯:《知识财产法哲学》,周林译,商务印书馆2008年版。

[2][德]沃尔夫冈·费肯杰:《经济法》(第2卷),张世明译,中国民主法制出版社2010年版。

[3][法]狄骥:《公法的变迁》,郑弋译,商务印书馆2013年版。

[4][美]罗伯特·P.莫杰斯、彼特·S.迈乃尔、马克·A.莱姆利等:《新技术时代的知识产权法》,齐筠、张清、彭霞等译,中国政法大学出版社2003年版。

[5][美]罗斯科·庞德:《法理学》(第3卷),廖德宇译,法律出版社2007年版。

[6][法]孟德斯鸠:《论法的精神(三)》,许家星译,中国社会科学出版社2008年版。

[7][法]让·里韦罗、让·瓦利纳:《法国行政法》,鲁仁译,商务印书馆2008年版。

[8][荷]伊芙琳·T.菲特丽丝:《法律论证原理——司法裁决之证立理论概览》,张其山、焦宝乾、夏贞鹏译,商务印书馆2005年版。

[9][美]埃里克·弗鲁博顿、[德]鲁道夫·芮切特:《新制度经济学:一个交易费用分析范式》,姜建强、罗长远译,格致出版社、上海三联书店、上海人民出版社2006年版。

[10][美]Jay Dratler, Jr.:《知识产权许可》,王春燕等译,清华大学出版社2003年版。

[11]《联邦判例汇编》第2辑第35卷(第二巡回法院,1929年)。

[12]《联邦判例汇编》第2辑第402卷(第九巡回法院,1968年)。

[13][美]A.艾伦·斯密德:《财产、权力和公共选择——对法和经济学的进一步思考》,黄祖辉、蒋文华、郭红东等译,上海三联书店、上海人民出版社1999年版。

[14][美]Campbell R. McConnell, Stanley L. Brue:《经济学:原理、问题和政策》(第17版),侯立平等译,高等教育出版社2011年版。

[15][美]N.格里高利·曼昆:《宏观经济学》(第5版),张帆、梁晓钟译,中国人民大学出版社2005年版。

[16][美]埃莉诺·奥斯特罗姆:《集体行动制度的演进》,余逊达、陈旭东译,上海三联书店2000年版。

[17][美]安东尼·桑德斯、马西娅·米伦·科尼特:《金融风险管理》(第5版),王中华、陆军译,人民邮电出版社2012年版。

[18][美]安东尼·桑德斯、马西娅·米伦·科尼特:《金融市场与机构》(原书第6版),韩国文、张彻主译,机械工业出版社2017年版。

[19][美]保罗·费耶阿本德:《知识、科学与相对主义》,陈健等译,凤凰传媒出版集团、江苏人民出版社2006年版。

[20][美]保罗·萨缪尔森、威廉·诺德豪斯:《经济学》(第16版),萧琛等译,华夏出版社1999年版。

[21][美]保罗·萨缪尔森、威廉·诺德豪斯:《微观经济学》(第19版),萧琛主译,人民邮电出版社2012年版。

[22][美]保罗·萨缪尔森、威廉·诺德豪斯:《宏观经济学》(第19版),萧琛主译,人民邮电出版社2012年版。

[23][美]彼得·加伯:《泡沫的鼻祖:早期金融狂热的基本面》,陈小兰译,北京大学出版社2018年版。

[24][美]理查德·A.波斯纳:《法律理论的前沿》,武欣、凌斌译,中

国政法大学出版社2003年版。

[25][美]博西格诺等:《法律之门》(第8版),邓子滨译,华夏出版社2017年版。

[26][美]范瑞尔·阿查里亚、托马斯·库勒、马修·理查德森等:《监管华尔街——〈多德—弗兰克法案〉与全球金融新架构》,梅世云、盛文军译,中国金融出版社2012年版。

[27][美]弗兰·J.法博齐、弗朗哥·莫迪利尼亚:《资本市场:机构与工具》(第4版),汪涛、郭宁译,中国人民大学出版社2011年版。

[28][美]格若赫姆·罗珀:《博弈论导引及其应用》,柯华庆、闫静怡译,中国政法大学出版社2005年版。

[29][美]哈威尔·E.杰克逊、小爱德华·L.西蒙斯编著:《金融监管》,吴志攀译,中国政法大学出版社2003年版。

[30][美]海尔·斯科特、安娜·葛蓬:《国际金融:法律与监管》(上),刘俊译,法律出版社2015年版。

[31][美]海尔·斯科特、安娜·葛蓬:《国际金融:法律与监管》(下),刘俊译,法律出版社2015年版。

[32][美]莱瑞·D.索德奎斯特:《美国证券法解读》,胡轩之、张云辉译,法律出版社2004年版。

[33][美]理查德·A.波斯纳:《法律的经济分析》,蒋兆康译,中国大百科全书出版社1997年版。

[34][美]路易斯·罗思、乔尔·赛里格曼:《美国证券监管法基础》,张路等译,法律出版社2008年版。

[35][美]罗宾·保罗·麦乐怡:《法与经济学》,孙潮译,浙江人民出版社1999年版。

[36][美]罗伯特·考特、托马斯·尤伦:《法和经济学》(第6版),史晋川、董雪兵等译,格致出版社、上海三联书店、上海人民出版社2012年版。

[37][美]科斯、诺思、威廉姆森等:《制度、契约与组织——从新制度

经济学角度的透视》,刘刚、冯健、杨其静等译,经济科学出版社 2003 年版。

[38][美]马库斯·克雷布兹:《证券化与结构化融资:全流程最佳实践指南》,夏杨、蒋则沈译,中国机械出版社 2016 年版。

[39][美]曼昆:《经济学基础》(第 7 版),梁小民、梁砾译,机械工业出版社 2017 年版。

[40][美]曼昆:《经济学原理》(下册)(原书第 3 版),梁小民译,机械工业出版社 2003 年版。

[41][美]莫迪查·E. 克雷林:《国际经济学:一种政策方法》,方齐云、费剑平等译校,北京大学出版社 2004 年版。

[42][美]尼古拉斯·L. 吉奥加卡波罗斯:《法律经济学的原理与方法:规范推理的基础工具》,许峰、翟新辉译,复旦大学出版社 2014 年版。

[43][美]乔治·阿克洛夫、罗伯特·席勒:《钓愚:操纵与欺骗的经济学》,张军译,中信出版集团 2016 年版。

[44][美]史蒂文·西瓦茨:《金融业的事前监管与事后监管途径》,载[美]史蒂文·西瓦茨:《金融创新与监管前沿文集》,高凌云等译,上海远东出版社 2015 年版。

[45][美]斯蒂文·L. 西瓦兹:《结构金融》(第 3 版),李传全译,清华大学出版社 2003 年版。

[46][美]斯蒂文·萨维尔:《法律的经济分析》,柯华庆译,中国政法大学出版社 2009 年版。

[47][美]苏珊娜·斯科奇姆:《创新与激励》,刘勇译,格致出版社、上海人民出版社 2010 年版。

[48][美]塔玛·弗兰克:《证券化:美国结构融资的法律制度》,潘攀译,法律出版社 2009 年版。

[49][美]托马斯·李·哈森:《证券法》,张学安等译,中国政法大学出版社 2003 年版。

[50][美]威廉·M. 兰德斯、理查德·A. 波斯纳:《知识产权法的经

济结构》,金海军译,北京大学出版社 2005 年版。

[51][美]约翰·G.斯普兰克林:《美国财产法精解》,钟书峰译,北京大学出版社 2009 年版。

[52][美]约翰·麦克米伦:《国际经济学中的博弈论》,高明译,北京大学出版社 2004 年版。

[53][美]约瑟夫·熊彼特:《经济发展理论——对于利润、资本、信贷、利息和经济周期的考察》,何畏、易家详等译,商务印书馆 1990 年版。

[54][美]约瑟夫·E.斯蒂格利茨、卡尔·E.沃尔什:《经济学》(下)(第 4 版),黄险峰、张帆译,中国人民大学出版社 2013 年版。

[55][美]约瑟夫·E.斯蒂格利茨:《公共部门经济学》(第 3 版),郭庆旺等译,中国人民大学出版社 2005 年版。

[56][美]桑加伊·安南:《萨班斯-奥克斯利法案精要》,曾嵘译,中国时代经济出版社 2017 年版。

[57][美]詹姆斯·N.罗西瑙主编:《没有政府的治理》,张胜军、刘小林等译,江西人民出版社 2001 年版。

[58][挪威]拉斯·特维德:《金融心理学——掌握市场波动的真谛》,周为群译校,中国人民大学出版社 2003 年版。

[59][日]大桥洋一:《行政法学的结构性变革》,吕艳滨译,中国人民大学出版社 2008 年版。

[60][日]富田彻男:《市场竞争中的知识产权》,廖正衡等译,商务印书馆 2000 年版。

[61][日]金泽良雄:《经济法概论》,满达人译,中国法制出版社 2005 年版。

[62][日]南博方:《行政法》(第 6 版),杨建顺译,中国人民大学出版社 2009 年版。

[63][日]盐野宏:《行政法总论》,杨建顺译,北京大学出版社 2008 年版。

[64][日]植草益:《微观规制经济》,朱绍文、胡欣欣等译,中国发展

出版社 1992 年版。

[65][英]彼得·甘西:《反思财产:从古代到革命时代》,陈高华译,北京大学出版社 2011 年版。

[66][英]伯特兰·罗素:《关系逻辑》,载[英]伯特兰·罗素:《逻辑与知识》,苑莉均译,商务印书馆 1996 年版。

[67][英]伯特兰·罗素:《论命题:命题是什么和命题具有怎样的意义》,载[英]伯特兰·罗素:《逻辑与知识》,苑莉均译,商务印书馆 1996 年版。

[68][英]伯特兰·罗素:《论指称》,载[英]伯特兰·罗素:《逻辑与知识》,苑莉均译,商务印书馆 1996 年版。

[69][英]伯特兰·罗素:《逻辑实证主义》,载[英]伯特兰·罗素:《逻辑与知识》,苑莉均译,商务印书馆 1996 年版。

[70][英]伯特兰·罗素:《以类型为基础的数理逻辑》,载[英]伯特兰·罗素:《逻辑与知识》,苑莉均译,商务印书馆 1996 年版。

[71][英]戴维·M. 沃克:《牛津法律大辞典》,李双元等译,法律出版社 2003 年版。

[72][英]菲利普·伍德:《国际金融的法律与实务》,姜丽勇、许懿达译,法律出版社 2011 年版。

[73][英]冯·哈耶克:《理性主义的种类》,载[英]冯·哈耶克:《知识的僭妄——哈耶克哲学、社会科学论文集》,邓正来译,首都经济贸易大学出版社 2014 年版。

[74][英]冯·哈耶克:《复杂现象理论》,载[英]冯·哈耶克:《知识的僭妄——哈耶克哲学、社会科学论文集》,邓正来译,首都经济贸易大学出版社 2014 年版。

[75][英]冯·哈耶克:《构建主义的谬误》,载[英]冯·哈耶克:《知识的僭妄——哈耶克哲学、社会科学论文集》,邓正来译,首都经济贸易大学出版社 2014 年版。

[76][英]冯·哈耶克:《知识的僭妄》,载[英]冯·哈耶克:《知识的

僭妄——哈耶克哲学、社会科学论文集》,邓正来译,首都经济贸易大学出版社 2014 年版。

[77][英]赫伯特 · 斯宾塞:《社会静力学》,张雄武译,商务印书馆 1996 年版。

[78][英]尼尔 · 麦考密克:《法律推理与法律理论》,姜峰译,法律出版社 2005 年版。

[79][英]约翰 · 伊特韦尔、默里 · 米尔盖特、彼得 · 纽曼编:《新帕尔格雷夫经济学大辞典》(第 4 卷),经济科学出版社 1996 年版。

[80]ZETA-CIA 研究中心:《2002 年萨班斯—奥克斯利法案》(中英对照本),法律出版社 2005 年版。

[81]白群燕、段平利主编:《写给法律人的微观经济学》,法律出版社 2004 年版。

[82]陈铭祥等:《科技与法律》,台北,元照出版有限公司 2010 年版。

[83]崔建远主编:《新合同法原理与案例评释》,吉林大学出版社 1999 年版。

[84]董京波:《资产证券化中资产转让法律问题研究》,知识产权出版社 2009 年版。

[85]董涛:《知识产权证券化制度研究》,清华大学出版社 2009 年版。

[86]冯晓青:《知识产权法哲学》,中国人民公安大学出版社 2003 年版。

[87]傅崐成编撰:《美国契约法精义》,台北,五南图书出版股份有限公司 2010 年版。

[88]甘勇:《资产证券化的法律问题比较研究》,武汉大学出版社 2008 年版。

[89]高德步:《产权与增长:论法律制度的效率》,中国人民大学出版社 1999 年版。

[90]郭志斌:《论政府激励性管制》,北京大学出版社 2002 年版。

[91]洪艳蓉:《资产证券化法律问题研究》,北京大学出版社 2004 年版。

[92]胡震远:《知识产权资本化研究》,中国法制出版社 2013 年版。

[93]靳晓东:《专利资产证券化研究》,知识产权出版社 2012 年版。

[94]蒋红珍:《政府规制政策评价与规制风险预防》,载沈伟、侯利阳主编:《多元化社会的风险治理:交叉视角研究》,上海三联书店 2018 年版。

[95]柯华庆:《社会欲求的法律经济学(代译序)》,载[美]斯蒂文·萨维尔:《法律的经济分析》,柯华庆译,中国政法大学出版社 2009 年版。

[96]李安安:《金融创新视域下的公司治理法制变革》,高等教育出版社 2016 年版。

[97]李翀编著:《现代西方经济学原理》(第 5 版),中山大学出版社 2007 年版。

[98]李鸿渐、王富华:《证券监管与投资者保护》,甘肃人民出版社 2005 年版。

[99]梁艳编著:《专利攻防战略:如何在专利战争中炼成领袖型企业》,法律出版社 2014 年版。

[100]刘春霖:《知识产权资本化研究》,法律出版社 2010 年版。

[101]刘春茂主编:《知识产权原理》,知识产权出版社 2002 年版。

[102]刘春田主编:《知识产权法》(第 5 版),中国人民大学出版社 2014 年版。

[103]马云泽:《规制经济学》,经济管理出版社 2008 年版。

[104]南振兴、温芽清:《知识产权法经济学论》,中国社会科学出版社 2010 年版。

[105]沈伟、侯利阳主编:《多元化社会的风险治理:交叉研究视角》,上海三联书店 2018 年版。

[106]孙国华、朱景文主编:《法理学》(第 3 版),中国人民大学出版社 2010 年版。

[107]宋河发:《面向创新驱动发展与知识产权强国建设的知识产权政策研究》,知识产权出版社2018年版。

[108]王华庆:《金融创新理性的思考》,上海远东出版社2011年版。

[109]王吉法等:《知识产权资本化研究》,山东大学出版社2010年版。

[110]王健:《特殊目的公司法律制度研究》,法律出版社2009年版。

[111]王利红:《行政过程论研究:行政法学理论的变革与重构》,中国政法大学出版社2012年版。

[112]吴汉东:《关于知识产权私权属性的再认识》,载吴汉东:《知识产权多维度解读》,北京大学出版社2008年版。

[113]吴汉东:《科技、经济、法律协调机制中的知识产权法》,载吴汉东:《知识产权多维度解读》,北京大学出版社2008年版。

[114]吴汉东:《论自主创新体系与知识产权制度》,载吴汉东:《知识产权多维度解读》,北京大学出版社2008年版。

[115]吴汉东主编:《知识产权法》(第6版),中国政法大学出版社2012年版。

[116]吴汉东:《知识产权基本问题研究》(第2版),中国人民大学出版社2009年版。

[117]吴汉东:《知识产权制度运作:他国经验分析与中国路径探索》,载吴汉东:《知识产权多维度解读》,北京大学出版社2008年版。

[118]吴汉洪:《垄断经济学》,经济日报出版社2008年版。

[119]习超:《政治经济博弈与国际金融体系——中国制定与实施巴塞尔协议的大变革》,载沈伟、侯利阳主编:《多元化社会的风险治理:交叉视角研究》,上海三联书店2018年版。

[120]肖志远:《知识产权权利属性研究——一个政策维度的分析》,北京大学出版社2009年版。

[121]许多奇:《信贷资产证券化之现实冲突与法律整合》,法律出版社2016年版。

[122]许凌艳:《金融监管法制比较研究:全球金融法制变革与中国的选择》,法律出版社2016年版。

[123]杨延超:《知识产权资本化》,法律出版社2008年版。

[124]袁晓东:《专利信托研究》,知识产权出版社2010年版。

[125]张广兴、韩世远:《合同法总则》(下),法律出版社1999年版。

[126]张晓凌:《美国资产证券化法律问题研究》,中国商务出版社2012年版。

[127]张怡主编:《写给法律人的宏观经济学》,法律出版社2004年版。

[128]张泽平:《资产证券化法律制度的比较与借鉴》,法律出版社2008年版。

[129]张志成:《知识产权战略研究》,科学出版社2010年版。

[130]郑成思:《知识产权论》(第3版),法律出版社2007年版。

[131]张守文主编:《经济法学》(第2版),高等教育出版社2018年版。

[132]中国科学技术发展战略研究院:《国家创新指数报告2013》,科学技术文献出版社2014年版。

[133]钟基立:《文创与高新产业融资:知识产权价值挖掘的交易设计与风险管理》,北京大学出版社2015年版。

[134]周林军:《经济规律与法律规则》,法律出版社2009年版。

[135]周其仁:《产权与制度变迁:中国改革的经验研究》,北京大学出版社2004年版。

[136]徐孟洲、谭立:《金融法》(第4版),高等教育出版社2019年版。

二、英文著作

[1] Adam Anderson, William Combe, *An Historical and Chronological Deduction of the Origin of Commerce, from the Earliest Accounts*, A. M.

Kelley, 1967.

[2] Anthony Ogus, *Regulation: Legal form and Economic Theory*, Oxford and Portland, Hart Publishing.

[3] Bailey, E. E., *Economic Theory of Regulation Constraint*, Lexington books, 1973.

[4] Bryan A. Garner, *Black's Law Dictionary*, Eight Edition, Thomson West, 2004.

[5] Charles K. Rowley, *Public Choice and the Economic Analysis of Law*, Nicholas Mercuro (ed.): Law and Economics, Kluwer Academic Publishers, 1989.

[6] Douglas R. Elliott, *Asset-backed IP Financing*, "*Strategies for Capitalizaing on Future Returns*", in Bruce Berman, From Ideas to Assets: Investing Wisely in Intellectual Property, John Wiley & Sons, Inc.

[7] Frank N. Magill, *Survey of Social Science-Economics Serie*s. Vol. 4, Salem Press, Inc., 1991.

[8] Kahn, A. E., *The Economics of Regulation: Principles and Institutions*, Wiley, 1970.

[9] *Globalization and Canada's Financial Markets: A Research Report Prepared for the Economic Council of Canada*, Economic Council of Canada, 1989.

[10] Michael Blakeney, *Trade Related Aspects of Intellectural Property Rights: A Concise Guide to the TRIPS Agreement*, Sweet & Maxwell, 1996.

三、中文期刊论文

[1][美]伊曼·安纳布塔维、斯蒂文·施瓦茨:《事后监管:法律如何应对金融市场失灵》,许多奇、桂俪宁译,载《交大法学》2016 年第 1 期。

[2]艾毓斌、黎志成:《知识产权证券化:知识资本与金融资本的有效融合》,载《研究与发展管理》2004 年第 3 期。

[3]陈焕:《鲍伊债券——资产证券化界的"摇滚明星"》,载《债券》2015年第7期。

[4]陈涛、刘鑫、李长银:《金融基础设施发展的国际经验研究》,载《现代管理科学》2018年第6期。

[5]程金华:《当代中国的法律实证研究》,载《中国法学》2015年第6期。

[6]丁明磊、陈宝明:《美国联邦财政支持新型研发机构的创新举措及启示》,载《科学管理研究》2015年第2期。

[7]冯晓青、刘淑华:《试论知识产权的私权属性及其公权化趋向》,载《中国法学》2004年第1期。

[8]何敏:《新"人本理念"与职务发明专利制度的完善》,载《法学》2012年第9期。

[9]何敏:《知识产权客体新论》,载《中国法学》2014年第6期。

[10]何敏、张浩泽:《论按份共有规则在职务发明制度中的确立》,载《科技与法律》2018年第5期。

[11]何敏、叶龙荣:《论职务发明制度内部利益的平衡》,载《科技与法律》2021年第2期。

[12]何敏、刘胜红:《论职务发明奖酬立法的优化思路及具体措施》,载《科技与法律》2021年第4期。

[13]何孝星、赵华:《关于混沌理论在金融经济学与宏观经济中的应用研究述评》,载《金融研究》2006年第7期。

[14]洪艳蓉:《资产信用融资与风险管理:专利许可收费权证券化的新探索》,载《知识产权》2013年第11期。

[15]洪艳蓉:《双层SPV资产证券化的法律逻辑与风险规制》,载《法学评论》2019年第2期。

[16]黄光辉、朱雪忠:《知识产权证券化的风险研究——基于知识产权特性的分析》,载《科技管理研究》2009年第12期。

[17]黄辉:《法学实证研究方法及其在中国的运用》,载《法学研究》

2013 年第 6 期。

[18]黄鉴晖:《银行起源刍议》,载《高等财经教育研究》2014 年第 3 期。

[19]黄锡生:《资产证券化基本法律问题之探讨》,载《重庆大学学报(社会科学版)》2002 年第 1 期。

[20]黄勇:《知识产权资产证券化法律风险防范机制之研究》,载《政法论坛》2015 年第 6 期。

[21]季卫东、齐海滨:《系统论方法在法学研究中的应用及其局限——兼论法学方法论问题》,载《中国社会科学》1987 年第 1 期。

[22]贾希凌、任愿达、李栋:《"沉睡专利"资产证券化的法商复合分析》,载《华中科技大学学报(社会科学版)》2014 年第 4 期。

[23]简资修:《科斯经济学的法学意义》,载《中外法学》2012 年第 1 期。

[24]柯华庆:《法律经济学的思维方式》,载《制度经济学研究》2005 年第 3 期。

[25]李方毅、郑垂勇:《发达国家促进财政科技研发投入的经验与借鉴》,载《科技管理研究》2015 年第 11 期。

[26]李红权、罗思哲:《金融市场的复杂性与金融风险调控:基于金融混沌理论》,载《金融理论与实践》2009 年第 5 期。

[27]李建伟:《知识产权证券化:理论分析与应用研究》,载《知识产权》2006 年第 1 期。

[28]李立华、张强:《基于混沌理论的金融系统稳定性研究》,载《经济数学》2010 年第 4 期。

[29]李永明、吕益林:《论知识产权之公权性质——对"知识产权属于私权"的补充》,载《浙江大学学报(人文社会科学版)》2004 年第 4 期。

[30]梁艳:《知识产权直接证券化的逻辑与进路——以驱动科技创新为视角》,载《中国科技论坛》2019 年第 2 期。

[31]刘莘:《行政合同刍议》,载《中国法学》1995 年第 5 期。

[32]刘思海:《自贸区知识产权证券化制度国际借鉴与创新》,载《中国法学会国际经济法学研究会 2018 年年会议论文集》。

[33]刘燕:《大资管"上位法"之究问》,载《清华金融评论》2018 年第 4 期。

[34]罗姣姣、彭愉鸿、伏丹丹等:《基于国外知识产权证券化融资对我国的启示》,载《现代商业》2015 年第 36 期。

[35]罗培新:《着力推进互联网金融的包容审慎监管》,载《探索与争鸣》2018 第 10 期。

[36]马德秀:《瞄准需求　突破障碍　大力推进产学研用结合》,载《中国高等教育》2010 年第 12 期。

[37]乔生:《我国知识产权保护的现状与思考》,载《法商研究(中南政法学院学报)》2002 年第 3 期。

[38]沈伟、孙万怀:《金融市场国际规制的法律分析及我国的应对》,载《法商研究(中南政法学院学报)》1997 年第 3 期。

[39]沈伟:《复杂结构金融产品的规制及其改进路径——以香港雷曼兄弟迷你债券事件为切入点》,载《中外法学》2011 年第 6 期。

[40]沈伟:《金融科技的去中心化和中心化的金融监管——金融创新的规制逻辑及分析维度》,载《现代法学》2018 年第 3 期。

[41]沈伟:《中国的影子银行风险及规制工具选择》,载《中国法学》2014 年第 4 期。

[42]师萍、许治、张炳南:《政府公共 R&D 对企业 R&D 的效应分析》,载《中国科技论坛》2007 年第 4 期。

[43]苏力:《好的研究与实证研究》,载《法学》2013 年第 4 期。

[44]眭纪刚、郭京京:《创新发展研究中的历史分析方法》,载《科学学研究》2017 年第 10 期。

[45]孙春伟:《知识产权证券化的适格发起人研究》,载《科技管理研究》2014 年第 3 期。

[46]孙远钊:《论科技成果转化与产学研合作——美国〈拜杜法〉35

周年的回顾与展望》,载《科技与法律》2015年第5期。

[47]孙中源、任雨田:《中国电影产业资产证券化现状研究》,载《海南金融》2018年第9期。

[48]谭启平、朱涛:《论国家科技计划项目合同的私法属性及制度构建》,载《现代法学》2013年第2期。

[49]陶海峰:《论版权证券化的风险隔离机制》,载《法学杂志》2015年第8期。

[50]王轶昕、程索奥:《"穿透式"监管背景下商业银行资产管理业务转型发展研究》,载《改革与战略》2018年第7期。

[51]汪青松:《互联网金融信任机制的现实缺失与建构路径》,载《探索与争鸣》2018年第10期。

[52]吴凤君、李阳:《知识产权证券化的法学分析》,载《金融理论与实践》2012年第8期。

[53]肖广岭:《跨越"死亡之谷"的新尝试——美国"概念验证中心"及对中国的启示》,载《中国科技论坛》2014年第2期。

[54]熊春红、肖海:《知识产权证券化的国际借鉴与路径依赖》,载《改革》2009年第8期。

[55]修红义:《美国高智专利运营模式及案例分析》,载《中国发明与专利》2016年第5期。

[56]许海云、张娴、张志强等:《从全球创新指数(GII)报告看中国创新崛起态势》,载《世界科技研究与发展》2017年第5期。

[57]杨立新:《〈民法总则〉民事责任规定之得失与调整》,载《比较法研究》2008年第5期。

[58]尹振涛:《系统性金融风险的来源与防范》,载《中国经济时报》2018年5月24日,第5版。

[59]应松年:《〈行政程序法(试拟稿)〉评介》,载《政法论坛》2004年第5期。

[60]余凌云:《论行政契约的含义——一种比较法上的认识》,载《比

较法研究》1997 年第 3 期。

[61]袁晓东、李晓桃:《专利资产证券化解析》,载《科学学与科学技术管理》2008 年第 6 期。

[62]袁泳:《知识产权法与技术、文化创新》,载《北京大学学报(哲学社会科学版)》1997 年第 5 期。

[63]张宏宇、张瑞稳:《美日知识产权证券化及对我国的启示》,载《消费导刊》2008 年第 14 期。

[64]张华松、黎明:《知识产权证券化之基础资产探析》,载《法律适用》2016 年第 9 期。

[65]张锐:《从 Fintech 到 RegTech:金融颠覆性革命》,载《上海证券报》2017 年 5 月 22 日,第 7 版。

[66]张锐:《从 FinTech 到 RegTech:金融新革命》,载《银行家》2017 年第 7 期。

[67]张震:《基于混沌理论的金融风险管理模式探讨》,载《区域金融研究》2012 年第 8 期。

[68]中国人民银行调查统计司课题组、阮健弘:《影子银行的统计监测与风险评估》,载《中国金融》2018 年第 8 期。

[69]钟瑞栋:《知识产权证券化风险防范的法律对策》,载《厦门大学学报(哲学社会科学版)》2010 年第 2 期。

[70]周程、张杰军:《跨越创新过程中的“死亡之谷”——科技成果产业化问题刍议》,载《科学学与科学技术管理》2010 年第 3 期。

[71]周仲飞、李敬伟:《金融科技背景下金融监管范式的转变》,载《法学研究》2018 年第 5 期。

[72]朱慈蕴:《中国影子银行:兴起、本质、治理与监管创新》,载《清华法学》2017 年第 6 期。

[73]朱雪忠、黄光辉:《知识产权资产证券化中基础资产的选择研究》,载《科技与法律》2009 年第 1 期。

[74]邹小芃、王肖文、李鹏:《国外专利权证券化案例解析》,载《知识

产权》2009年第1期。

四、英文期刊论文

[1] Alexander Backlund, *The Definition of System*, Kybernetes, Vol. 29:4, (2000).

[2] Alan Binder, *It's Broke, Let's Fix it: Rethinking Financial Regulation*, *International Journal of Central Banking*, Vol. 6, (2010).

[3] Council on Governmental Relations, *The Bayh-Dole Act: A Guide to the Law and Implementing Regulations*(1999).

[4] Douglas G. Baird, *The Future of Law and Economics Looking Forward*, The University of Chicago Law Review; Chicago Vol. 64, (1997).

[5] Dov Solomon, Miriam Bitton, *Intellectual Property Securitization*, Cardozo Arts & Entertainment L. J., Vol. 33, (2015).

[6] Frank N. Magill, *Survey of Social Science-Economics Series*, Salem Press, Inc., Vol. 4(1991).

[7] Frank J. Fabozzi, Vinod Kothari, *Securitization: The Tool of Financial Transformation*, Yale ICF Working Paper.

[8] Garrett Hardin, *The Tragedy of the Commons*, Science, New Series, Vol. 162, (1968).

[9] George A. Akerlof, *The Market for "Lemons": Quality Uncertainty and the Market Mechanism*, The Quarterly Journal of Economics, Vol. 84, (1970).

[10] Ian Cooper, *Financial Innovations: New Market Instruments*, Oxford Review of Economic Policy Vol. 2, Issue 4, (1986).

[11] Iman Anabtawi, Steven L. Schwarcz, *Regulating Systemic Risk: Towards An Analytical Framework*, Notre Dame Law Review, Vol. 86:4, (2011).

[12]Jay C. Klear, *Applicability of Private Equity Fund Structure in the Furtherance of Intellectual Property Securitizations*, Columbia Business Law Review, (2002).

[13]John C. Coffee Jr., *The Political Economy of Dodd-Frank: Why Financial Reform Tends to be Frustrated and Systemic Risk Perpetuated*, Cornell Law Review, Vol. 97:5, (2012).

[14] Julia Black, *Forms and Paradoxes of Principles - Based Regulation*, Capital Markets Law Review, Vol. 3:4, (2008).

[15]Lawrence G. Baxter, *Adaptive Financial Regulation and Regtech: A Concept Article on Realistic Protection for Victims of Bank Failures*, Duke Law Journal, Vol. 66, (2016).

[16]Lawrence G. Baxter, *Adaptive Regulation in the Amoral Bazaar*, South African Law Journal, Vol. 128, (2011).

[17] Lisa M. Fairfax, *When You Wish upon A Star: Explaining the Cautious Growth of Royalty-Backed Securitization*, 1999 Columbia Business Law Review, Vol. 1999.

[18] Lois R. Lupica, *Asset Securitization: The Unsecured Creditor's Perspective*, Texas Law Review, Vol. 76:3, (1998).

[19] Michael Spence, *The Impact of Globalization on Income and Employment: The Downside of Integrating Markets*, Foreign Affairs, Vol. 90, (2011).

[20] Michael Taylor, *The Search for a New Regulatory Paradigm*, Mercer Law Review, (1998).

[21] Paul A. Samuelson, *Diagrammatic Exposition of A Theory of Public Expenditure*, The Review of Economics and Statistics, Vol. 37:4, (1955).

[22]Paul A. Samuelson, *The Pure Theory of Public Expenditure*, The Review of Economics and Statistics, Vol. 36:4, (1954).

[23] R. H. Coase, *The Nature of the Firm*, Economica, Vol. 4: 16, (1937).

[24] R. H. Coase, *The Problem of Social Cost*, Journal of Law and Economics, Vol. 3, (1960).

[25] R. H. Coase, *The Marginal Cost Controversy*, Economica, New Series, Vol. 13, (1946).

[26] Steven L. Schwarcz, *Rethinking the Disclosure Paradigm in A World of Complexity*, University of Illinois Law Review, Wntr, Vol. 2004: 1, (2004).

[27] Steven L. Schwarcz, *Commercial Trusts as Business Organizations: Unraveling the Mystery*, The Business Lawyer, Vol. 58, (2003).

[28] Steven L. Schwarcz, *Structured Finance: The New Way to Securitize Assets*, Cardozo Law Review, Vol. 11:3, (1990).

[29] Steven L. Schwarcz, *The Alchemy of Asset Securitization*, Stan. J. L. Bus. & Fin., Vol. 1, (1994).

[30] Tahir M. Nisar, *Intellectual Property Securitization and Growth Capital in Retail Franchising*, Journal of Retailing, Vol. 87:3, (2011).

[31] Takahiro Kobayashi, Mori Hamada & Matsumoto, *International Financial Law Review, Supplement Japan.*

[32] Teresa N. Kerr, *Bowie Bonding in the Music Biz: Will Music Royalty Securitization be the Key to the Gold for Music Industry Participants*, UCLA Ent. Law Review, Vol. 7, (2000).

[33] Tony Burlando, *Chaos and Risk Management*, Risk management, Vol. 41:4, (1994).

[34] Victor Fleischer, *Regulatory Arbitrage*, Texas Law Review, Vol. 89, (2010).

五、中文电子文献

[1]《"李宁案"更可怕的是制度漏洞》,http://news. sina. com. cn/c/

2014-10-16/015930995214. shtml。

[2]《最高检披露“中国最年轻院士”李宁案》,http://www. china. com. cn/legal/2014-10/31/content_33929145. htm。

[3]《2018 年全球制药企业最新排名 TOP50》,https://www. sohu. com/a/235631484_414935。

[4]《2017 年度全球制药企业 50 强排行榜》,https://www. sohu. com/a/149807969_460357。

[5]《博傻理论:别做最后一个傻子》,载萧然:《每天读点博弈论》,海潮出版社, http://www. 360doc. com/content/13/0405/16/567033_276277745. shtml。

[6]《褚健案争议》,http://news. ifeng. com/a/20161226/50472996_0. shtml。

[7]《第一创业—文科租赁一期资产支持专项计划说明书》,https://www. firstcapital. com. cn/upload/20190411/20190411214459628. pdf。

[8]《第一创业—文科租赁一期资产支持专项计划资产管理报告》(2019 年 3 月 28 日至 2019 年 4 月 25 日),https://www. firstcapital. com. cn/upload/20190425/20190425091641610. pdf。

[9]《多地出台政策补贴风险投资引争议 被疑滥用财权》,http://www. sohu. com/a/57777327_119536。

[10]《多地出台政策补贴风险投资引争议》,载《新京报》,http://epaper. bjnews. com. cn/html/2016-02/03/content_621576. htm。

[11]《风险投资从业者怎么看上海市出台的“投资失败,政府补贴”政策?》,https://www. zhihu. com/question/39908908/answer/83848609?utm_campaign=rss&utm_medium=rss&utm_source=rss&utm_content=title。

[12]《风险投资失败,凭什么政府来贴钱》,https://view. news. qq. com/original/intouchtoday/n3417. html。

[13]《关于 2018 年继续开展知识产权运营服务体系建设工作的通知》,http://www. gov. cn/xinwen/2018-06/01/content_5295297. htm。

[14]《关于国务院机构改革方案的说明》,http://www. xinhuanet. com/politics/2018lh/2018-03/14/c_1122533011. htm。

[15]《国家电影事业发展专项资金管理委员会办公室机构介绍》,https://zgdypw. cn/#/introduce. html。

[16]《国家高技术研究发展计划知识产权管理办法(试行)》,1994年2月8日,原国家科委颁布,第5条,https://baike. baidu. com/item/国家高技术研究发展计划知识产权管理办法%EF%BC%88试行%EF%BC%89/18566307。

[17]国家科委《关于科学技术研究成果管理的规定(试行)》(〔84〕国科发管字141号),1984年2月22日由原国家科委颁布,被《科技成果登记办法》(实施日期:2001年1月1日)废止,参见第7条,https://baike. baidu. com/item/国家科委关于科学技术研究成果管理的规定%EF%BC%88试行%EF%BC%89/18569252。

[18]国家知识产权局《关于进一步推动知识产权金融服务工作的意见》(国知发管函字〔2015〕38号),http://www. sipo. gov. cn/ztzl/zlzyrzybx/zlzyrzybxzcwj/1109638. htm。

[19]《国家知识产权战略》,载世界知识产权组织,https://www. wipo. int/ipstrategies/zh/。

[20]国务院办公厅印发《〈国务院关于新形势下加快知识产权强国建设的若干意见〉重点任务分工方案的通知》(国办函〔2016〕66号),http://www. gov. cn/zhengce/content/2016 - 07/18/content _ 5092397. htm。

[21]国务院办公厅《转发科技部财政部关于国家科研计划项目研究成果知识产权管理若干规定的通知》(国办发〔2002〕30号),发布时间为2002年4月14日,第1条,http://www. gov. cn/gongbao/content/2002/content_61476. htm。

[22]《国务院常务会议通过专利法修正案(草案)》,http://www. sipo. gov. cn/zscqgz/1134384. htm。

[23]国务院《关于加快推进“互联网+政务服务”工作的指导意见》(国发〔2016〕55 号),http://www.gov.cn/zhengce/content/2016-09/29/content_5113369.htm。

[24]国务院《关于新形势下加快知识产权强国建设的若干意见》(国发〔2015〕71 号),http://www.gov.cn/zhengce/content/2015-12/22/content_10468.htm。

[25]国务院《关于印发“十三五”国家知识产权保护和运用规划的通知》(国发〔2016〕86 号),http://www.gov.cn/zhengce/content/2017-01/13/content_5159483.htm。

[26]国务院《关于印发国家知识产权战略纲要的通知》(国发〔2008〕18 号),http://www.gov.cn/zhengce/content/2008-06/11/content_5559.htm。

[27]《建立新型研发平台　助成果转化　越过“死亡之谷”》,http://www.stdaily.com/cgzspt/gjkjcgz/2017-03/06/content_521748.shtml。

[28]《解剖“最年轻院士腐败案”这只麻雀》,http://opinion.china.com.cn/opinion_4_112204.html。

[29]《票房抵押融资 13.5 亿　星美控股巨资扩建影院挑战万达》,www.ce.cn/culture/gd/201508/05/t20150805_6132245.shtml。

[30]《清华大学教授付林贪污案检方撤诉,抗霾技术曾获国家级大奖》,http://news.sina.com.cn/o/2018-09-21/doc-ifxeuwwr6782168.shtml。

[31]《日本将对信息技术和生物专利权实行证券化经营》,http://japan.people.com.cn/2002/3/30/2002330100852.htm。

[32]《日本知识产权战略大纲》,https://wenku.baidu.com/view/528558eeaeaad1f346933f53.html。

[33]《日本知识产权基本法》,2002 年 12 月 4 日第 122 号法,https://www.wipo.int/wipolex/zh/details.jsp?id=2664。

[34]《如何让科技成果转化不再是“死亡之谷”?》,http://dy.163.

com/v2/article/detail/DVV0HIMN0530RTB0. html。

[35]《上海交通大学 2016 年科技成果转化推进情况介绍》,http://gk. sjtu. edu. cn/data/view/590。

[36]《上海交通大学科技成果转化管理细则(试行)》,发布时间为 2016 年 2 月 25 日,第 11、12 条,http://kyb. seiee. sjtu. edu. cn/kyb/info/11255. htm。

[37]《上海交通大学科技成果转化管理细则(试行)》,发布时间为 2016 年 2 月 25 日,第 3 条,http://kyb. seiee. sjtu. edu. cn/kyb/info/11255. htm。

[38]《深交所稳步推进知识产权证券化　助力国家创新驱动发展战略》,http://www. szse. cn/aboutus/trends/news/t20190911_570580. html。

[39]《深入实施国家知识产权战略行动计划(2014—2020 年)》,http://www. gov. cn/zhengce/content/2015-01/04/content_9375. htm。

[40]《市场准入管理制度的重大改革和创新实践》,http://politics. people. com. cn/n/2015/1020/c70731-27719573. html。

[41]《市科委等关于印发〈上海市天使投资风险补偿管理暂行办法〉的通知》(沪科合〔2015〕27 号),http://www. shanghai. gov. cn/nw2/nw2314/nw2319/nw12344/u26aw46205. html。

[42]《市科委释疑"补偿风投":没有人傻到损人不利己》,https://www. shobserver. com/news/detail? id=8814。

[43]《银保合并形成"一委一行两会"格局　职能划分受关注》,http://finance. caijing. com. cn/20180314/4417858. shtml。

[44]中国银监会、国家知识产权局、国家工商行政管理总局、国家版权局《关于商业银行知识产权质押贷款业务的指导意见》(银监发〔2013〕6 号),二(六)、三(十四),http://www. gov. cn/zhengce/2013-01/21/content_5044863. htm。

[45]《浙江大学原副校长褚健案再次延审》,http://china. caixin. com/2016-06-18/100956139. html。

[46]《证券公司及基金管理公司子公司资产证券化业务管理规定》,发布时间为 2014 年 11 月 19 日,第 5 条,http://www. csrc. gov. cn/pub/newsite/flb/flfg/bmgf/jj/gszl/201510/t20151012_284996. html。

[47]《知识产权质押融资大有可为》,载《中国知识产权报》,http://www. shzgh. org/zscq/n2511/u1ai21485. html。

[48]《致命的合同:击退雾霾的顶尖科学家,如何倒在了科研成果转化路上》,http://www. sohu. com/a/202755356_672661。

[49]中共上海市委、上海市人民政府《关于加快建设具有全球影响力的科技创新中心的意见》,http://www. shdrc. gov. cn/gk/zcjd/kczx/xgwj/20121. htm。

[50]中共中央、国务院《关于深化体制机制改革加快实施创新驱动发展战略的若干意见》,http://www. gov. cn/xinwen/2015-03/23/content_2837629. htm。

[51]《中国金融稳定报告 2017》,http://www. gov. cn/xinwen/2017-07/06/content_5208092. htm。

[52]《知识产权质押融资保险“中关村模式”发布》,http://ip. people. com. cn/n1/2019/0415/c179663-31030318. html。

[53]《“银行+保险”助力知识产权质押融资,估值“痛点”仍待解》,http://www. shfinancialnews. com/xww/2009jrb/node5019/node5036/xw/u1ai215620. html。

[54]《广州开发区发行全国首支纯专利知识产权证券化产品打造专利运营“广州模式”》,http://www. gdd. gov. cn/hp79/0500/201909/3f48988b01d54799bf21587c48fc5554. shtml。

[55]中国银监会《关于银行业风险防控工作的指导意见》(银监发〔2017〕6 号),http://www. cbrc. gov. cn/chinese/home/docDOC_ReadView/717B009106CB42BBBD9D6422BD67DC29. html。

[56]《中国与世界贸易组织》白皮书,http://www. 81. cn/jfjbmap/content/2018-06/29/content_209696. htm;http://www. xinhuanet. com/

politics/2018-06/28/c_1123050189. htm。

[57]《促进科技成果转化法》(2015 年修订),http://www. most. gov. cn/fggw/fl/201512/t20151203_122619. htm。

[58]《技术进出口管理条例》,发布时间为 2001 年 12 月 10 日,http://www. fdi. gov. cn/1800000121_23_67665_0_7. html。

[59]《科学技术进步法》(2007 年修订),http://www. most. gov. cn/fggw/fl/200801/t20080108_58302. htm。

[60]《科学技术进步法》(2021 年 12 月修订),http://www. gov. cn/xinwen/2021-12/25/content_5664471. htm。

[61]《〈中华人民共和国专利法修改草案(征求意见稿)〉条文对照》,https://www. cnipa. gov. cn/art/2015/4/1/art_317_134083. html。

[62]《中央级事业单位国有资产处置管理暂行办法》(财教〔2008〕495 号),http://www. mof. gov. cn/mofhome/ningbo/lanmudaohang/zhengcefagui/201203/t20120319_635944. html。

[63]《专利统计简报:2011 年专利实施许可合同备案逾万件》,http://www. sipo. gov. cn/docs/pub/old/tjxx/zltjjb/201509/P020150911515261386555. pdf。

[64]《专利统计简报:2017 年全国专利调查基础数据报告(二)》,http://www. sipo. gov. cn/docs/20180510140511788614. pdf。

[65]方诗龙、何思祺:《国浩视点|无形资产的泡沫与风险防控》,https://mp. weixin. qq. com/s/iHcZIUTInFh7Iu8Wf3lmLQ。

[66]公开征求意见系统:《中华人民共和国专利法修订草案(送审稿)》,http://zqyj. chinalaw. gov. cn/readmore? listType=1&id=905。

[67]《国家知识产权局与专利实施许可相关的表格和示范合同》,http://www. sipo. gov. cn/bgxz/zlssxkhtbg/。

[68]国务院《关于印发实施〈中华人民共和国促进科技成果转化法〉若干规定的通知》,http://www. most. gov. cn/tztg/201603/t20160303_124393. htm。

[69]国务院印发《关于加快推进“互联网+政务服务”工作的指导意见》,http://www. gov. cn/xinwen/2016-09/29/content_5113465. htm。

[70]黄耀东:《“剁手族”无法抑制的冲动——行为金融学浅析》,http://www. 360doc. com/content/18/1124/11/15578956 _ 796897642. shtml。

[71]黄益平:《积极、稳健地推进中国金融开放》,http://www. sohu. com/a/195838623_641521。

[72]科学技术部《关于印发〈关于加强与科技有关的知识产权保护和管理工作的若干意见〉的通知》,发布时间为 2000 年 12 月 13 日,http://www. law-lib. com/law/law_view1. asp? id=73038。

[73]科学技术部《关于印发〈技术合同示范文本〉的通知》,http://www. most. gov. cn/fggw/zfwj/zfwj2001/200512/t20051214_55041. htm。

[74]上海交通大学《关于印发〈上海交通大学科技成果转化管理细则(试行)〉等系列文件的通知》,发布时间为 2016 年 4 月 1 日,http://kyb. seiee. sjtu. edu. cn/kyb/info/11255. htm。

[75]孙海鹰:《产学研结合的困惑和出路探讨》,https://www. sohu. com/a/127185728_466843。

[76]项立刚:《关于“汉芯”和中国芯片业的那些应该说清楚的事》,http://www. cctime. com/html/2018-5-2/1379621. htm。

[77]中共中央、国务院《关于深化体制机制改革加快实施创新驱动发展战略的若干意见》,http://www. gov. cn/xinwen/2015-03/23/content_2837629. htm。

[78]中国人民银行、中国银行保险监督管理委员会、中国证券监督管理委员会、国家外汇管理局联合发布《关于规范金融机构资产管理业务的指导意见》,http://www. pbc. gov. cn/goutongjiaoliu/113456/113469/3529600/index. html。

[79]中国人民银行办公厅、中国证券监督管理委员会办公厅联合发布《关于开展金融市场基础设施评估工作的通知》(银办发〔2013〕239

号), http://www. csrc. gov. cn/pub/newsite/zjhxwfb/xwdd/201401/t20140121_242950. html。

[80]中国食品药品国际交流中心:《2015 年全球处方药企排名 TOP50 榜》,http://www. ccpie. org/News_View. asp? NewsID=2869。

六、英文电子文献

[1] 2018 Science & Engineering Indicators, https://www. nsf. gov/statistics/2018/nsb20181/assets/nsb20181. pdf.

[2] Bank for International Settlements, *Recent Innovations in International Banking*(Basle:BIS, April 1986), p. 171-179, https://www. bis. org/publ/ecsc01. htm.

[3] Basel Committee on Banking Supervision, *Sound Practices, Implications of Fintech Developments for Banks and Bank Supervisors*, 31 October 2017, Consultative Document, https://www. bis. org/bcbs/publ/d415. pdf.

[4] Committee on Payment and Settlement Systems, Technical Committee of the International Organization of Securities Commissions: *Principles for Financial Market Infrastructures*, April 2012, https://www. bis. org/cpmi/publ/d101. htm.

[5] *Convention Establishing the World Intellectual Property Organization*, http://www. wipo. int/wipolex/zh/treaties/text. jsp? file_id=283833.

[6] Council on Governmental Relations, *The Bayh-Dole Act: A Guide to the Law and Implementing Regulations*(October 1999)3-4.

[7] Ehlers, V., *Unlocking our Future: Toward A New National Science Policy*, A report to congress by the House Committee on Science, https://www. gpo. gov/fdsys/pkg/GPO-CPRT-105hprt105-b/pdf/GPO-CPRT-105hprt105-b. pdf.

[8] Eric Warner, *Patenting and Innovation in China Incentives, Policy, and Outcomes*, https://www.rand.org/pubs/rgs_dissertations/RGSD347.html.

[9] Frank J. Fabozzi, Vinod Kothari, *Securitization: The Tool of Financial Transformation*, Yale ICF Working Paper No. 07-07, https://papers.ssrn.com/sol3/papers.cfm? abstract_id=2267560.

[10] FSB, *Financial Stability Implications from FinTech-Supervisory and Regulatory Issues that Merit Authorities' Attention*, 27 June 2017, http://www.fsb.org/wp-content/uploads/R270617.pdf.

[11] FSB, *Global Shadow Banking Monitoring Report* 2016, 10 May 2017, http://www.fsb.org/2017/05/global-shadow-banking-monitoring-report-2016/.

[12] FSB, *Global Shadow Banking Monitoring Report* 2017, 5 March 2018, http://www.fsb.org/2018/03/global-shadow-banking-monitoring-report-2017/.

[13] IMF, *People's Republic of China Financial System Stability Assessment*, 24 October 2017, https://www.imf.org/en/Publications/CR/Issues/2017/12/07/people-republic-of-china-financial-system-stability-assessment-45445.

[14] *Intangible Capital in Global Value Chains*, World Intellectual Property Report 2017, p. 24, https://www.wipo.int/publications/en/details.jsp? id=4225.

[15] Mateo Aboy, *Are Derivatives "Financial Weapons of Mass Destruction"? An Explanation of Why Derivatives Are Controversial and Often Considered High Risk*, https://papers.ssrn.com/sol3/papers.cfm? abstract_id=1936168.

[16] *Methodology for the Development of National Intellectual Property Strategies, Tool 1: The Process*, WIPO Toolkit, 2016, p. 7, https://www.

wipo. int/edocs/pubdocs/en/wipo_pub_958_1. pdf.

[17] Michael Ehrmann, Marcel Fratzscher & Roberto Rigobon, *Stocks, Bonds, Money Markets and Exchange Rates: Measuring International Financial Transmission*, NBER Working Paper No. 11166 (March 2005), https://www. nber. org/papers/w11166.

[18] Part Ⅰ —*General Provisions and Basic Principles*, https://www. wto. org/english/docs_e/legal_e/27-trips_03_e. htm.

[19] *Principles for Financial Market Infrastructures*, (PFMI), CPMI Papers, 16 April 2012, No. 101, https://www. bis. org/cpmi/info_pfmi. htm? m=3%7C16%7C598.

[20] See Joseph Allen, *The Enactment of Bayh - Dole, An Inside Perspective*, http://www. ipwatchdog. com/2010/11/28/the - enactment - of-bayh-dole-an-inside-perspective/id=13442/.

[21] Soumitra Dutta, Bruno Lanvin and Sacha Wunsch - Vincent, *Global Innovation Index* 2018 *Energizing the World with Innovation*, 11th edition, http://www. wipo. int/edocs/pubdocs/en/wipo_pub_gii_2018. pdf.

[22] Soumitra Dutta, Bruno Lanvin and Sacha Wunsch-Vincent, *The Global Innovation Index* 2017 *Innovation Feeding the World*, Tenth Edition, http://www. wipo. int/edocs/pubdocs/en/wipo_pub_gii_2017. pdf.

[23] Stephen Cecchetti & Enisse Kharroubi, *Reassessing the Impact of Finance on Growth*, (2012) IDEAS Working Paper Series, https://ideas. repec. org/p/bis/biswps/381. html.

[24] Stephen G. Cecchetti & Enisse Kharroubi, *Why Does Financial Sector Growth Crowd out Real Economic Growth?*, (2015) IDEAS Working Paper Series from RePEc, http://ideas. repec. org/p/cpr/ceprdp/10642. html.

[25] Torsten Ehlers, Steven Kong, and Feng Zhu, *Mapping Shadow*

Banking in China: *Structure and Dynamics Monetary and Economic Department*,BIS Working Papers No. 701,http://www.fsb.org/2017/05/global-shadow-banking-monitoring-report-2016/.

[26] Wulf A. Kaal, *Evolution of Law*: *Dynamic Regulation in a New Institutional Economics Framework*, University of St. Thomas (Minnesota) Legal Studies Research Paper No. 13-17, 2013, p. 3-4, https://papers.ssrn.com/sol3/papers.cfm? abstract_id=2267560.

附　　录

一、机构英文缩写说明

AIPPI　国际保护工业产权协会

BCFP　消费者金融保护局(美国)

BIS　国际清算银行

CPSS　国际清算银行支付结算体系委员会

FDA　食品及药品管理局(美国)

FSB　金融稳定委员会

IMD　瑞士洛桑国际管理学院

IMF　国际货币基金组织

INSEAD　英士国际商学院

IOSCO　国际证监会组织

OECD　经济发展与合作组织

WIPO　世界知识产权组织

二、术语的英文缩写

ABS　资产证券化/资产支持专项计划(Asset Back Securitisation)

Fin-Tech　金融科技(Financial Technology)

GII　全球创新指数(The Global Innovation Index)

IP　知识产权(Intellectual Property)

KBEs　知识经济(Knowledge-Based Economies)

PFMI　金融市场基础设施原则(Principles for Financial Market Infrastructures)

R & D　研究与开发(Research and Development)

Reg-Tech　监管科技(Regulation Technology)

SPV　特殊目的机构(Special Purpose Vehicle)

Tech-Fin　科技金融(Technology Financial)

TRIPs　与贸易有关的知识产权协定(Agreement on Trade-Related Aspects of Intellectual Property Rights)